孤独症儿童实训原理与方法

The Principles and Methods of
Practical Training for Children with Autism

周 宇 著

四川大学出版社
SICHUAN UNIVERSITY PRESS

图书在版编目（CIP）数据

孤独症儿童实训原理与方法 / 周宇著. -- 成都：四川大学出版社，2024.5
ISBN 978-7-5690-6907-5

Ⅰ. ①孤… Ⅱ. ①周… Ⅲ. ①孤独症－儿童教育－特殊教育－研究 Ⅳ. ①G766

中国国家版本馆CIP数据核字（2024）第103949号

书　　名：	孤独症儿童实训原理与方法
	Guduzheng Ertong Shixun Yuanli yu Fangfa
著　　者：	周　宇
选题策划：	徐　凯
责任编辑：	徐　凯
责任校对：	毛张琳
装帧设计：	李　野
责任印制：	李金兰
出版发行：	四川大学出版社有限责任公司
	地址：成都市一环路南一段24号（610065）
	电话：（028）85408311（发行部）、85400276（总编室）
	电子邮箱：scupress@vip.163.com
	网址：https://press.scu.edu.cn
印前制作：	四川胜翔数码印务设计有限公司
印刷装订：	成都市川侨印务有限公司
成品尺寸：	170mm×240mm
印　　张：	13.25
字　　数：	232千字
版　　次：	2024年5月 第1版
印　　次：	2024年5月 第1次印刷
定　　价：	60.00元

本社图书如有印装质量问题，请联系发行部调换

版权所有 ◆ 侵权必究

扫码获取数字资源

四川大学出版社
微信公众号

目 录

第一章 孤独症概述 （1）
学习目标 （1）
第一节 孤独症的概念界定 （2）
第二节 孤独症研究的代表人物及历史事件 （12）
第三节 其他孤独症历史事件及评价 （18）
本章小结 （24）
思考与练习 （24）

第二章 孤独症的病因 （25）
学习目标 （25）
第一节 遗传学研究 （25）
第二节 免疫学研究 （36）
第三节 神经生物学研究 （39）
第四节 围产期研究 （43）
本章小结 （48）
思考与练习 （48）

第三章 孤独症儿童的教育评估 （49）
学习目标 （49）
第一节 孤独症儿童的教育评估领域 （50）
第二节 孤独症儿童的教育评估工具 （60）
第三节 孤独症儿童的教育评估实施 （78）
本章小结 （94）
思考与练习 （94）

第四章 孤独症儿童社会交往发展实训……………………（96）
- 学习目标……………………………………………………（96）
- 第一节 孤独症儿童的共同注意实训………………………（98）
- 第二节 孤独症儿童的人际认知实训………………………（109）
- 第三节 孤独症儿童的兴趣分享实训………………………（117）
- 第四节 孤独症儿童的社交适应实训………………………（127）
- 第五节 孤独症儿童的想象力游戏实训……………………（135）
- 本章小结……………………………………………………（143）
- 思考与练习…………………………………………………（144）

第五章 孤独症儿童的行为发展实训………………………（145）
- 学习目标……………………………………………………（145）
- 第一节 孤独症儿童的社交互动困难实训…………………（146）
- 第二节 孤独症儿童的行为刻板重复实训…………………（184）
- 第三节 孤独症儿童的兴趣狭窄实训………………………（192）
- 本章小结……………………………………………………（195）
- 思考与练习…………………………………………………（196）

参考文献………………………………………………………（197）

第一章　孤独症概述

学习目标

1. 界定、辨析并掌握孤独症及相关概念。
2. 掌握孤独症的发展历史。
3. 了解相关领域的代表人物及评价。

孤独症（Autism），又称"自闭症"，是一种发生在童年早期的脑神经发育疾病。自 20 世纪 80 年代以来，被诊断为孤独症的人数急剧增加。截至 2015 年，全球大约有 2480 万人患有孤独症。[1] 根据美国疾病控制与预防中心（Centers for Disease Control and Prevention，CDC）在 2018 年 4 月 27 日发布的孤独症发生率统计结果，每 59 个人中就有 1 个是孤独症患者。[2] 这种障碍的发生率远远超过其他精神类障碍，已然成为当前国际学术领域聚焦的热点话题。为了更好地理解孤独症及其内涵，本章将从孤独症的概念界定、发展历史、代表人物三个方面展开论述。

---

[1] GBD 2015 Disease and Injury Incidence and Prevalence，Collaborator（8 October 2016）. Global，Regional，and National Incidence，Prevalence，and Years Lived with Disability for 310 Diseases and Injuries，1990－2015：A Systematic Analysis for the Global Burden of Disease Study 2015 [J]. Lancet，388（10053）.

[2] Centers for Disease Control and Prevention. Prevalence of Autism Spectrum Disorder Among Children Aged 8 Years—Autism and Developmental Disabilities Monitoring Network，11 Sites，United States，2014. Morbidity and Mortality Weekly Report [EB/OL]. April 27，2018.

第一节 孤独症的概念界定

"Autism"一词，最早由希腊语单词"autós"（"自我"的意思）演变而来，用于表示"病态性的自我专注"（morbid self-absorption）。在我国，"Autism"有"孤独症"与"自闭症"两种翻译，大陆地区多采用"孤独症"的说法，香港、澳门及台湾地区多采用"自闭症"的说法。需要注意的是，尽管有孤独症与自闭症两种说法，但二者的内涵是一致的。

从汉字词源的角度看，"自闭"有"自我封闭"之义，连贯起来就是指个人将自己与外界隔绝。不过"自我"一词带有主观性，是主体主观意识的反映，其代表了一个人的个体意识和主观体验，包括对自己的身体、思想、情感和行为的认知与理解，"自我封闭"即"个体主动性的封闭"。从当前学界对这种障碍及成因的探索来看，这个障碍群体大都"身不由己"，其中的个体并不具有障碍的选择权，因此，"自闭"的说法并不能准确地表达此种障碍之义。"孤独"的释义为"独自一个人；孤单"，在词性上没有特殊的情感倾向。所以，我们认为"孤独症"一词更符合这种障碍及其特性。

一、孤独症（Autism）

1912年，瑞士精神病学家保罗·尤根·布卢勒（Paul Eugen Bleuler，1857—1939）在《美国精神病杂志》（*American Journal of Insanity*）中首次提出了"Autism"一词。他对精神病学的主要贡献在于创造了"精神分裂症"（Schizophrenia）这一术语及其医学分类。根据精神分裂症患者的病征表现，布卢勒先后提出了两个相关的行为释义：一个是"矛盾心理"（Ambivalence），特指精神分裂患者抑或正常人在面对同一个人、同一个想法或同一个对象时所感受到的积极和消极的相互冲突的情感和情绪；另一个是"自我中心主义"（Autism），指一些患者倾向于脱离与外界的现实接触，活在自己创造的"内心世界"这种从外到内的逃避的表现。① 可见尽管布卢勒较早就提出了"Autism"这一术语，但是以"自我中心主义"的释义来阐释精神分裂症的病征之一，并非用来定义一种障碍的名称。不过这种对某种精神类障碍病征的解释对后来的障碍命名有着深远的意义。例如，两种障碍都涉及大脑神经发育的异常，这些异常可能在胎儿发育阶段或童年早期发育过程中出现，导致大脑结构和功能的改变；又如孤独症患者和部分精神分裂症患者都存在社会交往困难等障碍。

美国约翰斯·霍普金斯大学医学院（Johns Hopkins Medical School）的儿童精神病专家里奥·坎纳（Leo Kanner）是第一个明确定义孤独症的科学家。他在1943年发表的一篇学术论文中，将其早在5年前就已经注意到的11个儿童病例定义为"情感接触的孤独症障碍"（Autistic disturbances of affective contact）②，这些儿童与他之前见过的任何儿童相比都大有不同，"他们来到这个世界，天生就无法与人形成正常的生物性接触"③，并且没有以"普通方式"（in the ordinary way）与人和事实发生联系④，身上有着包括非言语的、缺乏眼神交流、身体旋转、拍手和无反应等显著的特征以及独特的差异。坎纳在归纳这些儿童的特点时，也意识到了这些儿童在诊断上的异质性。这种异质性至今也不容易归入明确的诊断类别，持续困扰着医生的诊断。另外，坎纳对这些儿童的家长也有着极其敏锐的观察，认为他们是"情绪冷淡的高智商父母"。坎纳的研究虽较"极端"，却为后来科学界遗传学的进驻奠定了基础。不仅如此，坎纳还指出父母的特质很可能会导致其孤独症子代出现更多的养育及发展问题。例如，孤独症患者通常已经面临社交和人际互动的困难，如果父母情绪冷淡，缺乏对子代的情感支持和关爱，那

---

① Eugen Bleuler Facts. https://biography.yourdictionary.com/eugen-bleuler.
② Leo Kanner. Autistic Disturbances of Affective Contact [J]. The Nervous Child，1943 (2).
③ James Harris. Leo Kanner and Autism: A 75-Year Perspective [J]. International Review of Psychiatry，2018，30 (1).
④ https://www.baidu.com/link? url = kW9hjU9XV1XSuJuEKg3OdwBOHGLFvlCwHddFYvnsIxQ1WVELHd1S2nncf15RSSbey2N — jm3luJN7vm0RgPeCTq&.wd = &.eqid = 981c2b8200014356000000065e74362c.

么很有可能会导致其孤独症子代在建立和维持社交关系方面面临更大的困扰，无法与他人建立亲密的、支持性的关系。除此之外，情绪冷淡的父母还有可能增加其孤独症子代出现焦虑、抑郁、自卑、自伤行为等心理健康问题的风险。后来，坎纳将此类症状归结为"早期婴儿孤独症"（Early Infantile Autism），即现在所说的孤独症。

当前，仍有学者以"坎纳孤独症"（Kanner Autism）、"婴儿孤独症"（Infantile Autism）、"典型孤独症"（Classical Autism）、"坎纳综合征"（Kanner Syndrome）来指代孤独症。从学界当前在孤独症领域的研究观点来看，其核心症状都与坎纳医生在其第一篇论文中的表述一致，特别是"强烈的孤独欲望"（A powerful desire for aloneness）和"坚持同一性"（An obsessive insistence on persistent sameness）。坎纳将孤独症从精神疾病的分类中移除，不再与儿童精神分裂症混淆，进一步肯定了两种障碍在病因、病症和病理上的不同；他还以可以治疗、治愈为前提，去掉了孤独症诊断条目中的智力发育迟缓，减少了标签和刻板印象，消除了患者父母所带有的"智障"的耻辱感，给他们带来了希望，同时也消除了世人对孤独症的误解与歧视。坎纳因对医学界及人类的诸多贡献，被后人称为"儿童精神病学之父"，也被认为是20世纪最有影响力的美国临床精神病医生之一。[①]

二、广泛性发育障碍

"广泛性发育障碍"[②]（Pervasive Developmental Disorder，PDD）是一种由五种亚类型疾病组成的症候群[③]，其特征是包括社会化（Socialization）和交流（Communication）在内的多种基本功能发育迟缓。作为一个诊断

---

① https://encyclopedia.thefreedictionary.com/Leo+Kanner#cite_note-：1-1.
② 广泛性发育障碍可以从三个维度来理解：一是在发病区域上，是从脑部的多个区域内同时发生的；二是在发育功能上，会同时影响个体的认知、心理、情绪、社交等多个领域；三是在发病时间上，发育不止，障碍不止。
③ 症候群是指一系列相关症状和体征的集合，常常出现在某种疾病或病理情况下。它是一种综合性的表现，通常由多个不同的症状、体征或异常组成，这些症状、体征或异常之间存在一定的关联性。症候群可以是某种疾病的特征性表现，也可以是某种病因不明的疾病的临床表现。

分类，广泛性发育障碍在相关诊断手册里对应的诊断分类是"特定性发育障碍"（Specific Developmental Disorders，SDD）。儿童通常在三岁之前发病，父母可能在儿童婴儿期就会发现症状，不过广泛性发育障碍本身并不影响预期寿命[①]，或者说这些症状并不意味着疾病、脆弱或情绪紊乱。[②] 需要注意的是，广泛性发育障碍本身并不是一个具体的医学诊断，而是一个由五种发育障碍组成的诊断分类。以下五种亚类型障碍是一种具体的医学诊断，它们是未另行规定的广泛性发育障碍、孤独症、阿斯伯格综合征、雷特综合征、儿童分裂症。这五种障碍包括如下症状：（1）语言使用和理解困难；（2）缺乏眼神交流，或者出现指指点点的行为等，存在与人、物体和事件有关的困难；（3）玩弄玩具和其他物品；（4）不能很好地适应环境的变化；（5）重复的身体动作或行为模式。[③] 需要注意的是，以上仅仅是广泛性发育障碍的五种常见症状，不同症状和特征的表现也会因个体差异而有所不同。因此，确切的评估与诊断需要由专业的医生或心理学家进行。

未另行规定的广泛性发育障碍（Pervasive Developmental Disorders Not Otherwise Specified，PDD－NOS）中的"NOS"的意思是"没有另外指定"，所以很难精确描述 PDD－NOS，它是一个宽泛的类别，也被称为"非典型孤独症"（Atypical Autism）。另外，对于社会交往与沟通能力处于起步阶段的婴幼儿，要根据其能力来做出具体疾病的诊断非常困难。但是，当儿童到 5 岁时，其异常行为要么会消失，要么会被诊断为具体疾病。所以，临床医生通常会使用 PDD－NOS 作为 5 岁以下儿童的临时诊断，而 PDD－NOS 也代表了广泛性发育障碍中不符合其他特定诊断标准的一部分。

孤独症（Autism）因里奥·坎纳医生而得名。基于当前的科学研

---

① https://psychology.wikia.org/wiki/Pervasive_developmental_disorder.
② Rapin I, Tuchman RF. Autism：Definition, Neurobiology, Screening, Diagnosis [J]. Pediatr Clin North Am，2008，55（5）.
③ National Dissemination Center for Children with Disabilities [J]. Disability Info：Pervasive Developmental Disorders（FS20），2003，Fact Sheet 20.

究结果，可以确定的是孤独症是由遗传和环境因素共同引起的。[1] 大量研究也表明，孤独症的病因被认为是生物性的而不是心理性的[2]，并且涉及多种病因[3]，其诊断是基于行为，而不是原因或者机制[4]。儿童在3岁前其孤独症的症状就已经表现得十分明显，大约有一半孤独症儿童的父母能在孩子18个月大的时候注意到其身上的异常行为，大约4/5的父母能在孩子24个月大的时候发现其异常。另外，父母的意识及"侥幸心理"[5]、医师的专业水平以及延迟转诊等因素都可能会延误对孤独症的早期诊断与治疗，并影响儿童的长期发展。在美国精神病学会（American Psychiatric Association，APA）制定的《精神疾病诊断和统计手册（第四版）》（*The Diagnostic and Statistical Manual of Mental Disorders*，DSM－Ⅳ）中，孤独症的核心症状包括：（1）社会交往中质的缺损，（2）沟通中质的缺陷，（3）有限的重复或刻板行为、兴趣和活动。孤独症的症状和严重程度的广泛变化会对患者的学习、推理、行为、运动技能、人际和执行功能、情绪发展、解释和感觉调节等造成重大挑战。以上核心症状都是孤独症诊断的重要依据。然而，每个孤独症患者的症状和严重程度都有所不同，个体之间存在较大的差异。

阿斯伯格综合征（Asperger Syndrome，AS）因奥地利精神病学家和儿科医师汉斯·阿斯伯格（1906—1980）而得名，也有学者称之为"阿斯伯格症"（Asperger's Disorder）。英国著名学者罗纳·温（Lorna Wing）在1981年发表的一篇论文中首次使用了这个名称。[6] 1994年，

---

[1] Pauline Chaste, Marion Leboyer. Autism Risk Factors: Genes, Environment, and Gene-Environment Interactions [J]. Dialogues Clin Neurosci, 2012, 14 (3).

[2] Schreibman, L. Autism [M]. Newbury Park, CA: Sage, 1988.

[3] Reichler, R. J., & Lee, E. M. C. Overview of Biomedicai Issues in Autism. In E. Schopler & G. B. Mesibov (Eds.) Neurobiological Issues in Autism [M]. New York: Plenum Press, 1987: 13－41.

[4] London E. The Role of the Neurobiologist in Redefining the Diagnosis of Autism [J]. Brain Pathol, 2007, 17 (4).

[5] 这里的"侥幸心理"多指一些父母有"贵人语迟"一类的想法，当孩子存在迟迟不说话的现象时没有及时主动问医就诊，觉得孩子以后慢慢会发展出语言，实际上极有可能耽误诊断。

[6] Wing, Lorna. Asperger Syndrome: A Clinical Account [J]. Retrieved 2 July 2006.

它被 DSM－Ⅳ 认定为阿斯伯格综合征①，医学界认为其是与孤独症、雷特综合征、儿童分裂症、未另行规定的广泛性发育障碍并存的五种广泛性发育障碍之一。当时，汉斯·阿斯伯格在他的研究中记录了具有缺乏非言语沟通技巧、在同伴中表现出低同理心、肢体笨拙等情形的儿童。② 在今天，DSM－Ⅳ 仍然以语言和沟通技能的差异、思维和行为的重复或限制性模式为诊断条目。因此，当前学界对 AS 的支持主要包括应用行为管理策略，解决沟通技能差、强迫性（obsessive）或重复性（repetitive）的表现及身体笨拙（physical clumsiness）等方面的干预。由于许多 AS 患者的智商能够达到正常水平，所以他们可以通过采取应对策略过上充实的生活——有报酬的工作、结婚或有成人关系、有自己的家庭。在大多数情况下，他们能意识到自己的差异，并能认识到是否需要外界支持来维持独立的生活。③

雷特综合征（Rett Syndrome）是一种神经发育障碍，被 DSM－Ⅳ 列为一种广泛性发育障碍。雷特婴儿通常在 6～18 个月大之前发育正常，神经系统发育趋于平稳，随后是先前获得的技能开始退化，主要的临床特征包括头部生长速度减慢和小手小脚，以及一些刻板的、重复的手部动作，例如说话与扭动、周期性呼吸异常，除此之外还包括认知障碍和社交问题。雷特综合征主要影响女性④，患有雷特综合征的女孩很容易出现胃肠道疾病，高达 80% 的女孩有癫痫发作。⑤ 她们通常没有语言技能，约 50% 的女孩不能走动。脊柱侧凸、生长衰竭和便秘是非常常见的。⑥ 由于雷特综合征的早期特征与孤独症十分相似，很容易被误诊为孤独症。

---

① BehaveNet® Clinical Capsule™. DSM－Ⅳ & DSM－Ⅳ－TR：Asperger's Disorder（AD）[J]. Retrieved 28 June 2006.

② Asperger H, tr. and annot. Frith U. 'Autistic Psychopathy' in Childhood//Frith U. Autism and Asperger Syndrome [M]. Cambridge：Cambridge University Press，1991 [1944].

③ NINDS. Asperger Syndrome Fact Sheet [M]. Retrieved，2006.

④ 雷特综合征在临床表现和病理生理方面与典型的孤独症谱系障碍不同。雷特综合征主要影响女性，而孤独症谱系障碍男女比例接近 1∶4。此外，雷特综合征还具有严重的运动障碍、手语失调、周期性呼吸异常等特征。

⑤ Rett syndrome is caused by mutations in X－linked MECP2, encoding methyl－CpG－binding protein 2" Amir, R. et al.

⑥ https://psychology.wikia.org/wiki/Rett_syndrome.

儿童分裂症（Childhood Disintegrative Disorder，CDD）又称"分裂性精神病"（Disintegrative Psychosis），由奥地利教育家希尔多·海勒（Theodor Heller）在1908年首次提出，也称"海勒综合征"（Heller's Syndrome）。海勒曾以"婴儿痴呆"命名该症，其发生率仅有0.17‰，是一种非常罕见的疾病。儿童分裂症以语言、社会功能和运动技能发育迟缓为特征，通常出现在3年的正常发育期之后，有时间上的晚发特征。患有此症的儿童的"退化"现象可能非常严重，以致儿童本人可能会意识到甚至可能在开始时会问他们的言语发生了什么。有些儿童描述或对幻觉有反应，但最明显的症状是已获得的如适龄言语和非言语交流、社会关系、运动、游戏与自我照顾等技能的丧失。[①] 总之，儿童分裂症会对儿童的发展和生活产生重大影响。

三、孤独症谱系障碍

"孤独症谱系障碍"（Autistic Spectrum Disorder）这个名称相较于"孤独症"，多了"谱系"和"障碍"两个概念。下面将对这两个概念展开分析，并探讨其对孤独症的影响。

首先，"谱系"即"光谱"（spectrum），原指在生物学和家族研究中用来追溯个体、物种或家族之间关系的图表或记录，特指复色光经过色散系统分光后，被色散开的单色光按波长或频率大小而依次排列的图案。本书中使用"谱系"指涉孤独症的临床特质。临床上，孤独症表现出较大的个体差异，主要有三个层面。其一，在两大核心症状上，很多患者并未同时存在明显的缺损。例如有的并未有刻板行为或狭隘兴趣。其二，就其中的一种核心症状而言，又呈现出内部差异性。例如存在无社交、社交不足或社交过度等不同表现。其三，在共患症上，多数患者患有共患症，但也表现出不一致。例如有的伴有多动障碍、有的伴有焦虑障碍、有的有明显的感官障碍、有的是多种共患障碍并存。在这三个层面表现出的多样性，使孤独症在临床上难以被准确把握和界定，像极

---

① https://psychology.wikia.org/wiki/Childhood_disintegrative_disorder.

了一个光谱，只能用群体的共性来包括所有人，故而使用"谱系"一词。可以说，引入"谱系"概念是为了帮助判断孤独症，是根据患者典型的核心症状进行扩展的定义，属于广泛意义上的孤独症。某种程度上可以说"谱系"代表了"每个孤独症都是独一无二的个体"。也就是说，虽然有一个共同的诊断标准，但是每个孤独症个体在临床表现、特点和严重程度上都有很大的差异。

其次，孤独症是一种"障碍"（disorder），而不是一种综合征或综合症状（syndrome）。发育障碍是指神经发育过程中出现异常，它会影响个体的大脑发育和功能。通过梳理孤独症的发生史，可以看出世界各国对待孤独症的态度及具体方式不是一成不变的，而是动态的。从隔离、一体化，到融合、全纳；从医学诊断与治疗，到心理及行为科学领域的关注，再到教育学、社会学、康复学、文化学等多学科领域的介入与协同攻关；从禁锢治疗、药物治疗、行为矫治，到行为功能分析与多元行为干预策略的运用；从最初的一种症状，到被认为是一种精神缺陷，再到被视作神经多样性的体现，近些年则被看作一种个体在社交与行为领域存在的障碍。业界正是以"突破障碍"为理由，力求为孤独症的诊疗提供多元的立体支持系统。

通过对孤独症概念的解读，我们将"孤独症谱系障碍"定义为：一组起病于童年早期，由遗传或环境因素引起的严重影响个体社交与行为功能的终身性的神经发育障碍。具体可以从概念与内涵两个方面来理解孤独症。

（一）障碍类型："一组"

"一组"（a group of）指不是一种单一的疾病，而是一种广泛性的发育障碍，即临床综合征，包括很多亚型（subtype），是一组表现为病因不明确或由不同病因导致的具有一定内在联系的多临床特质。[①] 对个体而言，正是多临床特质的存在，才产生了相应领域的障碍。可见孤独

[①] 在医生的诊断经验中，通常有一系列的案例。以行为案例为例，一共有 15 个异常行为，如果患者出现了其中的 5 个，那么就很容易被诊断为孤独症；如果出现了 10 个，那么就可能被诊断为典型孤独症。

9

症是个体在临床上表现出的一组障碍。

（二）起病时间：童年早期

"童年早期"（early childhood）是心理学名词[①]，通常指3～6岁，大多数孤独症在这一时期就能够有明显的判断。最初，孤独症被称为"早期婴儿孤独症"，最主要的原因就是学者们认为其是从出生就呈现出来的。后来，学者们逐渐发现，有一部分被诊断的孤独症儿童，其生命早期的发育状况看上去十分正常，而是在随后才表现出同样的综合征。《国际疾病分类（第10版）》（International Classification of Diseases，ICD-10）和DSM-Ⅳ都将典型孤独症的发病时间明确规定为"3岁之前"，在这两个诊断标准体系中，如果"3岁之后"才出现综合征的状况，则称为"非典型孤独症"。需要指出的是，在诊断标准中引入"发病时间"的概念可能会存在各种隐患。一般情况下，在患者2～3岁即独立活动能力与社交功能开始发展时，家长才能发现其异常。例如，患者在一个人的情况下存在上下跳跃的"蹦床"[②]现象、与邻居或社区其他同伴玩耍时存在社交不足现象。出现这种情况时，家长往往开始担心并对患者进行观望。事实上，医生可以在患者出生不久或者患者处于婴儿早期阶段对其存在的隐患作出诊断。例如诊断出患者2～3个月时共同注意方面的不足、6～7个月时食指指向能力欠缺等。需要注意的是，孤独症的起病时间存在异质性，没有准确的时间点，只有一个相对的时间范围。限于个体社交与行为功能的发展特质等，在患者3岁以前，医生做出的诊断多以"孤独症倾向""疑似孤独症""孤独症待诊"为结果，随着个体的不断发育，诊断进一步明确的可能性会增大。不管怎样，当发现儿童的社交与行为功能发展与同龄人相比表现出明显的不同时，也就是早期干预切入的最佳时机。

---

① 童年早期心理学研究主要关注婴儿和幼儿时期发展过程中的婴儿认知、情感、语言和行为的发展、母婴关系、早期社会化和性别认知等。这些研究可以让我们更好地理解人类大脑和心理的发展，有助于提高幼儿教育与抚养质量。

② "蹦床"现象指一些孤独症患者出现跳跃的强烈兴趣或倾向，主要表现为重复跳跃、弹跳或反复进行类似的体感运动。蹦床行为常伴随以下行为或状态：（1）单独进行，（2）缺乏社交互动，（3）强迫性的刻板行为，（4）不惧怕高度、跳跃力强，（5）不会有疲劳感。

（三）致病因素

目前，关于孤独症致病因素的研究主要集中在遗传、环境或两者的合力等方面。近年来，世界各国孤独症的发生率急剧上升，但是其病因一直不能被完全解释清楚。例如，对双胞胎共患率、家族集聚现象等的研究将病因指向遗传，对孤独症患者住家周边的环境污染、出生地点、母亲职业毒物接触，以及母亲怀孕期的应激事件等因素与孤独症患病率上升之间的关联研究，则将病因指向环境或者环境与遗传合力的影响。

（四）致病结果

孤独症患者会在社会交流和交往、行为方式两大领域存在障碍。在DSM-Ⅳ中，关于孤独症的诊断标准要求其必须符合两大核心症状，即社会交流和社会交往缺陷，以及行为方式、兴趣或活动内容狭隘、重复。需要指出的是，尽管"语言障碍不再是确定诊断的必需依据，而是疾病程度不同的体现"[①]，但语言是社会交流和交往的重要工具，且患者大多存在交流和交往障碍，因此也会将其作为诊断参考。此外，对于孤独症患者普遍存在的感知觉异常情况，如感觉过敏、感觉迟钝以及感觉寻求等表现，也被纳入行为类别进行诊断。

（五）致病时间：终身性

其一，孤独症是脑神经受损引发的障碍，神经细胞损伤之后是不可逆的，所以其影响贯穿人的生命始终。其二，神经细胞损伤、坏死导致的功能障碍很难彻底修复，是一个相当漫长的过程，因而其所需的社会系统性支持也伴随了患者的一生。

（六）致病机制：（脑）神经发育障碍

对孤独症患者脑区体积、结构以及脑白质连接异常等方面的研究显

---

① 邹小兵，邓红珠. 美国精神疾病诊断分类手册第5版"孤独症谱系障碍诊断标准"解读［J］. 中国实用儿科杂志，2013，8（28）.

示，其在（脑）神经系统发育与功能上存在障碍。可以说，孤独症是一种与神经元发育、神经网络建立和神经系统功能密切相关的疾病。（脑）神经发育障碍是某种原因导致脑医学组织减少，脑神经细胞发育不健全或受损、坏死而出现的以生长发育迟缓为特征的一种病症。此外，孤独症是一种非生理性疾病，所以，孤独症患者的长相、体征及寿命与普通人并无区别，但是，（脑）神经发育障碍会影响患者的环境感知、运动控制、学习与记忆、情绪与情感等功能。

综上所述，学界对孤独症的认知并不是一成不变的，而是动态的。所谓概念是对客观对象本质特征的反映，是用某个符号命名某个事物的抽象概括，也是一事物区别于另一事物的重要依据。以上我们从障碍类型、起病时间、致病因素、致病结果、致病时间、致病机制六个关键要素入手，对孤独症的概念及内涵进行了阐释，以期对孤独症作出周全而有深度的理解。对孤独症概念的认知程度也决定着未来对这一病症的诊断评估、教育康复、社会安置能否更进一步。

第二节　孤独症研究的代表人物及历史事件

学界对孤独症的认识通常以里奥·坎纳在学术期刊中发表的"1号孤独症病例"①的研究为起点。毫无疑问，对世人理解孤独症的最大贡献来自临床医生和研究人员。然而，多年以来，无论是孤独症的概念还是内涵都发生了巨大的变化，历史上出现的一些令人深信不疑的观点后来都被证明是毫无依据的，当然，也有较多观点至今仍在延伸与升华。了解世人探索孤独症的来龙去脉，对当今学界来说无疑是一种助力，本节将对孤独症的发生史进行简单梳理。

---

① 在美国密西西比州，有一个名叫唐纳德（Donald Grey Triplett）的男孩，他终日沉浸在自己的世界里，对他人毫无兴致，对周边的人与事更是毫不在意。他有严重的刻板行为，不允许自己所处的环境有细微的变化，如有则会导致他情绪行为的大爆发……他在1942年被美国医生里奥·坎纳诊断为"情感接触中的孤独性障碍"，即"孤独症"。由于他是第一例被诊断为孤独症的患者，所以被称为"1号孤独症病例"。

一、布卢勒、苏哈雷娃与精神分裂症

孤独症与精神分裂症有较深的渊源。先有瑞士精神病学家保罗·尤根·布卢勒在1912年用"孤独症"来命名"精神分裂症"的症状之一，用来形容病人以自我为中心；后有苏联精神病学家格鲁尼亚·埃菲莫夫娜·苏哈雷娃[1]（Grunya Efimovna Sukhareva）在1926年使用了6例具有孤独症特质的病例描述"精神分裂症"的症状[2]。显而易见，在这两段早年的医学发现中，孤独症与精神分裂症之间有着千丝万缕的联系，主要涉及两个方面：一是在致病结果上，都有可能导致患者的社交能力、情感交流和情感灵敏度下降；二是在医学治疗上，通常都需要运用包括药物和心理疗法等在内的综合治疗方式。此后，在1968年出版的《精神障碍诊断与统计手册（第二版）》中，孤独症被划分在精神分裂症的诊断条目下。在2013年出版的《精神障碍诊断与统计手册（第五版）》中，孤独症谱系障碍与精神分裂症两种障碍的诊断条目也有极为相近之处[3]，至少说明了两者的症状有容易混淆的地方，也对专业医生的诊断提出了更大的挑战。但获得一致认同的是，直到现在，孤独症都属于一种精神障碍类别。

二、里奥·坎纳与1号孤独症病例

里奥·坎纳（1894—1981）出生于奥地利，在德国柏林接受教育。1924年，坎纳来到美国，成为北达科他州立医院（North Dakota State Hospital）的医生；1930年，他搬到约翰斯·霍普金斯大学，在那里建

---

[1] https://www.researchgate.net/figure/Grunya－Sukhareva－s－r－e－sum－e_fig2_274317752.

[2] A Posar，P Visconti. Tribute to Grunya Efimovna Sukhareva, the Woman who First Described Infantile Autism [J]. Journal of Pediatric Neurosciences，2017（3）.

[3] DSM-Ⅴ关于精神分裂症诊断标准的F项明确规定："如有孤独症谱系障碍或儿童期发生的交流障碍的病史，除了精神分裂症的其他症状，还需有显著的妄想或幻觉，且存在至少1个月（如经成功治疗，则时间可以更短），才能做出精神分裂症的额外诊断。"

立了美国第一家儿童精神病学诊所；1935年，他写作并出版了儿童精神病学专著《儿童精神病科学》一书。坎纳因在孤独症诊断领域做出了独特的贡献，被称为"儿童精神病学之父"。

里奥·坎纳发现了"早期婴儿孤独症"的临床特征。他对孤独症儿童的认知实际上是从一个叫唐纳德（Donald Gray Triplett）的男孩的父亲那里开始的。这位父亲在给坎纳医生的长达33页的信中描述了儿子唐纳德的"欢乐时光"："他独自一人的时候是他最欢乐的时光……他画进一个贝壳里，生活在自己的内心……他对周围的一切都漠不关心，他堆纺纱玩具很着急，喜欢左右摇头，绕着圈子转，当他的日常生活被打乱时，他会发脾气……"最初，坎纳医生对信中所述持怀疑态度，但是当他见到唐纳德时，他的怀疑一一得到了证实。除了信中描述的症状，坎纳还注意到唐纳德使用了一些看似无关紧要的词语。比如唐纳德用第三人称称呼自己，重复别人对他说的话和短语，并把自己的愿望归因于他人，以此来表达自己的愿望。坎纳在1943年发表的一篇题为《情感接触的孤独症障碍》的论文中描述了唐纳德和其他十个孩子，文中对"婴儿孤独症"[①]（Infantile Autism）的描述使它后来成为临床精神病学领域的经典。坎纳描述了一种独特的综合征，而不是以前对这类儿童的描述，如智力障碍者、低能或精神分裂症。用与他同时代的埃尔文·施罗德的话来说，坎纳"想的是没人想的，关于每个人看到的"[②]。唐纳德在坎纳医生的论文里被称为"1号孤独症病例"（Case 1…Donald T），因此，他理所当然地成为第一个被诊断为孤独症的人。

三、汉斯·阿斯伯格与孤独症的分支阿斯伯格综合征

1944年，奥地利儿科医生、儿童精神病学家汉斯·阿斯伯格

---

① 在1987年出版的DSM-Ⅲ-R中使用了"孤独症"（Autistic Disorder，AD）这一名称替换"婴儿孤独症"，除了"孤独症"的用意比原来更广泛，其诊断标准也修正为"3岁前起病，且在社会性互动方面有质的缺陷、在言语与非言语沟通和想象力方面有质的缺陷，以及重复行为和异常的行为爱好"，又称"三联症"。

② Gerald D. Fischbach. Leo Kanner's 1943 Paper on Autism, 2007. https://www.spectrumnews.org/opinion/viewpoint/leo-kanners-1943-paper-on-autism/.

(Hans Asperger，1906—1980)在其著作中首次描述了"孤独性精神病质"(autistic psychopathy)，即现在所说的"阿斯伯格综合征"。他发现这些儿童缺乏同理心，缺乏建立友谊的能力，只能进行单方面的谈话，专注于某种特殊兴趣，并存在笨拙的动作。阿斯伯格本人将他们称为"小教授"(little professors)，因为他们能够非常详细地谈论自己喜欢的话题。[①]阿斯伯格对这些儿童进行了追踪研究，直至他们长大成人，他得出结论，这些被认为"古怪"的儿童往往会成为成绩优异的成年人，并在某一个社会领域做出宝贵的贡献。由于里奥·坎纳医生对孤独症的诊断定义在先，所以汉斯·阿斯伯格的诊断研究与之形成了鲜明的对比，当时就被看作一种"高功能形式"[②]（high functioning form）。汉斯本人也有一句关于阿斯伯格综合征的名言——并不是说所有出格的就是"异常的"，就一定是低能的。由于阿斯伯格的研究著作均以德语出版，加上他的大量作品在第二次世界大战期间丢失等，他的研究并没有引起各国学界的关注及重视，甚至推迟了整个世界对孤独症的理解。然而，长期以来他对阿斯伯格患者的诊断及研究成果无疑是当今学界诊断与研究孤独症的重要基础。到现在，不少学者或与孤独症领域相关的人士仍然将阿斯伯格综合征看作"高功能孤独症"[③]。

四、罗纳·温与孤独症谱系障碍

1981年，英国精神病学家罗纳·温（Lorna Wing，她也是一位孤独症患者的家长）在《心理医学》（*Psychological Medicine*）杂志上发表了一篇论文，首次将阿斯伯格的临床观察记录介绍给英语医学界，并创造了医学名词"阿斯伯格综合征"（Asperger Syndrome）。1994年，美国精神病学会将"阿斯伯格综合征"纳入《精神疾病诊断与统计手册

---

① https://psychology.wikia.org/wiki/Hans_Asperger.
② https://psychology.wikia.org/wiki/Hans_Asperger.
③ 关于高功能孤独症，世人的看法并不统一，大都基于对孤独症儿童的智商与情商同普通人对比结果的认知，一部分认为智商接近普通人，但情商低于普通人的孤独症儿童被称为"高功能"；另一部分认为智商高于普通人，但情商低于普通人的孤独症儿童，即"阿斯伯格"，被称为"高功能"。

（第四版）》。罗纳·温对孤独症研究的贡献还在于她以世界卫生组织（WHO）1977年制定的诊断标准ICD－9－CM和美国精神病学协会1980年制定的诊断标准DSM－Ⅲ为依据，提出将有"社会交往功能受损、欠缺交流能力，以及有刻板行为"这两个特征的患者诊断为"孤独症谱系障碍"。尽管美国心理学会（APA）在1987年将孤独症定义为"广泛性发展障碍"（Pervasive Developmental Disorder，PDD），但罗纳·温却是世界上第一个提出"孤独症谱系障碍"名称的人，她早在1981年就提出了"孤独症谱系障碍"的概念，且认为其涵盖了广泛的症状和特征。这个概念的提出进一步扩展了对孤独症的分类，使得世人对孤独症的认识更加综合和多元化，促进了对不同亚型下个体化支持和干预的发展。

五、洛瓦斯与应用行为分析（ABA）

1962年，美国加州大学洛杉矶分校心理系的洛瓦斯（Ole Lvar Lovaas）教授（也是世界著名的孤独症专家）运用"应用行为分析"（Applied Behavior Analysis，ABA）对孤独症儿童实施早期密集干预。洛瓦斯有一个非常著名的作品叫"洛瓦斯模型"[①]（The Lovaas Model），这一模型基于应用行为分析的干预原则，强调以孤独症的优劣势为出发点，通过正向强化和重复来改变患者的行为，制定并实施全面、综合的个别化、综合性干预课程，因此也被看作一种行为干预模型。"洛瓦斯模型"的建立以洛瓦斯40年的研究为基础，并得到了大量已有研究的支持。这些研究有一个重要的指向，那就是在接受过应用行为分析干预的孤独症儿童当中，有一半在完成一年级学业的时候，在认知和社会交往技能测试中与普通儿童没有区别。[②]

洛瓦斯在其职业生涯中致力于"改善孤独症儿童及其家庭的生活"。在他2001年出版的《发展障碍的个别化教学》（*Teaching Individuals*

[①] http://www.lovaas.com/approach-suitable.php.

[②] http://www.lovaas.com/lovaasnote.php.

with Developmental Delays)①一书中有两个重要的变化：一是将之前第一版中"惩罚"部分的相关内容去掉，这意味着一种更加尊重儿童个体的干预理念及方法的升华；二是提出了发展障碍中的"听觉学习者"与"视觉学习者"概念②，这不仅细化了学习者的类型，还详细地研究和梳理了学习者之间的个体差异和特点，使教育干预更加精确，而且为之后的干预者使用图片交换沟通系统等视觉教学产品及策略奠定了认知基础，为这些类型的孤独症患者提供了更加个性化和针对性的教学方法和资源。

六、陶国泰与中国孤独症

1982年，在南京脑科医院从事儿童精神医学、心理卫生研究的陶国泰教授发表了我国第一篇关于孤独症的学术论文《婴儿孤独症的诊断与归属问题》③。这篇论文中不仅有我国内地最早报道的已经确诊的4例孤独症病例，而且提出了当时我国的孤独症防治原则，陶国泰因此被称为国内儿童孤独症康复研究的第一人，这一时期也是我国内地孤独症研究与教育康复的萌芽期。④

陶国泰教授在60多年的医学生涯中，除了主编我国第一本《精神病学》杂志，还先后在国内外期刊发表《严重危害婴幼儿健康的儿童孤独症》《孤独症的诊断和早期发现与早期干预》《孤独症儿童的行为特征

---

① 本书为洛瓦斯教授1980年出版的《发展障碍的教育：我的书》（*Teaching Developmentally Disabled Children: The Me Book*）的修订版。书中包含了对发展障碍儿童的系列教学内容及教育经验。
② 听觉学习者是指倾向于以听觉方式获取信息与知识的人。他们通过讲解、说话和听力方式来理解和记忆事物。在学习新知识时，倾向于聆听讲座、参加讨论会或听录音。视觉学习者则倾向于以视觉方式获取信息和知识，他们通过观察来理解和记忆事物，在学习新知识时，倾向于观看图表、演示文稿或视频。
③ 陶国泰. 婴儿孤独症的诊断与归属问题 [J]. 中华神经精神科杂志，1982, 15 (2).
④ 王波. 中国内地孤独症研究30年回眸：发展、问题与对策 [J]. 教育导刊（上半月），2013 (4).

与治疗》《中国的婴儿孤独症》① 等多篇成果。他认为"孤独症涉及感知、语言、思维、情感、动作和社会交往等心理活动，属于一种全面发育障碍"②，他还提出"以孤独症是一种发育障碍的基本观点而采取行为矫正疗法、游戏治疗、药物治疗等相结合的措施促进患者社会交往和语言能力的发展和正常发育"③，对我国的孤独症研究以及精神卫生事业的发展做出了卓越的贡献。

第三节　其他孤独症历史事件及评价

一、"冰箱母亲"理论

1949 年，里奥·坎纳在其关于孤独症的第三篇文章当中创造了"冰箱母亲"（Refrigerator Mother）一词，他认为"母亲的冷漠造成其子女罹患孤独症"。尽管他一直在赞美"1 号孤独症病例"唐纳德的母亲，但这丝毫没有影响他将其描述成冷漠无情的养育者。虽然那些年在和不同孤独症儿童母亲的高频率接触中他已经注意到孤独症是由内在因素导致的，但他仍然将成因归结于孤独症儿童的母亲在养育过程中表现出的冷漠与怠慢。当时，由于孤独症病因的生物学解释十分稀少，所以"冰箱母亲"理论一经提出便大行其道，再加上新闻媒介与学界对"冷漠无情"的孤独症儿童母亲的"联合控诉"，引发了不少孤独症儿童家庭的震荡，因此也产生了严重的社会问题，这一时期被称作"冰箱母亲"理论的黑暗统治时期。

1967 年，出生于奥地利的美国籍心理学家布鲁诺·贝特尔海姆

---

① 《中国的婴儿孤独症》是陶国泰教授在美国《孤独症与发展性障碍》（Journal of Autism and Developmental Disorders）期刊上发表的一篇研究报告。报告中提及当时中国的大多数儿童医生、精神科医生对孤独症及诊断了解甚少，也没有接受过儿童精神医学方面的专业训练，于是将孤独症婴儿误诊为智力落后、精神分裂症、发育迟缓等疾病。
② 陶国泰. 严重危害婴幼儿健康的儿童孤独症 [J]. 中华儿童杂志，1992（6）.
③ 陶国泰. 孤独症儿童的行为特征与治疗 [J]. 现代特殊教育，2003（10）.

(Bruno Bettelheim，1903—1990)[①] 发现纳粹分子的冷漠无情造成被关押者的一些症状与孤独症的症状高度相似，与此类比，他将孤独症儿童的母亲看成冷酷的纳粹分子，从而导致其子女患上孤独症。1976 年，他在《空洞的城堡：婴儿孤独症与自我的诞生》(*The Empty Fortress: Infantile Autism and the Birth of the Self*) 一书中进一步论证了臭名昭著的"冰箱母亲"理论，他使用了大量精神分析及与心理学有关的晦涩难懂的词汇论证了冷漠的母亲造成孤独症的假设。在 B 博士等人的恶意传播下，那段时期的美国社会将大量孤独症儿童从其父母身边带离，并强行安置在定点机构接受康复，孤独症儿童的母亲从此背上了"冰箱母亲"这一耻辱的道德负担，遭际与子女强制分离的痛苦。如今，这个理论已经被摒弃 50 多年，但是，在引起世界各国广泛争论的背后，仍有很多值得思考的东西，例如养育者的态度与抚养方式至少会决定一个孤独症儿童的康复效果或社会支持程度。[②]

二、疫苗说

1998 年 2 月，英国皇家自由医院（Royal Free Hospital）的医生安德鲁·维克菲尔德（Andrew Wakefield）对 12 名孤独症儿童展开了研究，发现其中的 8 名在注射麻疹、风疹、腮腺炎三联疫苗两周之后，出现行为怪异并伴有结肠炎的症状，于是将其命名为"孤独症结肠炎"。随后，维克菲尔德联合其他医生在国际医学杂志《柳叶刀》（*The Lancet*）上发表了相关论文，并通过新闻发布会公开表示"应该暂停三种疫苗的同时接种"。鉴于《柳叶刀》的权威性，此消息一出，无疑"官宣"了孤独症与三联疫苗的关联性。一石激起千层浪，英国的三联疫苗接种率大幅下降，相关疾病再次流行。与此同时，此事件蔓延至欧

---

① 人称"B 博士"，是犹太人，曾有过被关押在纳粹集中营长达十一个月的经历。在布鲁诺·贝特尔海姆眼里，纳粹集中营里的看守、护卫表现出的冷酷无情造就了被关押者的不同性格及命运。他在研究孤独症时，将此段个人被关押经历与孤独症的病因联系在一起。

② 例如，养育者提供的爱、理解和情感支持可以增强孤独症儿童的自尊心、自信心和情绪调节能力。养育者有明确的规则界限，并提供结构化的生活环境和日常例行事务，会帮助孤独症儿童建立适切的行为和社交技能。

美其他国家，世人开始强烈抵制疫苗接种。在一些律师的鼓动下，许多孤独症儿童的家长直接将矛头指向疫苗生产厂家及政府，提出巨额的索赔要求。

没过多久，社会舆论开始转向，主要原因在于媒体记者通过调查发现，安德鲁·维克菲尔德医生既受到一个律师团队的资助，又存在论文造假的行为。在那篇共同署名发表的论文里，除了他本人和一名联系不上的共同作者，其余作者均已承认实验的错误。最终，这篇文章于2010年从杂志上撤稿，安德鲁·维克菲尔德也因此被英国取消了行医执照。但是他仍然不死心，辗转美国开始反疫苗的职业生涯。之后，尽管孤独症病因"疫苗说"已经被证伪，但仍有不少人坚持疫苗是"罪魁祸首"，并把矛头指向用于疫苗保鲜防腐的硫柳汞，认为其毒害了儿童神经，导致了孤独症，这引起了公众的再次恐慌与忧虑。到目前为止，虽然没有直接证据表明硫柳汞是孤独症的产生原因，但是美国疾病管制中心、食物及药物管理局，以及国家健康署等单位于1999年发表共同声明，要求药厂停止使用硫柳汞作为儿童疫苗防腐剂，以降低公众的担忧。

三、结构化教学法

著名的孤独症教育专家艾瑞克·舒普乐（Eric Schopler，1927—2006）出生在德国，在美国芝加哥大学获得儿童心理学博士学位。他曾任美国北卡罗来纳大学教堂山分校（the University of North Carolina at Chapel Hill）精神病学系教授。1971年，舒普乐挑战"冰箱母亲"理论，提出以父母为合作伙伴的新观点，并开创了结构化教学法（Treatment and Education of Autistic and Related Communication handicapped Children，TEACCH）的新模式。[1] 1972年，艾瑞克·舒普乐的方法在美国北卡罗来纳州的学校和州资助的诊所全面推广。目

---

[1] https://www.pearsonassessments.com/professional-assessments/products/authors/schopler-eric.html.

前，结构化教学法已在世界上 20 多个国家和地区应用。

结构化教学法主要基于孤独症儿童两个方面的独特学习需求展开：一是孤独症儿童在视觉信息处理上的优势，二是在社交、注意力、自我调节及执行功能方面的困难。它让孤独症儿童在有规划、有组织、有系统的教学环境、材料及程序中学习，通过外部组织支持孤独症儿童应对注意力和执行功能上的各种挑战，用视觉或书面信息对口语沟通作出补充，并提供结构化的社会沟通支持，以期实现提高孤独症儿童的灵活性、独立性和自我效能感，帮助他们实现教育与康复的双重目标。[1] 可以说，结构化教学法为孤独症儿童提供了一种可预测、可理解和可控制的学习体验。如今，结构化教学法受到越来越多的特殊教育教师、心理学家、社会工作者以及言语治疗师的好评，已经成为欧美国家中获得最高评价的孤独症训练方法，并被孤独症儿童家庭广泛认可与接受。

四、孤独症被美国纳入教育体系

1975 年，美国国会通过了《残疾儿童教育法》(*Education for All Handicapped Children Act*)，又称《94－14 公法》。该法案堪称美国特殊教育发展史上一个最重要的里程碑，为残疾儿童接受平等而适当的教育提供了法律保护。这部教育法也规定了接受联邦资金的州及公立学校必须遵守的六项联邦授权[2]，分别是：第一，对所有儿童的零拒绝，为其提供免费、适当的公立教育；第二，提供非歧视性鉴定与评价；第三，应为每一个特殊儿童提供个别化教育计划（IEP）；第四，确保特殊儿童能在限制最少的环境中得到安置；第五，父母有参与教育的权利；第六，法律保障程序[3]。从此，美国的每个孩子都有权利上免费的适合他的学校，这是孤独症史上重要的一页。这部法律不只是针对智力障碍的孩子或盲童，它不管孩子患的是什么病，只要被诊断为是一个有

---

[1] https://www.autismspeaks.org/teacch-0.
[2] https://link.springer.com/referenceworkentry/10.1007/978-0-387-71799-9_152.
[3] "法律保障程序"指家长享有被告知的权利、同意权、要求独立的教育评估权、参与个别化教育计划及同意权、查阅子女资料权、申诉权，以保障儿童教育决定的公平权。

障碍或疾病的孩子，都会得到"免费的""适当的"公共教育保障。

1990年，美国通过了《残疾人教育法》(*Individuals with Disabilities Education Act*，IDEA)。该法案将1975年的《残疾儿童教育法》更名为《残疾人教育法》，将"儿童"改为"公民"，从更人性的角度看待残疾人。在谈到残疾人时，开始较多地使用"person with a disability"（某方面有残疾的人）的说法，而不是"disabled person"（失去能力的人）。同年，孤独症也被正式列为联邦政府划归的残疾种类。

五、世界孤独症关注日

2007年12月，联合国大会通过决议，从2008年起，将每年的4月2日定为"世界孤独症关注日"，以提高人们对孤独症和相关研究与诊断的关注。从1943年世界上出现第一个孤独症病例，至2008年已有65年，"世界孤独症关注日"的确立，标志着人类对孤独症的认知、对自身责任的认识迈出了历史性的一步。

"世界孤独症关注日"提醒人类社会：应该实现孤独症患者与普通人之间的相互尊重、相互理解与相互关心。作为普通人，不应把孤独症患者看作怜悯的对象，而应把4月2日这一天作为审视和增强自身道德观念、社会责任的契机。作为孤独症患者及与其直接相关的人员，如家属、学者专家、医生护士等，也应把4月2日作为继续齐心协力战胜疾病的"加油站"。人们应努力让4月2日成为孤独症患者自信与愉快生活的节日。

当前，虽然还没能找到彻底治愈孤独症的方法，但通过科学干预、合理治疗，孤独症儿童的症状还是可以获得有效改善。因此，第七个世界孤独症关注日活动的主题旨在呼吁社会在关注孤独症的同时，也要建立起孤独症儿童早期预防和干预的机制，真正为孤独症儿童的平等发展提供空间。

六、2018年美国孤独症患病率为1/59

2018年4月27日，美国疾病控制与预防中心（Centers for Disease Control and Prevention，CDC）发布了《孤独症谱系障碍8岁儿童患病率在美国11个州中的调查》（Prevalence of Autism Spectrum Disorder among Children Aged 8 Years — Autism and Developmental Disabilities Monitoring Network, 11 Sites, United States, 2014[①]）。该文基于对美国11个州总共325483名儿童的调查发现，孤独症的患病率高达1/59，这一数据比2014年3月27日发布的《美国疾病控制与预防中心估计每68名儿童中有1名患有孤独症谱系障碍》（CDC Estimates 1 in 68 Children has been Identified with Autism Spectrum Disorder[②]）中的患病率竟然提高了9%，其背后的原因值得学界深思。

相关人士分析，造成孤独症患病率逐年增加的原因至少有三点。第一，DSM－Ⅴ新诊断标准的使用。这个标准的敏感性高于之前所使用的DSM－Ⅳ－TR，也就是说，有一部分儿童因此会被纳入谱系。第二，研究地点的局限性。仅调查了美国11个州的8岁儿童，而没有覆盖全境，各州的人口流动性、地域差异等因素或会影响最终数据。第三，语言及文化因素。评估是在欧洲裔、非洲裔、西班牙裔、亚洲裔等族群环境中进行的，但只使用了英语这种单一的语言，各族裔人士对评估问题的理解与回答必定会受到其特有文化的左右，以至影响调查数据。

美国著名的科学家史蒂夫·西尔伯曼[③]（Steve Silberman）在2015年出版了他的专著《神经部落》[④]（Neuro Tribes: The Legacy of Autism and the Future of Neurodiversity）。在书中，他一方面致力于为解决孤

[①] https://www.cdc.gov/mmwr/volumes/67/ss/ss6706a1.htm.
[②] https://www.cdc.gov/media/releases/2014/p0327-autism-spectrum-disorder.html.
[③] https://www.prhspeakers.com/speaker/steve-silberman.
[④] 中文版译著名为《自闭群像：我们如何从治疗异数，走到接纳多元》，译者为我国台湾地区的朱怡康，于2016年由行路出版社出版。

独症难题提供可行性方案；另一方面通过讨论孤独症发生史，探讨并倡导"神经多样性"运动以及建立一个更加人性化的世界的必要性，以期让有学习差异的人可以获得他们所需的资源，进而过上更快乐、更健康、更安全和更有意义的生活。可以看出，西尔伯曼致力于颠覆关于孤独症诊断的传统思维，提出一个更广泛的接受与理解孤独症的模式。这种新模式的背后，无疑就是当前关于孤独症是一种病症还是一种人与人之间神经类型不同的争论。

本章小结

孤独症（Autism），又称"自闭症"，是一种发生在童年早期的脑神经发育疾病。主要特征是社交互动和沟通能力缺陷，以及重复的刻板行为和兴趣的限制。从孤独症的概念、历史和代表人物三个维度入手可以更全面地了解这一障碍。随着科学研究的不断发展，我们对孤独症的认识也会不断深化，从而为孤独症的诊断和治疗提供更好的支持。

思考与练习

1. 界定孤独症谱系障碍的概念。
2. 辨析孤独症、广泛性发展障碍、孤独症谱系障碍的关系。
3. 试论里奥·坎纳对孤独症研究的贡献。
4. 评价"冰箱母亲"理论的影响。
5. 分析近十年"世界孤独症关注日"的宣传主题及意涵。

第二章 孤独症的病因

学习目标

1. 从医学角度了解孤独症的病因。
2. 在医学的认知基础上，探讨孤独症的预防策略。

自从 1943 年美国儿童精神病专家里奥·坎纳发现首例孤独症患者之后，世界各国不同领域的专家一直在努力探究孤独症的病因。到目前为止，关于孤独症病因的研究仍然仅有个体的临床意义，而无法为孤独症的群体性病因提供诊断支持。21 世纪以来，孤独症发生率在世界范围内呈上升趋势，这也对各个领域特别是医学领域提出了更严峻的挑战与要求。医学是较早开展孤独症病因研究的领域，当前的研究成果主要集中在遗传学、免疫学、神经生物学、围产期等医学分支学科，本章将从医学领域的这四个分支学科来探讨孤独症的病因。

第一节 遗传学研究

遗传学（Genetics）是一门以生物起源、进化与发育的基因和基因组结构、功能与演变及其规律等为研究对象的学科。简言之，遗传学就是研究基因及它们在生物遗传中的作用的自然科学分支。本章所说的遗传学主要用于探查孤独症的遗传基因及其遗传变异的原因、物质基础及内在规律。目前，遗传学围绕孤独症病因所进行的探究主要集中在双胞胎共患率、家系患病率、基因突变、DNA 甲基化等方面。

一、双胞胎共患率

双胞胎研究是探索一种疾病到底是先天遗传还是后天罹患的重要手段之一。双胞胎共患率是指双胞胎中同时发生某种特定疾病的概率。同卵双胞胎有100%相同的遗传物质，异卵双胞胎只有50%，所以，如果同卵双胞胎的患病率远远高于异卵双胞胎，就证明遗传因素在其中起关键作用。从当前的医学发现来看，孤独症双胞胎的共患率比单胎要高得多，而双胞胎又共享相同的基因组，这就表明孤独症的发病与遗传有关。下面我们来梳理医学界探讨双胞胎共患率的历程。

1977年，英国研究者苏珊·福尔斯坦（Susan Folstein）和迈克尔·鲁特（Michael Rutter）在《儿童心理学和精神病学》期刊上发表了世界上第一例孤独症的双胞胎研究，得出的结果震惊世界，那就是孤独症的病因与人类遗传学密切相关。他们找到11对同卵双胞胎和10对异卵双胞胎，且每对双胞胎中至少有一个是孤独症患者，采用里奥·坎纳和迈克尔·鲁特较严的诊断标准，探讨双胞胎中一个患有孤独症，另一个也是孤独症的一致率，结果发现同卵双胞胎的患病率是36%，异卵双胞胎的是患病率0%。这个结果显示孤独症的遗传率很高。他们进一步分析了同卵双胞胎的出生序和诊断，发现先出生者中有7个患有孤独症（其中5个合并智力障碍），有两个只有智力障碍，1个有语言障碍，只有1个正常；后出生者中有8个患有孤独症（其中5个合并智力障碍），学习障碍、语言障碍和正常各1人。这个结果说明两点：其一，同（单）卵双胞胎的儿童是受精卵一分为二形成的两个胚胎，他们出自同一个受精卵，接受完全相同的染色体和基因物质，所以，如果其中一个患有孤独症，另一个患有孤独症的概率高达80%；其二，异卵双胞胎即由两个卵子同时受精产生了两个受精卵，由于这两个受精卵各自有一套胎盘，相互间没有什么联系，如果其中一个患有孤独症，另一个患有孤独症的概率约为40%。显而易见，双胞胎共患率的高低反映了孤独症与先天遗传因素有显著的关联。

以上述研究为开端，国外学界拉开了对孤独症双胞胎研究的序幕，不断增加双胞胎被试的数量，以期能更全面、深入地反映作为遗传单位的基因对孤独症的影响。我国学者也不例外，其中，有学者对 34 对双胞胎的孤独症共患率进行了研究，发现在 14 对同卵双胞胎中有 11 对患有孤独症，共患率为 78.6%；在 20 对异卵双胞胎中有 3 对患有孤独症，共患率为 15%。这一发现与国外学界的研究具有相似性，提示遗传仍然是孤独症病因不可忽视的因素。[①] 又有研究显示，根据双胞胎孤独症共患率的差异推断，儿童孤独症的遗传率可达 91%～93%。[②] 需要注意的是，虽然遗传因素在孤独症发病中起重要作用，但环境因素也不可忽视。抛开遗传因素的影响，同卵双胞胎的共患率仍然存在一些差异，或是因为他们在生活环境、教育和其他非遗传因素方面的相似性。这就意味着遗传并不是唯一的决定因素，孤独症的产生很可能受遗传和环境等多种因素的综合影响。

二、家系患病率

"家系"（Pedigree），又称"系谱"，指追踪某一个家族各世代成员数目、亲属关系以及有关遗传性状或遗传病在该家系中分布情况的图示，是一种研究遗传疾病的方法。在孤独症的病因探索领域，家系患病率主要用于调查亲缘关系较近的家族成员的孤独症发病情况，包括亲属关系、疾病诊断、症状表现、认知功能、社交能力以及其他相关特征。通过比较患者及其家族成员之间的孤独症发生率和遗传关系，研究者可以进一步分析遗传因素在孤独症发病中的作用。作为一种关注孤独症在家族中的遗传和发病机制的研究方法，家系研究（又称"系谱分析"）一方面有助于区分单基因遗传病和多基因遗传病[③]，另一方面也有助于区别某些表现型相似的遗传病以及同一遗传病的不同亚型。在对孤独症的家系研究中，既要对其家庭内部的发病情况进行直接调查，又要对其

---

① 邓文林. 34 对孤独症谱系障碍双生子遗传及影响因素研究 [D]. 广州：中山大学，2012.
② 李雪荣，万国斌，陈劲梅，徐云. 孤独症诊疗学 [M]. 长沙：中南大学出版社，2018.
③ 单基因遗传病是指由一对等位基因控制的遗传病；多基因遗传病则是指由多对等位基因的累积效应引发的遗传病，其发病率高，具有家族聚集性，且容易受环境因素影响。

家族成员中的发病情况进行梳理分析，以辨析患者家系中的病患率。当下大量医学及遗传学的研究表明孤独症存在家族聚集现象。[1]

对家庭内部发病情况的研究多以孤独症患者的兄弟姐妹、父母为对象，结果发现大多数孤独患者的兄弟姐妹拥有不同的与孤独症相关的基因。加拿大多伦多儿童医院（The Hospital for Sick Children）应用基因组学中心及多伦多大学麦克劳克林中心（McLaughlin Center, University of Toronto）主任斯蒂芬·舍雷尔的研究小组对来自85个家庭的340个全基因组进行了测序，结果显示参与研究的每个家庭都有两个孤独症患者。还有研究发现，当某个家庭有一个孤独症患者时，其"兄弟姐妹再患孤独症的概率是2%～6%，这比一般人患孤独症的概率（最高估计也少于1%）要明显高出许多"[2]。也有学者提出，"如果在兄弟姐妹之间有一个以上的孤独症，其他兄弟姐妹的发病风险则为两倍"[3]。

一项研究数据显示，在有孤独症患者的家庭中，即使患者父母本身没有被明确诊断为孤独症，但是会有33%的父亲和23%的母亲存在不同程度的"类孤独症特质"[4]（Autism-like Features），又称"广泛的孤独症表型"[5]（Broad Autism Phenotype），并且父亲表现得更加明显。具有"类孤独症特质"的患者父母通常有以下三个方面的表现。其一，患者父母身上存在的"类孤独症特质"主要表现为在社交互动、人际沟通、言语交流等领域存在不同程度的障碍。例如，母亲过于注重细节，从而导致其忽略了事物的整体，思想片面。其二，他们的兴趣会因此受到严重限制，亦会出现重复性的行为。例如，说话过于啰唆，没有条

---

[1] 王福菊，杜亚松. 孤独症双生子报道. 中国儿童保健杂志 [J]. 中国儿童保健杂志，2011 (5).

[2] 李雪荣，万国斌，陈劲梅，徐云. 孤独症诊疗学 [M]. 长沙：中南大学出版社，2015.

[3] Ozonoff S，Young G，Carter A，Messinger D，Yirmiya N，Zwaigenbaum L，Bryson S，Carver L，Constantino J，Dobkins K et al.，Recurrence Risk for Autism Spectrum Dsiovers：A Baby Siblings Research Consortium Study [J]. Pediatrics，2011，128（3）.

[4] "类孤独症特质"是指从显示几乎没有孤独症特质的个体到严重受损的诊断个体的一个连续体的存在。

[5] 参见 https://spectrumnews.org/news/parents－traits－predict－autism－features－in－children/，"表型"是指有机体可以被观察到的结构和功能方面的特性，如形态和行为方面的特征。表型=基因+环境。

理，颠三倒四。其三，患者父母在童年时期的考试成绩一直不好，成年后往往会出现语言和社交障碍，或者在社交中表现出冷漠的一面。例如，有的患者父亲从来都不会主动和他人打招呼，不和他人进行日常说话交流，更谈不上花费时间和精力去维护人际关系。患者父母存在的这些"类孤独症特质"会引起子代的遗传变异，最终导致子代患有孤独症。这类现象或可用遗传学中的"数量性状遗传"[①]来解释。"数量性状"可能是由多个基因控制的，每个基因的贡献都比较小，这类性状也容易受到环境的影响。

孤独症通常会发生在同一个家庭中，父系的二级及三级亲属中有多人存在孤独症样特性，体现出家族聚集现象。[②] 有研究表明，孤独症同胞的患病率高达3%，远远高于一般群体1%的患病率。另外，家族中即使没有出现孤独症病例，也会存在如性格显著内向、精神发育迟滞、社交技能发展困难等类似的认知功能缺陷。对于孤独症在家族中的聚集现象，其发病率并非随机地高于一般人群，而是存在两种可能：一是遗传因素，即孤独症家族中有致病的遗传基因；二是环境因素，即家庭成员共同暴露在如药物、饮食、感染、居住条件等危险的环境之中。需要说明的是，母亲在怀孕期间过度接触所处环境中的农药、尼古丁、重金属等化学物质，或者过量暴露在电离辐射如α射线、β射线等不同类型的射线之下，或者服用某些药物如扑尔敏、强的松、庆大霉素等，感染某些疾病如流感、风疹、弓形虫等，都可能导致胎儿罹患孤独症。但是，这些均属胎儿先天异常的致病风险，归类于环境因素，并非遗传因素。

三、基因突变

基因突变是指人类基因组中的DNA分子发生突然的、可遗传的变异现象。基因突变和染色体数目异常、三联体扩张重复突变是人类遗传

[①] 数量性状遗传是指亲代（通常是父母）传递给子代的复杂性状，如生长高度、智力水平、眼睛颜色等。与孤独症相关的数量性状则包括社交沟通技能、注意力、焦虑和强迫症等。
[②] 王福菊，杜亚松. 孤独症双生子报道 [J]. 中国儿童保健杂志，2011（5）.

异常的三大原因。

孤独症基因突变研究是通过研究孤独症中的基因变异，探索这些基因变异与孤独症发病之间的关联和影响的研究方法。这种研究方法侧重于寻找与孤独症相关的特定变异基因，以及这些变异基因如何影响大脑发育和功能，从而导致出现孤独症。关于孤独症基因突变的已有研究主要发现了孤独症基因突变的三种类型，分别是单基因遗传突变、新发突变、多基因遗传突变。研究也发现了影响基因突变的因素主要有四大类，分别是物理因素，如紫外线、电离辐射等；化学因素，如碱基类似物、亚硝酸类物质、黄曲霉毒素等；生物因素，如流感病毒等；以及基因内部的脱氧核苷酸的数量、顺序、种类的局部改变，从而导致的遗传信息的改变。医学上，一般是通过检查基因是否发生突变来预测生育是否会有风险。研究者一直致力于寻找孤独症的致病基因，一方面，除了少数几种孤独症亚型有明确的致病基因，90%～95%的孤独症到目前为止还没有明确的致病基因；另一方面，研究者发现了400余种会增加孤独症患病风险的基因变异。[①]

随着现代基因测序技术的崛起，研究者通过对孤独症患者家庭进行全基因组水平扫描或者全外显子组测序等，发现了大量与孤独症相关的基因突变案例，遗传物质的结构改变引起的遗传信息改变，均可以成为突变。在这些突变案例中，有的是来自父母的遗传突变（hereditary mutation）[②]，有的是"新发突变"（de novo mutation），有的是单个碱基的突变，有的则是大的、复杂的DNA结构突变。不管是何种基因突变，毫无疑问，这些突变的事实已然说明基因突变是导致孤独症的原因之一。

（一）孤独症可能来自患者父母的遗传突变

父母的遗传突变是指孤独症患者的父母中存在与孤独症相关基因的突变。研究表明，孤独症患者的父母可能会存在一些基因突变，这些突

---

① 这个研究结果表明，孤独症不是由一个或少数几个基因引起的，而是基于多基因的相互作用。
② 突变基因由父母遗传而来，即先天获得，叫遗传性突变；由后天获得，则成为新生突变。

变或会增加子代患上孤独症的风险。一个人是健康还是生病，往往与父母的遗传有重要的关系。在某些特定的疾病中，父母的基因一定承担着不同的责任。不少研究显示，孤独症可能是由父系基因突变引起的。

其一，父亲的生育年龄越大，子代孤独症的发生率越高。例如，生育年龄在 40 岁以上的父亲，其子代患有孤独症的风险是 30 岁父亲的 6 倍。英国伦敦国王学院精神病学研究所和美国纽约西奈山医学院的科学家们一同调查了约 13.2 万名 20 世纪 80 年代在以色列出生的犹太裔青少年，结果发现，若小孩出生时父亲的年龄在 15 到 29 岁之间，孩子患上孤独症的概率只有万分之六，若父亲的年龄在 30 到 39 岁之间，那么孩子的患病概率则上升到万分之九（为上组人群的 1.6 倍）。那些父亲已是 40 到 49 岁"高龄"的孩子，其患上孤独症的概率就猛增到万分之三十二（增加到 5.75 倍）。父亲的年龄 50 岁以上孩子的患病概率则为万分之五十二。总之，父亲生育时的年纪越大，子代患病的概率就越高。该项目负责人、纽约西奈山医学院研究员亚伯拉罕·莱申博格介绍说，父亲的年龄每增加 10 岁，诞下孤独症儿童的概率就会翻倍。[①] 其主要原因是胚胎突变，尤其是父系生殖细胞的突变可能早于父母生殖细胞的形成。

其二，父系基因中有多个致病基因。有研究显示，父亲基因中出现的有关孤独症等疾病的基因不止一两个，而是多个，这就意味着父亲基因导致子代患有孤独症的风险高于母亲基因。目前已被医学研究证明的父亲基因中，有六种基因突变。

其三，父母患有精神疾病导致子代患有孤独症。在瑞士，一项遗传因素对孤独症影响的研究发现，有精神分裂症的父母或者存在精神问题的母亲产下的子女罹患孤独症的概率比正常父母的子女高出将近一倍。[②] 这项研究有两个重要结果：一是儿童罹患孤独症与父母患有精神分裂症的关系最为密切，二是儿童罹患孤独症与母亲患抑郁症或性格障

[①] 参见 http://www.cnkang.com/myjk/201201/473281.html。
[②] 这项刊登在美国儿科学会出版的《儿科学》（Pediatrics）杂志中的研究选取了瑞士 1977 年至 2003 年出生的 1227 名被诊断出有孤独症症状的儿童，研究人员用这些儿童的家庭情况与 31000 名正常儿童的家庭情况进行了对比研究。

碍的关系次重。还有研究发现，如果一个父亲患有精神病，那么他的家庭则会携带孤独症的致病基因。

(二) 孤独症可能来自新发突变

新发突变是指在生殖细胞减数分裂时期或者受精卵发育过程中，在家庭成员中第一次出现的突变。这类突变并非来自患者父母，而是后天发生的。一项研究发现，有25%~30%的新发突变导致孤独症的案例，同时也发现此类患者与不是新发突变患者相比非言语类智力更低。近年来，研究者对数千名典型孤独症的不相关儿童进行了下一代DNA测序，发现不止一名儿童的少量基因发生了新发突变。根据《自然通讯》(*Nature Communications*) 在2014年9月发布的一篇报告，荷兰Max Planck语言心理学研究所的Pelagia Deriziotis及其同事合作完成的一项研究表明，在患有严重孤独症的儿童中，大脑基因TBR1的自发突变可破坏所编码蛋白质的功能，此外，TBR1和FOXP2之间存在直接的关联。[1] 这个研究结果表明，一方面，孤独症是由其基因新发突变引起的，然而TBR1是影响机体大脑皮质发育的关键因子；另一方面，因为FOXP2是一种参与影响机体言语表达的特殊基因，所以基因新发突变会对孤独症患者的语言功能产生严重影响。在当前的孤独症研究中，学者们已经发现了孤独症新发突变的医学案例。这些新发突变往往在孤独症的父母当中不存在，却在孤独症的基因组中存在。这可能预示着新发突变并非来自基因遗传，而是在个体的胚胎发育过程中发生的，或者在其生命早期发生的。通常来说，新发突变可能存在于SHANK3、NLGN3、NLGN4、CNTNAP2、FOXP1等不同的基因当中，这些基因与神经发育、突触功能、社会交流等与孤独症相关的过程有关。通过整合大规模的基因测序数据，学者们能够通过科学手段鉴定出这些与新发突变相关的基因，进一步了解这些突变如何影响大脑发育和功能，从而导致孤独症的产生。

---

[1] Deriziotis P, O'Roak BJ, Graham SA, Estruch SB, Dimitropoulou D, Bernier RA, et al. Denovo TBR1 Mutations in Sporadic Autism Disrupt Protein Functions [J]. Nat Commun, 2014 (5).

（三）孤独症可能来自单碱基突变

单碱基突变（Point Mutation）又称"点突变"，指只有一个碱基对①发生的改变，可能会改变蛋白质的结构和功能，从而影响神经元的正常发育和功能。在孤独症研究中，一些基因的单碱基突变已经被发现与孤独症的发病风险增加相关。例如，某些基因中的单碱基突变与突触功能、神经元连接、社会交流等与孤独症相关的过程有关。这些突变可能导致基因的表达或功能发生变化，从而影响脑部的正常发育。研究发现，现有自发突变和诱导突变两种原因。当前，研究者主要通过一种新的方法检测特定的DNA片段，找出单一突变位点，从而辅助如镰刀型细胞贫血、癌症、肺结核等疾病的诊断与治疗。美国波士顿儿童医院、布莱根妇女医院和哈佛医学院的研究者联合在《自然神经科学》杂志上发表了两篇关于孤独症病因的学术论文，认为胚胎发育过程中产生的嵌合突变②（单碱基突变）是重要的原因。目前，医学界已经发现了孤独症在SHANK3、NRXN1、CNTNAP2、CHD8等基因点上的突变情况，而这些基因调控了神经元的发育过程。神经元发育异常是孤独症的一个重要病理特征，对孤独症的发病有一定作用。神经元发育异常主要包括神经元突触发育异常、神经系统细胞外囊泡形成异常、神经元移动异常、与细胞骨架相关的基因缺陷等四种情况。显然，孤独症的病因是复杂的，单碱基突变可能只是其中的一种。除了单碱基突变，还存在其他类型的基因变异，如拷贝数变异、染色体结构变异等，这些变异对孤独症的发病也可能产生作用。但是，单碱基突变并不一定导致孤独症的发生。单碱基突变在人类基因组中是常见的，并且世界上有许多人都携带这些突变基因而没有患上孤独症。因此，单碱基突变与孤独症之间的关系可能需要综合考虑其他因素的影响，包括遗传和环境的相互作用。

---

① "碱基对"是指一对相互匹配的碱基被氢键连接起来，是形成DNA、RNA单体以及编码遗传信息的化学结构。

② 嵌合突变（Mosaic Mutation）是干细胞分裂时产生的"错误"，只影响人体的一部分细胞，不会遗传给下一代。但是，胚胎发育过程中发生的嵌合突变可能会出现在大脑当中，影响神经炎的功能。突变发生得越早，携带突变的细胞就越多。

(四) 孤独症可能来自 DNA 结构突变

所谓结构突变（SVs）指的就是染色体的缺失、重复、插入、倒置①，其会影响 DNA 的转录调控功能。人类机体拥有 30 亿个碱基对，在如此长的 DNA 链中，能够明确编码蛋白质的 DNA 仅有 2%，其余的 98% 被称作非编码 DNA，一度被认为是无用的垃圾基因。然而，美国加州大学圣迭戈分校的遗传学家 Jonathan Sebat 及其团队在研究中发现，非编码 DNA 的结构突变对孤独症有着重要影响。他们针对 1771 个家庭样本展开研究，发现了孤独症儿童从父亲那里得到更多的结构变异的 DNA②，由此拉开了对 DNA 结构突变进行研究的序幕。紧接着便有研究者对 829 个家庭进行了全基因组测序（WGS），每个家庭至少有一名孤独症患者，测序对象还包括他们的父母和兄弟姐妹。最终测序结果包括 880 名孤独症患者和他们的 630 名健康的兄弟姐妹。这些孤独症都已经排除了新生突变的影响，以保证对 CRE-SVs 分析的敏感性。通过分析，研究者发现每个个体平均具有 3746 个 DNA 结构突变，其中来自母亲的 DNA 结构突变的遗传率为 47.7%，来自父亲的结构突变的遗传率则高达 70.9%。③ 不言而喻，这个研究验证了 Jonathan Sebat 及其团队发现的那个令人吃惊的结果，说明了孤独症可能来自 DNA 的结构突变，且更多地来自父亲。具体而言，研究发现，父亲的精子中存在着一些基因的结构变异，如基因的拷贝数变异、插入或删除等，这些变异可能会影响基因在孩子身上的表达或功能。这些突变可能会导致孩子的基因组出现异常，进而影响大脑的发育和功能，增加其患上孤独症的风险。然而，并非所有的孤独症患者的父亲都存在 DNA 结构突变。此外，相同的 DNA 结构突变在不同个体中可能会导致不同的结果，有些人可能表现出孤独症状，另一些人则没有。

---

① P. H. Sudmant et al., An Incegrated Map of Structural Variation in 2504 Human Genomes [J]. Nature, 2015 (71-81).

② William M. Brandler, Danny Antaki, Jonathan Sebat. Paternally Inherited Cis-regulatory Structural Variants are Associated with Autism [J]. Science, 2018 (4).

③ 参见 http://www.360doc.com/content/18/0615/18/13810766_762696576.shtml。

四、DNA 甲基化

所谓 DNA 甲基化（DNA Methylation），是指在 DNA 甲基化转移酶的作用下，基因组 CpG 二核苷酸的胞嘧啶 5 号碳位共价键结合的一个甲基基团。它是 DNA 化学修饰的一种形式，能够在不改变 DNA 序列的前提下改变遗传表现，属于表观遗传的现象及范畴，也是最早被发现的表观遗传调控机制之一。DNA 甲基化的作用就是能够引起染色质结构、DNA 构象、DNA 稳定性、DNA 与蛋白质相互作用方式的改变，从而调控基因的表达和关闭，可以随着 DNA 的复制过程传给下一代 DNA，是一种重要的遗传机制。研究发现，孤独症患者的基因组中存在一些异常的 DNA 甲基化模式。这些异常可能导致基因活性发生变化，从而影响大脑发育和功能。例如，英国埃克塞特大学（University of Exeter）的医学团队研究了 1263 个新生儿的血液样本，发现儿童患有孤独症风险的高低可能与其基因组中某些 DNA 的甲基化水平相关。[1] 研究指出，被确诊为孤独症的 629 人中，其甲基化水平有差异的 DNA 位点在与孤独症相关的基因附近，这间接证明了孤独症基因与孤独症的发病机理之间具有相关性，更揭示了孤独症患者染色体内的 DNA 甲基化与遗传学两个层面上的相互作用。因此，学界可从常规遗传学和表观遗传学两个层面来对孤独症基因组展开分析，寻找与患病相关的细胞信号通道。[2]

研究者对孤独症与 DNA 甲基化的相关性的探索还在不断深入。例如，美国加州大学戴维斯分校（University of California，Davis）的神经发育专家团队在孤独症新生儿的脐带血中发现了一种特别的 DNA 甲基化特征，即在特定区域的甲基化程度存在差异，这种特征某种程度上也支持了"孤独症的神经发育和性别差异"的说法，同时也提出通过脐

---

[1] Eilis Hannon, et al. Elevated Polygenic Burden for Autism is Associated with Differential DNA Methylation at Birth [J]. Genome Medicine, 2017 (10).

[2] 参见 https://zhuanlan.zhihu.com/p/36045612。

带血预测孤独症的说法，这为孤独症早期干预提供了可能。[①] 目前，虽然孤独症患者DNA甲基化的具体发生机制尚不完全清楚，但它可能与神经元连接、脑区发展和信号传导等有关。对孤独症甲基化的研究仍在进行，通过深入了解孤独症基因组中的甲基化变化，可以获得更多的关于孤独症发病机制的线索，从而为孤独症的诊断和治疗提供更好的方法和策略。

近年来，学界对孤独症遗传学基础领域的研究已取得了较大进展，然而，即便这样，也仅能解释10%~20%的孤独症患者的病因，还有绝大部分的孤独症尚未找到明确的致病基因，尚不能对孤独症患者整体的病因加以解释。因而，进一步推进孤独症的易感基因、确定不同类型变异在疾病发生中的贡献度等研究仍然是夯实孤独症遗传学基础的关键议题。

第二节 免疫学研究

免疫学是研究机体免疫系统的结构和功能的一门科学。孤独症的免疫学研究探索的是孤独症与免疫系统之间的关系，并研究免疫系统在孤独症发病中的作用。近年来，越来越多的研究开始关注免疫系统在孤独症中的功能与异常。尽管有研究指出目前的研究证据还不足以明确机体免疫系统与孤独症有直接的关系，但是，从一些研究中也能发现孤独症患者的免疫系统存在异常。例如，孤独症患者通常患有明显的与免疫功能缺陷有关的疾病，患者的母亲在围产期的白介素水平显著提高以及孕期感染等可能与孤独症的风险增加有关，这些都为学界进一步探寻免疫系统与孤独症的关系提供了方向。当前关于孤独症的免疫学研究通常集中在以下两个方面：一是孤独症患者自身免疫功能的异常，二是患者母亲的免疫激活现象。

[①] Charles E. Mordaunt, et al. Cord Blood DNA Methylome in Newborns Later Diagnosed with Autism Spectrum Disorder Reflects Early Dysregulation of Neurodevelopmental and X-linked Genes [J]. Genome Medicine，2020（12）.

一、孤独症患者自身免疫功能的异常

目前，已有不少研究发现孤独症患者存在免疫功能异常现象，这种异常直接指向孤独症的病因。首先，不少研究发现孤独症会合并一种或者多种自身免疫性疾病，例如自身免疫性淋巴组织增生综合征、青少年系统性类风湿关节炎、系统性红斑狼疮等，几乎涉及所有常见的自身免疫性疾病。其次，早有报道称30%～40%的孤独症患者存在血清素浓度增高的现象，有研究指出约40%的孤独症患者存在自然杀伤细胞活性减低的现象。据报道，血清素有抑制淋巴细胞对PHA的反应以及抑制自然杀伤细胞活性的功能。故可以推论孤独症患者出现免疫功能的变化，根本原因在于血清素浓度升高。此后，英国研究者发现孤独症儿童小肠上皮细胞表面的IgG阳性，淋巴细胞浸润，肠腺细胞增殖活跃，这些现象均表明儿童自身出现了肠部免疫性的异常。最后，研究者对患有胃肠症状的孤独症患者的十二指肠、回肠末端和横结肠进行结肠镜活检发现，所有部位的CD3+、上皮内淋巴细胞、固有层淋巴细胞等细胞水平与炎性肠病对照组相似，与健康对照组有差异，这提示了孤独症患者的免疫系统可能存在紊乱，而免疫紊乱可能与病因有关，进一步推论"孤独症是一种自身免疫性疾病患者"。在上述研究与后来研究者相继发现的孤独症患者存在如T淋巴细胞数量较少、辅助T细胞和B细胞数量减少、抑制-诱导T细胞缺乏等结论的助力下，孤独症患者自身免疫功能异常假说在学界的探究中逐渐明朗，这也为下一步探索孤独症患者免疫功能异常的发生机制提供了支撑。

二、患者母亲的免疫激活现象

免疫激活（Maternal Immune Activation，MIA）是指当人体内的调节细胞和辅助细胞处于平衡状态时，免疫系统可以正常发挥作用，从而能抵抗各种疾病的入侵，即保持人体机能的平衡。

近年来，越来越多的证据显示，孤独症家族的自身免疫性疾病或过敏性疾病的发病率比正常人高，尤其是母亲。这也表明母体免疫状态和后代孤独症发病风险增加有一定的关系。[1] 例如，母亲患有Ⅰ型糖尿病、系统性红斑狼疮、类风湿性关节炎、自身免疫性甲状腺炎、溃疡性结肠炎、干燥综合征、抗磷脂抗体综合征、风湿热等免疫性疾病。[2]

另外，母亲孕期的免疫激活与子代孤独症的病因存在相关性。例如，母亲孕期感染引起的免疫激活使母亲及胎儿的免疫成分发生改变，这可能影响胎儿的大脑发育。[3] 有研究发现孤独症母亲自身免疫性疾病的患病率远高于其他育龄妇女，孕期过敏和哮喘的发病频率也明显增高，在妊娠中期甚至是普通孕妇的两倍。[4]

有研究表明，母亲孕早期病毒感染和孕中期细菌感染均与子代孤独症患病风险显著相关，且前者的相关性更强。[5] Goines等研究发现，孤独症患者的母亲在孕中期血清γ—干扰素、白介素（IL）－4、IL－5水平显著升高，这支持了免疫激活致细胞因子水平异常与孤独症相关[6]的结论。Abdallah等的研究显示，孤独症患者的母亲孕期羊水中单核细胞趋化因子（MCP－1）、IL－4、IL－10、肿瘤坏死因子（TNF）－α和TNF－β水平均显著升高，因为羊水中的成分多来自胎儿，胎儿期血脑屏障是通透的，因此羊水中升高的细胞因子水平可能反映了胎儿大脑的炎症样状态，提示免疫激活导致的异常免疫状态可能传递到胎儿大脑。[7]

---

[1] 朱平，吴广霞，王永霞，倪彩丽. 孤独症谱系障碍的免疫学研究进展［J］. 中国免疫学杂志，2016（32）.

[2] 王若兰，周浩，周密. 母亲自身免疫病与子代孤独症患病风险关系的研究进展［J］. 贵州医药，2019（43）.

[3] 高可润，禹顺英. 孤独症免疫学研究进展［J］. 临床精神医学杂志，2014，24（1）.

[4] Croen I. A, Grether JK, Yoshida K, et al. Maternal Autoimmune Diseases, Asthma, and Allergies, and Childhood Autism Spectrum Disorders: A Case-control Study ［J］. Archives of Pediatric & Adolescent Medicine, 2005, 159（2）.

[5] Atladottir HO, Thorsen P, Ostergaard L, et al. Maternal Infection Re-quiring Hospitalization during Pregnancy and Autism Spectrum Disorders ［J］. J Autism Dev Disord, 2010（40）.

[6] Goines PE, Croen LA, Braunschweig D, et al. Increased Midgestational IFN-gamma, IL-4 and IL-5 in WomenBearing a Child with Autism: A Case-control Study ［J］. Mol Autism, 2011（2）.

[7] Abdallah MW, Larsen N, Grove J, et al. Amniotic Fluid Chemokines and Autism Spectrum Disorders: An Exploratory Study Utilizing a Danish Historic Birth Cohort ［J］. Brain Behav Immun, 2012（26）.

不言而喻，这些研究显示出一个重要的指向，即母体的免疫反应在孤独症的病因中发挥着一定的作用，可以说，"孤独症不是特定病原体引起的，而是与一个更广义的母体免疫系统激活有关"[1]。此外，免疫激活在个体发育开始阶段可能会影响神经元发育，并可能继续影响社交行为、身体姿态等方面的发展，这在孤独症早期诊断和干预中具有重要意义。

总而言之，越来越多的免疫学证据表明孤独症与免疫系统具有相关性，至少免疫系统的异常在一些孤独症中可能存在，这些异常抑或是孤独症的一部分表现。有研究者认为孤独症是"一种异常免疫应答造成的系统性障碍"[2]。然而，并不是所有的研究都是以严谨的操作为基础进行的，有的研究并没有综合考察免疫学的整体性指标，所以这类研究并不能完全科学地解释孤独症病因与免疫系统的关系。另外，除了针对患者自身及其母亲的探究，还有研究者从感染角度探索其与孤独症的关系，例如，对母亲在怀孕期间患有巨细胞病毒等感染性疾病、感染后异常的免疫应答、脑部激活的进行性炎症反应和免疫细胞、分子分布及数量异常等方面展开深入研究，势必会为后续孤独症患者免疫功能异常的发生机制提供实证支撑。

第三节 神经生物学研究

神经生物学是一门对机体的神经系统进行生物学研究的综合性科学，主要致力于对人脑的研究，当中涉及分子层面、细胞层面、神经小组、大型神经系统等范畴。神经系统结构和功能的基本单位是神经元，神经元的基本结构包括细胞体和突触两个部分。突触（synapse）是神经细胞之间进行通信的基本单位，其将信息从一个神经元传递到另一个

---

[1] Atladottir H, Henriksen TB, Schendel DE, et al. Autism after Infection, Febrile Episodes, and Antibiotic Use during Pregnancy: An Exploratory Study [J]. Pediatrics, 2012, 130 (6).

[2] 朱静，唐久来. 孤独症谱系障碍的神经免疫学研究进展 [J]. 中国儿童保健杂志, 2015, 9 (23).

神经元。突触本身具有可塑性，在经过一系列刺激之后，突触会更容易被激活或被抑制，这种可塑性很可能是大脑进行学习记忆和情绪反应等认知功能的神经生物学基础。对孤独症展开神经生物学的研究，旨在探索孤独症与神经系统之间的关系，以及大脑结构、功能和神经化学的异常与孤独症发病机制的相关性。在近十年的研究中，不少研究从遗传学角度探测到了孤独症群体中的基因突变现象，例如，GABA[1]、Neuroligin[2]、Neurexin[3]、Cntnap2[4]、Shank3[5]、CHRM3 等基因均与突触功能密切相关。这些基因突变现象影响了神经元连接的变化以及信息的传递，对于其是否引起了神经系统的功能受损及发育障碍，研究者从神经生物学的角度进行了大量探索，结果显示孤独症的病因与多种神经生物学因素有着密切的关系（见表 2-1）。

表 2-1 基因与孤独症的相关性

基因名称	主要作用	与孤独症的相关性研究发现
GABA	人体内的一种非蛋白质氨基酸，对神经调节起着关键作用，可以缓解压力、帮助睡眠、改善情绪等。	（1）GABA 水平可能影响儿童孤独症的视觉反应[6]； （2）GABA 是孤独症的易感基因，可能参与孤独症的致病。[7]

---

[1] Suzanne Coghlan, Jamie Horder, Becky Inkster, et al. GABA System Dysfunction in Autism and Related Disorders: From Synapse to Symptoms [J]. Neurosci Biobehav Rev, 2012, 36 (9).

[2] Csaba Foldy, Robert C, Malenka, Thomas C, Sudhof. Autism-Associated Neuoligin-3 Mutations Commonly Disrupt Tonic Endocannabinoid Signaling [J]. Neuron, 2013, 78 (3).

[3] Amy C. Reichelt, James Dacheler. The Role of Neurexins and Neuroligins in Autism [J]. The Molecular Basis of Autism, 2015.

[4] 伍明超, 万争艳, 向玲玲. 孤独中风险基因 CNTNAP2 与孤独症患儿语音特异性脑功能、神经发育障碍和康复进程的相关性研究 [J]. 精神医学杂志. 2019, 32 (5).

[5] Li Wang, Kaifang Pang, et al. An Autism-linked Missense Mutation in SHANK3 Reveals the Modularity of Shank3 Function [J]. Nature, 2019.

[6] 姚梅玲, 段桂琴, 等. 血浆 GABA 水平及 BABRA4 基因多态性与儿童孤独症的相关性研究 [Z]. 郑州: 郑州大学附属第三医院, 2011-12-29.

[7] 王琳彦, 汪子琪, 卢天兰, 等. 儿童孤独症患者 γ-氨基丁酸（GABA）A 类受体基因簇的罕见变异 [J]. 中国心理卫生杂志, 2018 (11).

续表 2-1

基因名称	主要作用	与孤独症的相关性研究发现
Neuroligin	人体内的一种神经连接蛋白，是维持神经突触完整性所必需的。	(1) Neuroligin3 参与人体神经系统的基因表达，其异常发育会导致孤独症①； (2) Neuroligin3 会导致孤独症核心症状之一的社交缺陷与空间学习。②
Neurexin	人体内的一种神经元表面蛋白，又称轴突蛋白，在突出连接神经元中起作用。	(1) Neurexin 在孤独症中的遗传贡献度接近 1%③； (2) 其突变与孤独症、精神分裂症、雷特综合征有关。
Cntnap2	在神经系统局部的轴突分化为特定功能域方面有一定作用。	(1) Cntnap2 基因的变异为孤独症的易感基因④； (2) 其与孤独症核心症状之一的语言交流障碍存在相关性。⑤
Shank3	在突触的形成和稳定中发挥重要作用。	(1) Shank3 基因的变异为孤独症的易感基因⑥； (2) Shank3 突变会导致孤独症核心症状之一的感觉过敏障碍。⑦
CHRM3	参与突触信号传递，对于调控细胞增殖、代谢、细胞骨架建立和突触可塑性形成具有重要作用。	CHRM3 基因会导致孤独症核心症状之一的刻板行为以及认知缺陷。⑧

---

① 王萍. 孤独症易感基因 neuroligin3 在转录调控中的机制研究［D］. 南京：东南大学，2017.
② Jaramillo, Thomas C., Liu, Shunan, Pettersen, Ami, et al. Autism-Related Neuroligin-3 Mutation Alters Social Behavior and Spatial Learning［J］. Autism Research，2014，7（2）.
③ 薛凯俞，李健，顾霜霖，谢维. 预测 neurexin 和 neuroligin 基因突变在自闭症发病机制中潜在作用［A］//2018 中国遗传学会第十次全国会员代表大会暨学术讨论会论文摘要汇编. 2018：123.
④ 杨曹骅，杜亚松. CNTNAP2 基因在孤独症发病机制中的作用［J］. 中国儿童保健杂志，2012，20（4）.
⑤ Alarcon M, Abrahams BS, Stone JL, et al. Linkage, Association, and Gen-expression Analyses Identify CNTNAP2 as an Autism-susceptibility Gene［J］. Am J Hum Genet，2008，82（1）.
⑥ 李小平. CNTNAP2、NRNX1、SHANK3 多态性与汉族儿童孤独症的相关性研究［D］. 长沙：中南大学，2010.
⑦ Qian Chen, Christopher A. Deister, Xian Gao. Dysfunction of Cortical GABAergic Neurons Leads to Sensory Hyper-reactivity in a Shank3 Mouse Model of ASD［J］. Nature Neuroscience，2020.
⑧ 巨兴达，宋伟，徐婧. CHRM3 基因与孤独症谱系障碍［J］. 心理科学进展，2018（26）.

续表 2-1

基因名称	主要作用	与孤独症的相关性研究发现
Gephyrin	是一种多功能蛋白，负责人体中的钼辅因子的生物合成，以及中枢神经系统中甘氨酸受体和 a 型 GABA 受体的突触后聚集，调节突触稳态和兴奋性，抑制平衡。	（1）Gephyrin 基因外显子微缺失被认为与孤独症有关[1]； （2）删除 Gephyrin 基因会导致发育迟缓、社交障碍、重复刻板动作以及运动功能障碍等。

目前，学界已经收录了 990 个孤独症相关基因[2]，即孤独症的"候选基因"[3]。这些候选基因的存在说明了孤独症或是一种多基因遗传病，即由两对及以上致病基因的累积效应导致的遗传病。与单基因遗传病相比，多基因遗传病不单由遗传因素决定，还受制于遗传因素与环境因素的共同作用。孤独症候选基因的发现为学界后续探索孤独症的致病基因提供了方向与前提。

在神经生物学的视角下，孤独症被看作一种开始于发育早期的大脑重构，而不是一种特定大脑区域或系统的局部损伤。最常见的重构结果是婴儿期和幼儿期脑容量的过度增长。与正常发育的儿童相比，孤独症患者早期大脑发育加快，导致连通性改变，包括整体连通性降低、局部连通性增强等现象。总的来说，孤独症神经生物学的研究有助于我们深入了解孤独症产生的神经机制和病因，为我们提供了认识孤独症的大脑基础和生物学基础的重要线索，也为开发个性化的治疗策略和干预方案提供了指导。

---

[1] Borislav Dejanovic, Dennis Lal, et al. Exonic Microdeletions of the Gephyrin Gene Impair GABAergic Synaptic Inhibition in Patients with Idiopathic Generalized Epilepsy [J]. Neurobiology of Disease, 2014（67）.

[2] 巨兴达，宋伟，徐婧. CHRM3 基因与孤独症谱系障碍 [J]. 心理科学进展，2018（26）.

[3] "易感基因"（Candidate Gene）是指参与性状发育过程对数量性状有一定影响的、已知其生物学功能和序列的基因，这些基因可能是结构基因、调节基因或者在生化代谢路径影响性状表达的基因。

第四节 围产期研究

围产期是指妊娠 28 周到产后 1 周这段重要时间，是一个非常关键的时期，正是在这个时期，胎儿的大脑发育和功能都在迅速发展。孤独症围产期研究旨在探索各种围产期因素与孤独症的关联，包括孕期、出生过程、新生儿等三个重要因素。

一、孕期并发症因素

多数孕妇可能会在妊娠 28 周以后出现如高血压、糖尿病等并发症，环境中的有害因素亦会威胁孕妇及胎儿的健康，甚至威胁孕妇自身及胎儿的生命安全。因此，学界对母亲围产期遭受有害因素攻击与孤独症的相关性研究也层出不穷。《柳叶刀》发布的一项关于环境因素的研究罗列了"母亲围产期感染"及相关因素，包括母亲年龄≥35 岁、母亲罹患慢性高血压、母亲罹患妊娠期高血压、母亲妊娠前及妊娠期超重、母亲先兆子痫[1]、母亲妊娠期使用抗抑郁药、母亲妊娠期使用 SSRI 类抗抑郁药[2]等七大高危因素。此外，母亲自身的免疫疾病如类风湿性关节炎、自身免疫性甲状腺疾病等可能会导致炎症反应和免疫失调，这些均有可能影响胎儿的大脑发育。

二、母亲年龄效应

母亲年龄效应在医学界也称"母龄效应"（Maternal Age Effect），指母亲怀孕年龄与子代出生缺陷、发育障碍或某些遗传疾病风险之间的

---

[1] "先兆子痫"通常是妊娠 24 周左右，在高血压、蛋白尿的基础上，出现头痛、眼花、恶心、呕吐、上腹不适等症状者。

[2] "SSRI 类抗抑郁药"，学名是 5-羟色胺再摄取抑制剂，该药能够通过促进海马齿状回的神经发生，进而产生抗抑郁的疗效。除此，还可以通过促进神经发生，改善受损的认知及运动功能。

关系。在孤独症研究中，主要是指孕育孤独症患者的母亲年龄偏高的现象，即孤独症的发生风险与母亲的年龄有一定的关联性。研究发现，母亲年龄在孤独症致病过程中发挥着重要作用，高龄母亲的后代比年轻母亲的后代更有可能患上孤独症。[1] 在 30 岁之前分娩的女性中，后代患有孤独症的风险几乎与年龄无关，但是对 30 岁以上的母亲所生的后代来说，随着母亲年龄的增长，其患有孤独症的概率会迅速增加。[2] 另外，母亲年龄越小，后代患有孤独症的风险越低，一般会降低 10%；母亲年龄每增加 10 岁，后代患有孤独症的风险就会增加 18%。[3] 到目前为止，母亲年龄效应与孤独症致病的相关性已经逐渐显现，不过其背后确切的生物机制还有待学界进一步探索。早期的假说认为，孤独症母龄效应可能与孕妇的生殖系统变化或母体的基因缺陷相关。近期的研究则认为孤独症母龄效应可能与胎儿大脑发育相关的酶的变化有关，这些酶由于发生了与年龄有关的异质性表达而引起了关注。

三、母亲孕期罹患心血管及代谢类疾病的影响

研究发现，母亲孕期罹患心血管及代谢类疾病与子代发生孤独症存在一定的关联性，其中有代表性的是母亲孕期罹患高血压。高血压（Hypertension）是指以体循环动脉血压增高为主要特征的，可伴有心、脑、肾等器官的功能或器质性损害的临床综合征。妊娠期高血压是一种较为复杂且变化迅速的疾病，其发病原因包括遗传、营养缺乏等，一般会在怀孕 20 周左右或者产后两周左右出现，对孕妇及胎儿的健康发育有一定的影响。医学界将妊娠高血压细分为妊娠合并慢性高血压、妊娠期高血压、先兆子痫、子痫、慢性高血压合并子痫前期五个类别。学界

---

[1] Nirupama Bhuyan. Advanced Aternal Age and Autism [J]. Indian Journal of Health and Wellbeing，2015.

[2] Rachel Ewing. Child 's' Autism Risk Accelerates with Mother's Age Over 30 [J]. Issue of the International Journal of Epidemiology，2014（2）.

[3] S. Wu, F. Wu, Y, Ding, J. Hou, J. Bi, Z. Zhang. Advanced Parental Age and Autism Risk in Children：A Systematic Review and Meta-analysis [J]. Acta Psychiatrica Scandinavica，2017（135）.

在对孕期高血压的探索中发现了其与孤独症的四点相关性结果。一是母亲孕期合并慢性高血压增加了后代患有孤独症的风险。[1] 二是母亲妊娠期高血压是后代患有孤独症的高风险致病因素。不仅如此，母亲孕期高血压除了可能导致后代患有孤独症，还会影响后代在儿童时期的精神、心理发展，造成他们在行为和情绪方面的障碍。[2] 三是母亲孕期高血压与糖尿病、肥胖症等疾病都会对后代出现精神障碍有显著影响。这说明除了心血管功能障碍，母亲的代谢改变也可能影响后代的神经发育。[3] 不仅如此，研究者还指出心血管类疾病与代谢改变等症状对后代的神经发育有着共同的生物学机制。四是越来越多的证据表明，母亲罹患先兆子痫可能通过胎盘、母体和胎儿的生理机制引发异常的神经发育，母亲先兆子痫的严重程度越高，后代患孤独症的风险越高。[4] 其实，母亲孕期还有其他高危因素，例如脐带绕颈、脐带扭转史、先兆流产史等都被列为孤独症致病的高危因素，母亲孕期感冒、早产和喂养方式与孤独症发病可能也有某种联系。[5] 有研究者应用自制的《儿童心理卫生调查表》对照研究了124例孤独症患者与120组正常儿童，分析了儿童孤独症与妊娠围产期不良因素的关系，发现"孤独症有明显高的妊娠围产期不良因素出现率"，这些不良因素包括"母孕期的病毒感染、先兆流产及婴儿出生时窒息、剖宫产"[6]，母亲孕期患病及用药情况、母亲孕期情绪、分娩过程、窒息史、抽搐史等可能是该病的危险因素。其中，母亲孕期先兆流产和小儿出生时窒息是主要因素。[7]

---

[1] Paula, Krakowiak, et al. Maternal Metabolic Conditions and Risk for Autism and other Neurodevelopmental Disorders [J]. Pediatrics, 2012 (10).

[2] Marius Lahti-Pulkkinen, Polina Girchenko, et al. Maternal Hypertensive Pregnancy Disorders and Mental Disorders in Children [J]. Hypertension, 2020, 6 (75).

[3] Marius Lahti-Pulkkinen, Polina Girchenko, et al. Maternal Hypertensive Pregnancy Disorders and Mental Disorders in Children [J]. Hypertension, 2020, 6 (75).

[4] Walker, Cheryl K., Krakowiak, Paula, et al. Preeclampsia, Placental Insufficiency, and Autism Spectrum Disorder or Developmental Delay [J]. Jama Pediatrics, 2015, 169 (2).

[5] 郝晓楠,张岱,贾美香. 孤独症儿童与其他精神障碍儿童围生期危险因素比较 [J]. 中国卫生杂志, 2010 (24).

[6] 谭钊安,柯晓燕,林节. 儿童孤独症与妊娠围产期不良因素相关分析 [J]. 江苏医药杂志, 2000, 1 (26).

[7] 冯淑瑜,张继永,朱明芬,等. 儿童孤独症213例病例分析 [J]. 中国儿童保健杂志, 2003, 11 (2).

四、孕期服用药物的影响

研究发现，母亲在怀孕早期服用抗抑郁药与后代患孤独症的风险存在联系。从总体上说，抗抑郁药可以分成 TCAs 抗抑郁药和 SSRI 抗抑郁药。首先，有研究将母亲怀孕时服用过 TCAs 抗抑郁药的后代与怀孕时未服用过相关药物的兄弟姐妹的健康状况进行了对比，认为孤独症风险与 TCAs 抗抑郁药之间并没有关联。这些母亲为什么要在孕期服用这类抗抑郁药物？通常是由于她们患有某类精神疾病，需要服用药物加以控制。遗传学研究显示，母亲患有精神疾病与后代患有孤独症存在相关性，甚至会影响后代的心理健康及智能发育。[①] 其次，根据美国约翰斯·霍普金斯布隆伯格公共卫生学院（Johns Hopkins Bloomberg School of Public Health）的一项研究，孕妇在怀孕期间服用抗抑郁药物（SSRI），后代患有孤独症的可能性会增加三倍。如果是围产期时服用，则对后代的影响更大。SSRI 是一种新型的抗抑郁药类，常用药品包括氟西汀、帕罗西汀等，主要的适应证有抑郁症、强迫症、惊恐症以及贪食症等。这种药物增加风险的机制在于 SSRI 可以穿过胎盘进入胎儿体内，对其神经系统的发育产生包括细胞分化、神经元迁移、突触形成等方面的影响，进而导致胎儿在大脑发育以及适应子宫环境上出现障碍。总之，孕期服用药物对后代罹患孤独症会造成一定的风险。除此，还有服用抗癫痫药物——丙戊酸，以及抗癌药——沙利度胺等也会对后代造成罹患孤独症的风险。

五、母亲围产期遭受病毒感染影响

研究显示，孤独症患者的母亲在围产期时往往有明显高于普通母亲的风险（如病毒感染、先兆流产、早产及难产、出生时窒息等），这些

[①] 钱晟，李佳钰，李静，徐勇. 儿童孤独症的妊娠期和围产期危险因素 Meta 分析 [J]. 中国妇幼健康研究，2021, 32 (3).

风险导致了患者中枢神经系统发育异常，主要表现在步态不稳、姿势异常、运动笨拙等方面。就病毒感染来说，流感病毒、风疹病毒、弓形虫病毒、巨细胞病毒、单纯疱疹病毒等已被证实能够诱发孤独症。这些病毒有两种作用机制：一是对正值围产期的母亲造成显性感染，直接导致后代罹患孤独症；二是通过侵袭胎盘造成胎盘组织出现炎性病变、胎儿宫内感染等，对围产期的母亲造成隐性感染，严重影响胎儿与母体之间的营养交换，进而对胎儿发育造成影响，或者在胎儿出生之后出现嗜睡、体质弱等并发症，严重者可出现败血症、肺脓肿、脓毒血症，甚至危及生命。事实上，孕期病毒感染与孤独症发病风险增加之间的关联性是一个活跃的研究领域，但目前对于具体的病毒和发病机制仍需要更多的研究来进一步验证。此外，需要指出的是，并非所有的孕期病毒感染都会导致子代罹患孤独症，因为孤独症是一个受多因素影响的疾病，遗传和环境等因素也起着重要作用。重要的是，为了降低孕期病毒感染对胎儿的潜在风险，孕妇应该采取保持良好的个人卫生习惯、接种疫苗（如季节性流感疫苗）、避免接触已知感染者等预防措施。

六、母亲围产期遭受的化学因素影响

有研究者认为，生活环境中的汞、铅、麻醉剂、脱脂剂、多氯联苯、环氧乙烷、溴化阻燃剂、菊酯类杀虫剂、塑料和聚合物等数十种化学物质都是神经发育毒素，如果母亲在围产期过度接触此类物质，或会改变胎儿大脑的结构及发育方式，进而引发后代罹患孤独症。除此之外，一些研究者还发现沥青、抗菌肥皂、汽车制动液、宠物跳蚤洗发水、含有邻苯二甲酸盐的化妆品等化学产品也可能含有通过改变免疫系统来损害大脑的有毒成分，其与孤独症病因之间存在微妙的关系。不难发现，这些化学因素在人们的生活当中无处不在，它们与镉、钴、铊、钨等土壤、地下水、空气、食物中的重金属混合在一起，被称作"内分泌干扰化合物"，如果母亲在产前暴露于其中，则会增大后代孤独症的患病概率。如今，越来越多的研究证据显示处于围产期的母亲在有化学因素环境中的暴露水平及强度远远高于一般的背景水平，这些化学因素

已成为孤独症的潜在致病因素。因此，正值生育期的女性应当更加慎重地接触化学物质，包括避免在有烟草烟雾的环境中久留、定期检查家中和工作场所的空气质量、注意食品安全及优先选择无毒性的清洁产品等。

本章小结

　　孤独症的病因非常复杂，涉及遗传学、免疫学、神经生物学和围产期等多个医学分支学科。基于医学对孤独症病因的探索，可知孤独症可能是由多个基因突变或某些基因的组合不当导致的，而不是单个基因缺陷引起的。此外，外部环境因素如病毒感染、毒物暴露等也可能与孤独症有关。虽然孤独症存在家族聚集现象，但其发病受多种因素的影响。当前学界对孤独症病因的研究仍存在许多未解之谜，需要进一步的研究来揭示真正的原因。值得庆幸的是，遗传学、免疫学、神经生物学和围产期的相关研究已为学界深入理解孤独症的病因和发生机制提供了重要的线索。通过整合这些学科的研究成果，我们可以逐渐揭示孤独症的复杂性，并为孤独症的预防、诊断和治疗提供更好的支持。

思考与练习

1. 名词解释：共患率、遗传突变、新发突变、免疫激活、母龄效应。
2. 阐述双胞胎孤独症共患率研究的现实意义。
3. 孤独症是一种精神病吗？
4. 简述母亲围产期有哪些因素可能导致子代罹患孤独症。
5. 基于医学认知，探讨孤独症的预防策略。

第三章　孤独症儿童的教育评估

学习目标

1. 熟悉孤独症儿童的教育评估领域。
2. 熟悉孤独症儿童的教育评估工具。
3. 掌握孤独症儿童的教育评估实施程序。

孤独症儿童的评估是指通过评估个体的社会及行为发展来判定其是否患有孤独症、障碍的严重程度、特点和优劣势等，并为儿童及其家庭提供相应的支持。评估贯穿于孤独症个体的各个功能与环节，是其生存适应与社会发展的重要保证。根据评估的目的，可以将孤独症儿童的评估划分为医疗评估、康复评估、教育评估三个类别，它们的区别主要在于评估的目的和内容。

医疗评估（Diagnostic Assessment）指通过医学专业人员或临床心理学家对患者的身体和神经发育情况进行评估，以确定其是否存在孤独症、判断其障碍的严重程度，并排除其他可能导致相似症状的问题。评估的内容主要包括收集患者的病史、对患者进行行为观察、家庭访谈，以及实验室和神经心理学测试等。

康复评估（Rehabilitation Assessment）指由康复专家、治疗师和教育工作者等评估孤独症儿童的功能和需求，通常在儿童确诊孤独症之后进行，主要评估孤独症儿童的语言沟通、社交互动、生活自理、社会认知等各种能力。康复评估的目的是确定孤独症儿童的康复需求，并制订个别化的康复计划，以为患者提供合适的干预与支持。

教育评估（Educational Assessment）指由特殊教育专家和评估者

等评估孤独症儿童在教育环境中的学习和发展需求，主要评估孤独症儿童的认知能力、感知觉能力、执行能力、学习风格、学术能力以及特殊需求等。教育评估一方面能够帮助确定适合孤独症儿童的个别化教育计划、教育资源和支持服务，以最大限度地促进他们的学习和发展；另一方面有助于提高特殊教育及教学的质量，提升特殊教育的管理水平，促进特殊教育研究的开展。[①]

尽管医疗评估、康复评估、教育评估的目的和内容各不相同，但三者之间也是相互联系的。它们有时候分阶段各司其职，有时候同时期协同攻关，相互支撑，相互结合，以确保孤独症儿童能够获得全面的评估和个性化的医学、康复和教育支持，对孤独症儿童全面接受科学有效的支持有重要的意义。本章将侧重于对孤独症儿童的教育评估展开论述。需要注意的是，尽管是教育环境中的评估，但因孤独症个体的障碍特质与发展需求，其评估领域及具体内容也会出现复杂、交叉、多元的情况，需要医疗评估、康复评估和教育评估的联动。

第一节　孤独症儿童的教育评估领域

确定孤独症儿童教育评估的领域是对其实施评估的首要任务。美国国家研究委员会（National Research Council，NRC）是美国国家科学院的主要运作单位之一，其在2001年发布的《孤独症干预项目优先领域报告》中提出了干预孤独症的五大重点领域，分别是语言和沟通发展、社会交往与玩耍技巧、精细和粗大动作发展、认知发展和功能性学业技能，以及在普通班级成功学习所需的技能。

一、语言和沟通发展

孤独症是一种神经发育障碍，患者普遍存在语言和沟通发展障碍，

---

① 王辉. 我国特殊需要儿童教育诊断评估的研究现状与发展趋势［J］. 中国特殊教育，2007（10）.

通常表现为社交困难和沟通障碍。孤独症儿童可能会在语言、语音、交流和社交技能等方面出现问题，因而需要进行言语治疗、交流技巧训练等。首先，在语言和交流方面，孤独症儿童或缺乏语言能力、语音能力和交流技巧。例如，有的孤独症儿童可能会用挥手表示再见、用点头表示同意或用摇头表示不同意，但他却无法与人进行对话、分享感受或表达自己的需求，也无法理解他人的表达，更难以理解幽默、比喻等。其次，在社交方面，孤独症儿童无法理解社交规则和他人正常的如面部表情、姿态和手势等社交信号，难以与他人建立联系。此外，孤独症儿童在情感表达、想象力发挥、情境构建和理解他人意图方面也存在很大的困难。因此，对孤独症儿童来说，早期的语言治疗与沟通发展非常重要，可以帮助他们发展语言和交流技巧，以更好地适应和参与社交互动。相关案例如下：

> 小明，男孩，5岁，被诊断为孤独症。小明的家人注意到他似乎无法正确地使用语言并和他人交流。他无视他人的视线，很少主动与人对话，而且无法正确地与其他孩子互动，总是通过抢夺玩具或物品的形式参与人际互动，或"并行玩耍"。除此之外，小明还伴有一些奇怪的行为，例如，不停地重复某个词或短语，时常把嘴巴放在电视机或其他物体上，在感到困惑或者受到挫折的时候会做出严重的暴力行为，如摔桌子或者砸东西，经常因为无法表达自己的感受而沮丧和愤怒。
>
> 小明的家人将他带到医院接受专业的评估和持续干预。医生建议小明接受语言疗法，这可以帮助他发展语言和交流技巧，如通过练习发音、理解和使用词汇以及语法规则来掌握语言。医生还建议小明参加社交技能训练，学习如何与他人建立联系，并参与共同的活动。在接受干预后，小明的语言和交流能力有所改善，他开始表达自己的需求和感受，学会使用语言与他人沟通，并逐渐与其他孩子建立联系。在接受语言疗法的同时，小明也接受了其他干预方法的支持，如认知行为治疗，这为他控制情绪和行为提供了帮助，其自理能力和学习成绩也得到了提高。

孤独症是一种影响儿童语言和社交互动发展的神经发育疾病。对孤独症儿童进行语言和沟通发展领域的评估的重要性主要有以下五个方面。第一，语言和社交互动发展迟缓是孤独症的早期特征之一。评估孤独症儿童的语言和沟通发展可以帮助早期干预孤独症，以免错过"干预黄金期"[①]。第二，评估结果可以确定孤独症儿童沟通障碍和语言发展的具体问题，有助于制定个别化的干预方案。第三，语言和沟通技能是孤独症儿童未来走向社交互动和成功独立生活的关键。了解孤独症儿童的语言和沟通发展水平有助于预测其未来的发展及需要的支持和干预。第四，孤独症儿童的语言和沟通障碍十分复杂，需要长期的治疗和支持。评估可以监测干预效果，以判断是否需要调整干预的方向和方法。第五，通过收集和分析实证数据，既可以更好地了解孤独症儿童语言和沟通方面的表现，也可以为相关学术研究以及开发干预和支持方法提供有价值的参考数据。

二、社会交往与玩耍技巧

孤独症儿童普遍表现出缺乏社会交往的特点。例如，不懂得如何与他人建立联系、不懂得如何与他人合作、缺乏分享和表达自己感情的能力等。有的孤独症儿童会回避与他人进行社交互动，不与他人建立眼神接触，没有与他人建立联系或向他人展示兴趣的愿望。多数孤独症儿童不会主动与他人交流或参与多人合作，也不会向他人传递经验及感受，甚至不了解如何与他人建立积极的对话、分享兴趣或注意他人的需求和感受。此外，有的孤独症儿童无法适应和参与典型的玩耍活动，没有与他人分享玩具的概念，缺乏角色扮演或与他人合作游戏的技巧。多数孤独症儿童更倾向于独自玩耍，不太愿意与他人一起参与游戏，对与他人

---

① "干预黄金期"指在童年早期（通常是 2~6 岁）进行早期干预的最佳时期。在这个阶段，孤独症儿童的大脑和神经系统仍在发育之中，干预措施可以更好地促进其社交互动、语言和认知能力的发展。早期干预可以帮助孤独症儿童建立正常的社交技能和行为模式，最大限度地提高他们的生活质量和社交功能。通过早期干预，孤独症儿童有更大的机会融入家庭、学校和社会，并建立稳定的人际关系。不过，这并不意味着在这个时期之后就无法进行干预，即使错过了干预黄金期，孤独症儿童仍然可以从后期的干预和治疗中受益。

共享玩具和规则感到困惑或不感兴趣，多数时候会出现"并行玩耍"①的情况，即虽与他人在同一个空间中玩耍，但是没有产生真正的交流。孤独症儿童在玩耍时缺乏创造性和想象力，他们更倾向于重复性的行为和身体的感官刺激，缺乏独立思考和创造新的游戏场景的能力，不会积极地融入游戏的进程。相关案例如下：

> 鑫鑫，男孩，6岁，4岁时被诊断为孤独症。鑫鑫缺乏社交技能和玩耍技巧。他很少与别人互动，无法与家庭成员、朋友和老师进行有效的沟通。他对其他孩子和亲人均缺乏兴趣，在人群中经常孤立无援，玩耍的方式也比较简单，通常只是看着某个玩具玩耍或者做自己喜欢的事情，例如原地上下跳跃。鑫鑫的家人为此感到困惑无助，因为不知道该如何帮助他提高社交技能和玩耍技巧，以便与他人建立适切的联系，并与他人一起愉悦地玩耍。
>
> 医生建议鑫鑫接受社交技能训练，家人可以有意识地带他接触各种社交场合，例如带他到家附近的新华书店儿童图书区、社区的儿童中心等，教他如何正确地与他人交流，如何分享自己的感受和爱好。鑫鑫参加了一家教育康复机构开设的社交技能课，并在家中由家长带领进行练习，他渐渐地学会了如何与其他孩子、亲人等进行交流。医生还建议鑫鑫参加游戏治疗，根据他的年龄和兴趣爱好设计游戏活动，让他参与卡片、艺术和手工制作等各种有趣的活动。通过与其他孩子一起完成这些活动，鑫鑫逐渐学会了如何与他人合作，如何与他人分享成果和感受。在专业的干预和支持下，鑫鑫的社交技能和玩耍技巧有了很大的改善，家人和老师都注意到了他的这种变化，都为他感到高兴，他基本能够参与日常的社交活动并适应了学校的生活。

---

① "并行玩耍"现象是指在游戏中，儿童在同一个空间内独立进行各自的游戏活动，彼此之间没有明确的互动和合作。在并行玩耍中，儿童可能会选择相似的玩具或活动，但他们通常是各玩各的，没有共同的目标或合作互动。他们可能会观察对方的活动，但并不会积极参与或与对方交流。对一些孤独症儿童来说，他们可能更倾向于进行并行玩耍，而不是与他人进行真正的互动和合作。

评估孤独症儿童的社会交往与玩耍技巧是为了了解孤独症儿童在社交和游戏方面的表现，以便为其提供更好的干预与支持。这一评估的重要性主要有以下五个方面。第一，社会交往和玩耍技巧上的困难是孤独症的早期表现之一，通过评估可以帮助孤独症儿童获得及时干预，争取抢救性干预的宝贵时间，以使其能达到最佳的社会交往和学习成果。第二，评估结果可以帮助制定个别化的干预方案，以满足孤独症儿童的多样化需求。第三，定期的评估可以监测教育干预措施的有效性，并根据结果调整干预方案。第四，通过评估和干预，孤独症儿童可以学习如何更好地进行社会交往，并发展游戏技能，从而增强自我管理和学习能力。第五，评估可以帮助孤独症儿童更快更好地适应日常生活和学校环境，逐渐展开和他人的沟通与交流，结交朋友，顺利过渡到特殊学校、普通学校等不同的教育场所，还可以帮助其实现从学前到小学、从小学高段到初中等的顺利衔接。

三、精细和粗大动作发展

孤独症儿童的肌肉协调能力较差，这决定了他们需要接受各种运动、体育活动以提高肢体协调能力。孤独症儿童在运动发展上会存在差异，尤其在精细和粗大动作发展方面。通常情况下，孤独症儿童的粗大动作比精细动作发达，这意味着他们在更复杂的动作和协调任务上会存在困难。首先，在精细动作上，孤独症儿童会存在困难，例如在用笔书写、制作精细的手工或者系鞋带上，他们无法保持稳定的动作。他们不能做出明确的动作或画出一条精确的线条，甚至表现出肌张力不足或过度等运动特征。其次，在粗大动作上，孤独症儿童会更有发展能力，主要表现在步行、跑步、跳跃等方面。他们具有发达的肌肉平衡和手眼协调能力，但在改变方向、保持平衡、把握运动节奏等方面可能会出现困难。总之，针对孤独症儿童精细和粗大动作发展的干预需要从多个角度进行评估，只有这样才能帮助其更好地适应生活需要。相关案例如下：

轩轩，男孩，7岁，被诊断为孤独症。轩轩存在运动发展上的问题，具体表现为掌握精细动作比较困难，掌握粗大动作较好，即精细与粗大动作发展不平衡。轩轩在精细动作上存在困难，他无法用笔控制书写或画线，夹东西时常常失误，难以用剪刀剪纸。轩轩的母亲为此感到焦虑，认为这会影响他的学习和生活，于是带他寻求医疗、康复、教育等跨学科团队的专业咨询与评估。

经过专业人士的评估，轩轩接受了物理和运动治疗，以提高精细动作的能力。物理治疗包括手部运动、拇指和食指的使用力度等。另外，轩轩也参加了一个教育康复机构开设的辅助学习课程，机构的老师教他如何更好地掌握书写和绘画技能，并通过书法、绘画和颜色搭配的练习来提高其精细动作技能。轩轩的粗大动作较为发达，他喜欢在家里和学校里奔跑、跳跃、追球等，表现出较好的协调能力和肌肉平衡性。通过参加一些体育运动项目，如足球、篮球、跳绳等，轩轩提高了协调能力和粗大动作技能，他还参加了一些游戏治疗，如通过制作卡片、做手工等活动来训练动作的协调性和精细动作技能。经过一段时间的多元化干预，轩轩的精细动作技能有了很大的改善，他能更好地控制书写和绘画，在粗大动作技能方面则提高了其所欠缺的运动和手部技能。

评估孤独症儿童的精细和粗大动作发展是为了了解其运动和身体发展的程度，以确定适切的干预方案。这一评估的重要性不言而喻：第一，评估精细和粗大动作发展有助于早期识别孤独症，以便提供早期干预和支持；第二，评估结果可以确定孤独症儿童在运动发展上的具体需求和问题，以为其设计个别化的干预方案；第三，通过定期评估，可以监测孤独症儿童的运动和身体发展状况，评估干预措施的效果和必要性，以确定是否需要更新干预方案；第四，评估孤独症儿童的运动发展，可以帮助他们提高自我管理能力和自我控制能力；第五，评估运动能力和身体发展，可以帮助孤独症儿童变得独立、自信，能够自理。

四、认知发展和功能性学业技能

孤独症儿童的认知发展和学习能力与正常儿童相比可能存在一定的差异。因为大脑的神经发育不同，孤独症儿童在社交互动、语言、记忆和执行能力等方面表现出不同程度的异常，从而影响他们的功能性学业技能。其中，在认知发展上，孤独症儿童常面临一些如人际互动困难、注意力不集中、语言理解障碍等认知挑战，这些困难可能导致他们不容易理解书本及课文主题、难以学习新的概念和技能等。在功能性学业技能上，由于认知发展上的困难，孤独症儿童很难掌握如读写、数学计算、理解科学概念等功能性学业技能，这有可能会影响他们在学校的表现和日常生活中的自理能力。因此，在干预孤独症儿童的认知发展和学习技能时，与人合作是非常有必要的，这有助于了解孤独症儿童的能力和需求，并为其制订个别化的教育计划，以更好地支持他们的学习和发展。在对孤独症儿童进行认知行为治疗、认知训练、学校课程辅导等之前，有必要精确评估其认知发展和功能性学业技能。相关案例如下：

俊俊，男孩，8岁，被诊断为孤独症。俊俊的认知发展和学习技能存在语言理解、注意力和自理能力等方面的困难。他很难理解概念和学习新技能，无法掌握更高层次的知识。为了改善这种状况，俊俊接受了专业的教育康复干预来提高他的认知发展和学习技能。

跨学科专业评估团队为俊俊选择了具体的干预项目及内容，包括：

（1）认知行为疗法。俊俊接受了认知行为疗法，这有助于他减少负面思维和行为模式，更好地集中精力和注意力，并激发他的学习兴趣。这些方法包括对事件的理解、自我监管和行为限制等。

（2）个别化教育计划。俊俊的教育计划是根据他的能力和需求制订的，包括教授他如何在合适和安全的环境中通过过程式学习的方法来认识新概念，通过互动等方式使用数字资料，通过家庭生活模拟项目接受日常生活与理解科学课程的练习。

(3) 辅助技术。学校和专业人员为俊俊提供视觉辅助工具、音频、电脑软件和电子游戏等，辅助俊俊解决学习中遇到的难点和交流困难等。

在这些干预措施的帮助下，俊俊的认知发展和学习技能都有所提高。他学会了与他人合作，并且可以根据自己的能力和兴趣进行自主学习。他也学会了衣着、膳食和个人卫生等生活自理技能。不同于其他同学使用书本的学习方式，俊俊在情境中通过动手操作习得了思维、语言和社会行为，能更好地与家人和同学沟通合作，感受到成就感，产生了自信心。

评估孤独症儿童的认知发展和功能性学业技能是为了了解孤独症儿童的认知水平和学习技能，以为其制订适当的干预和支持计划。这样做的必要性体现在如下五个方面：第一，有助于早期发现孤独症，以便尽早实施干预并提供支持，为孤独症儿童赢得发展的黄金期；第二，可以确定孤独症儿童的具体认知和学习需求，帮助教育机构为其制订个性化的教育计划；第三，定期评估可以监测干预措施的效果，以确定是否需要调整干预方案；第四，可以帮助孤独症儿童习得认知和学习技能，提高自我管理和自我控制能力；第五，可以帮助孤独症儿童更好地适应学校和日常生活，提高生活质量，为步入社会做好准备。

五、在普通班级成功学习所需的技能

每个孤独症儿童的能力都存在较大的异质性，需要针对不同的个体实施个别化干预，以提高他们在普通班级中的学习和适应能力。孤独症儿童在普通班级要想取得学习成功，需要掌握以下五种技能。(1) 社交技能。孤独症儿童需要学习社交技能，如与他人合作、接受他人的指令、学习如何与他人交往，即了解如何社交、怎样做才能建立重要的人际关系。对在普通班级学习的孤独症儿童来说，社交技能非常重要。(2) 情绪调控技能。孤独症儿童需要学习如何应对情绪，包括如何放松

心情、如何表达情感、如何处理挫折等以减少焦虑，缓解情绪，从而更好地集中注意力并开展学习。(3)自我管理技能。孤独症儿童需要学习自我管理技能，如时间管理、任务规划、组织材料等，以在学习和生活中更加自主、独立。(4)学习技能。孤独症儿童需要掌握基本的学习技能，如阅读、写作、数学和自然科学等技能。可以通过理解自我的方式让其学会使用有效的方法，例如制订学习计划、控制注意力、整合复杂信息和掌握记忆方法等。(5)灵活性技能。孤独症儿童需要掌握灵活性技能，例如如何以新颖和灵活的方式思考问题，并找出多种解决问题的途径。灵活性技能可以促进孤独症儿童在学习和生活中解决问题的能力，以在不同情况下发挥自己专注、集中的长处。通过对这些技能的培养，孤独症儿童可以获得更好的学习体验和学习成果，并成功地在普通班级中学习以及与他人交往。在获得这些体验与成果之前，有必要精准评估孤独症儿童在普通班级成功学习所需的技能基础及表现，准确定位其学习起点，只有这样，教师才能为其提供充足的教育支持。相关案例如下：

诚诚，男孩，10岁，患有轻度孤独症。他在一所普通学校随班就读。在过往的学习中，诚诚的表现较差，注意力不集中、社交困难和学习障碍使他在学习上以及与同学相处上感到困难。资源教师联合学科教师对他实施了普通班级成功学习所需的技能领域的专业评估，针对他的需求制订了一份个别化教育计划，主要帮助他掌握以下技能：

(1)社交技能。在资源教师的安排下，诚诚花费了许多时间学习如何与他人交流，并与同学建立了联系。他参加了学习讨论组，与同班同学配对以完成学习任务，共同探讨课堂知识。通过参加组织活动，诚诚加深了与同学的友谊，提高了社交技能。(2)情绪调节技能。在资源教师的帮助下，诚诚学习了如何调节情绪，例如使用行为导图应对学习中的紧张情绪。资源教师还教他通过深呼吸等方法来慢慢放松自己，减轻紧张感，并告诉他如何掌控自己的行动，以克服内心的痛苦。(3)自我管理技能。诚诚学会了如何组织信息，并把学习任务分解成一个个的小任务，以便在更短的时间内完成，收获成功完成任务的满足感与喜悦。资源教师还帮助他学会使用时间表和提醒工具来提高综合能力。通过改进自我学习方式，并学会如何合理安排日常生活和学习，诚诚对自己有了更好的掌控感。（4）学习技能。诚诚经常会遇到阅读和写作方面的挑战。在语言治疗师和教师的帮助下，诚诚学习了计算阅读速度、理解文章中的重要信息和正确表达自己的想法。他还在样本中借鉴学习到的方法来熟悉数学和自然科学的基本概念。（5）灵活性技能。诚诚学习了如何灵活思考问题，如何在不同情况下应对问题，能够较为深刻地理解并学习适应性的知识。他逐渐理解了灵活性思考所能带来的帮助和优势。基于这些技能的学习，诚诚的学习和生活有了极大的改善，在普通班级中获得了很大的进步，并建立了新的同伴关系。

评估孤独症儿童在普通班级成功学习所需的技能是为了确定孤独症儿童适应和参与普通班级学习所需的具体干预和支持需求。其重要性主要体现在以下五个方面：第一，评估可以帮助早期识别孤独症，并对最佳的学习教育和培训计划作出必要的调整；第二，评估结果可以确定孤独症儿童在学习方面的具体需求和问题，帮助制订适合孤独症儿童自身情况的个别化支持计划；第三，定期评估可以帮助监测孤独症儿童的学习和参与情况，并根据情况调整或更新支持计划和教学内容；第四，通过为孤独症儿童提供如自我控制和自我管理等基础教育技能，帮助他们提高参与度和完成学业的能力；第五，通过个别化教育的干预和支持，孤独症儿童可以在普通班级取得更好的学习成就，从而提高自尊心、自信心。

综上所述，《孤独症干预项目优先领域报告》是一份针对孤独症儿童干预研究的重要文件。这份报告展现出了一定的现实价值，主要有以下四个方面。第一，报告对已有的孤独症儿童干预研究进行了广泛的综合和评估，总结了已有研究的结果和限制，并提出了未来研究的重点和方向。第二，报告提出了孤独症儿童干预研究的优先领域，指明了需要进一步关注和深入研究的重点问题。这有助于在研究资源有限的情况下，将努力集中在最重要和最具备前景的方向上。第三，报告提供了针对孤独症儿童干预的实践指南建议。这些建议基于最佳证据和专家共识，旨在提高干预方案的效果和质量。对临床工作者和干预者来说，这些指南为实际操作提供了指导。第四，报告强调了跨学科研究和干预的重要性。它鼓励不同学科的专家和从业者共同合作，推动孤独症研究和干预的全面发展。显而易见，这些干预策略是基于科学研究和实践经验提出的，旨在帮助孤独症儿童提高生活能力和自理能力。这份报告很大程度上影响了美国孤独症儿童干预领域的发展，并在全球范围内推动了孤独症儿童的干预与教育。

第二节 孤独症儿童的教育评估工具

教育评估工具是用于评估孤独症儿童教育发展情况的专业工具，旨在帮助教育专业人士、医疗专家和家长评估孤独症儿童的发育情况、认知能力、语言交流、社交技能、感知能力和行为特点等方面的问题。科学、可行的评估工具是早期诊断、早期干预的必要条件之一。[①] 一般来说，这些教育评估工具通常由教育学家、心理学家、语言学家、医生等专业团队研制开发，评估过程包括一系列的测试、问卷调查、对话访谈以及面对面的观察等，通过收集相关信息来确定孤独症儿童需要的个别化教育支持。

一、孤独症儿童教育评估工具的分类

孤独症儿童的教育评估工具可按不同的依据进行分类，常见的分类依据如下：

---

① 王辉，李晓庆，李晓娟. 国内孤独症儿童评估工具的研究现状［J］. 中国特殊教育，2009(7).

（一）按功能领域分类

即将评估工具按照其评估的具体功能领域进行分类，主要包括社交互动评估工具、语言和沟通评估工具、学习和认知评估工具三大类。

1. 社交互动评估工具

社交互动评估工具主要用于评估孤独症儿童的社交技能、社交互动和社交沟通能力。如《交往和交流障碍诊断访谈量表》（Diagnostic Interview for Social and Communication Disorders，DISCO），这是一个标准化、半定式的访谈量表，包括300多个项目，涉及家庭、医疗史和诊断信息、婴儿期情况、发展性技能、重复刻板行为、情感、适应不良行为、心理问题、困难等部分（以DISCO-11为例），适用于包括儿童和成人在内的所有年龄阶段和能力水平的评估对象，旨在广泛收集能力领域及被评估者从出生到诊断时的临床信息，并且用于儿童孤独症教育训练计划的制订。[1] 其优势主要包括以下三个方面。（1）广泛的评估范围。（2）注重对全面临床信息的收集。帮助评估者获得每个个体发展和行为特征的详细资料，其独特价值在于不仅能评估孤独症的核心特征，还能收集被评估者的技能、缺陷、非典型问题等各个方面的临床信息，了解其面对的实际困难，提供多维度的临床描述，为制订教育干预计划和开展临床工作提供有力帮助。（3）关注被评估者的发展。DISCO不仅可以用于了解被评估者当下的情况，还能通过受访者获得被评估者相关行为的历史信息，对题项涉及内容的过去和当下情况分别进行描述和评判、计分。其可以反映被评估者在各行为领域婴儿时期以来的发展轨迹，呈现被评估者更为立体完整的发展图像。当然，DISCO也有一些缺点，如需依赖专业人员的观察和判断，评估均需通过专业人员以访谈的形式对家长或照料者进行问询[2]，而每个专业人员可能对个体的表现有不同的解释，或会导致评估结果不一致；面对面的访谈评估会受到个

---

[1] Elaine E，Coonrod and Wendy L.S. Screening for Autism in Young Children [J]. New Jersey：John Wiley & Sons Inc，2005.

[2] 金映彤，陈苏琴，包韵歆，周美珍. 儿童孤独症谱系障碍评估工具的研究进展 [J]. 护理实践与研究，2021（5）.

体焦虑、语言障碍或其他因素的影响,从而使结果不够准确;个体差异以及不同的文化背景使标准化的评估工具无法适用于所有人,从而影响结果的准确性和有效性。

2. 语言和沟通评估工具

语言和沟通评估工具主要用来评估孤独症儿童的语言表达、理解能力和沟通技巧。如《语言行为-里程碑评估和安置计划》(Verbal Behavior Milestones Assessment and Placement Program,VB-MAPP),包括170个发展里程碑,可以用于任何一个语言落后的个体,而不用考虑其年龄和具体的诊断。它来源于斯金纳关于语言分析、行为分析的基本原理和儿童发展的里程碑[1],其有两个方面的优点。其一,将儿童的表现与典型发展儿童[2]相应阶段的标准进行比较,并且评估问题行为。VB-MAPP将语言和社交技能发展划分为几个连续的阶段,每个阶段包括一系列具体的里程碑或目标。这些里程碑是根据典型发展儿童相应阶段的典型能力制定的。每个里程碑都有明确的行为描述,并与特定的年龄范围关联。其二,通过记录和比较这些评估项目的完成情况,可以确定被评估者在语言和社交技能上的发展水平,以及他们与典型发展儿童之间的差距,进而制订个别化的教育和干预计划,以帮助其在语言与社交技能上的进一步发展。同时,评估者和教育者可以更精确地评估教学的有效性,并根据需要做出调整。VB-MAPP也有缺点:一是对肢体与精细方面的涉及不足,需要教育者在后续教学中更深入地观察测试;二是缺乏标准化,没有统一的标准参照[3],这意味着不同的评估者和教育者可能会有不同的解读和判断,从而导致评估结果和个别化教育计划存在差异;三是评估过程需要和孤独症患者进行多次交互,个别化教育计划的制订和实施也需要教育者和治疗师的辅助,这就会对

---

[1] 马冬梅等. 孤独症谱系障碍儿童语言功能评估探析[J]. 中国听力语言康复科学杂志,2019(17).

[2] "典型发展儿童"是指按照一般的生理、认知、情感和社会性发展规律,以及相应年龄阶段的里程碑和能力达成正常健康地成长和发展的儿童。

[3] VB-MAPP的里程碑和目标是根据典型发展儿童的典型能力制定的,但它并未通过大规模的标准化研究来确定这些标准的普适性。这意味着在使用VB-MAPP进行评估时,或会存在一些主观性及限制。

评估时间和劳动力产生更多的需求。[①] 需要注意的是，80%以上的孤独症儿童首次就诊的原因是语言障碍[②]，因此，开发属于孤独症儿童的专项语言评估工具尤为必要。

3. 学习和认知评估工具

学习和认知评估工具主要用于评估孤独症儿童的学习能力、记忆、认知和执行功能等。如《促进高阶知识涌现的关系训练系统》（Promoting the Emergence of Advanced Knowledge，PEAK），这是一种基于行为分析学原理的教育训练系统，其涵盖了语言、阅读、数学、科学等多个学科，旨在通过建立字母、单词、句子和段落之间的关系来促进学生高阶知识的涌现，提供个性化的学习体验，并帮助教育者评估学生的学习进展。该系统为学生的智力发展和学习成就提供了有力的支持，其优点表现在三个方面：第一，它能够帮助被评估者发现潜在的、非显性的知识之间的联系，从而拓宽其思维和理解的深度；第二，作为一个基于网络的系统，PEAK可以让被评估者共享和交流他们所发现的知识，从而推动集体智慧的涌现；第三，它提供了一种灵活的系统结构，被评估者可以调整系统的参数和功能，以适应不同的学习目标和学科领域。其缺点也有三个方面：其一，如果孤独症儿童的参与度不高或贡献不足，系统的效果会受到限制；其二，孤独症儿童贡献的知识可能未经过严格的验证和审查，因此需要其自行判断和评估所得知识的可靠性；其三，对初次使用PEAK的孤独症儿童来说，可能需要一定的学习曲线才能熟悉系统的功能和使用方式。此外，PEAK的复杂性可能限制了一些非技术专业的孤独症儿童的参与和使用。

（二）按发展阶段分类

即按照孤独症患者适用的发展阶段进行分类，主要有婴幼儿评估工具、儿童评估工具、成人评估工具三大类。

[①] 转引自北医脑健康行为发展教研院2022年4月27日微信公众号推文《孤独症评估工具怎么选？》。

[②] 黎文倩. 孤独症儿童在三甲医院的首诊年龄及其影响因素分析［D］. 重庆：重庆医科大学，2018.

1. 婴幼儿评估工具

婴幼儿评估工具主要适用于评估 0~3 岁的婴幼儿孤独症的症状和发展情况。如《婴幼儿孤独症筛查量表》（Checklist for Autism in Toddlers，CHAT），这是一种常用于孤独症的早期筛查工具。[①] 借助该量表，通过对家长的访谈和对婴幼儿的观察，可以筛查出 12~18 个月的婴幼儿可能存在的孤独症症状。CHAT 主要包括问卷和观察两个部分，共 14 个项目。问卷部分由被评估者的父母或照顾者填写，包括针对被评估者的社交互动、语言和沟通以及刻板重复行为等问题，旨在了解他们早期的孤独症症状。观察部分则由家长和医务人员共同进行，其中，医务人员会与被评估者进行一系列的互动，并提出一些注意力相关的任务，以观察他们的社交互动、回应及注视他人等行为，旨在获取更直接的行为观察数据。CHAT 的筛查结果将根据问卷和观察的内容得出，如果被评估者在筛查中出现了潜在的孤独症症状，则需要进一步的评估和专业诊断。CHAT 的优点表现在：第一，在婴幼儿阶段进行筛查可以发现潜在的孤独症症状，早期的筛查和介入可以取得更好的治疗效果；第二，通过家长或照顾者来收集信息可以更好地了解被评估者的日常行为和互动，可获得更重要的观察信息；第三，CHAT 综合了家长的日常观察和医务人员的专业观察，评估结果更全面。其缺点在于：其一，评估结果依赖父母或照顾者的填写和医务人员的观察，存在一定的主观性，而且评估者的经验和偏见可能会影响评估结果的准确性[②]；其二，作为早期筛查工具，CHAT 主要关注婴幼儿阶段的孤独症症状，无法全面覆盖较晚出现的症状或隐蔽症状；其三，筛查工具本质上不能作为诊断的准确依据，所以，CHAT 的结果只能指出被评估者潜在的

[①] Bukin I, Zaridze I, Draudin-Krylenko VA, et al. The Effect of Beta-carotene on the Dynamics of Ornithine Decarboxylase Activity in Atrophic Mucous Membranes and in Stomach Polyp Tissue [J]. Vopr Med Khim, 1992, 38 (6).

[②] 评估者的偏见主要来自以下四个方面：（1）相似经历的偏见；（2）非专业经验的影响；（3）文化偏见，评估者或没有考虑到不同文化背景下的行为差异，并没有全面理解被评估者的特殊需求；（4）期望偏见，即评估者的期望可能会影响对被评估者的观察和解释。

孤独症症状,而不是诊断的确切证明。[1]

2. 儿童评估工具

儿童评估工具主要适用于评估 3~18 岁的儿童孤独症的症状和发展情况。如《孤独症儿童发展评估表》[2],它是由中国心理卫生协会儿童及青少年精神病学专业委员会制定的,适合 0~6 岁的孤独症儿童及其他广泛发育障碍儿童,主要用于评估儿童早期发展和孤独症的症状。该评估表以认知心理学、语言学、社会学、生理学、生态学、儿童发展心理学和孤独症儿童的心理发展理论等为依据[3],全面整合了心理评估、生态评估及功能性评估等评估方式,采用观察、测试、访谈等方法,对被评估者的感知觉、粗大动作、精细动作、语言与沟通、认知、社会交往、生活自理、情绪与行为等八个领域实施评估,由 493 个项目组成。评估者会根据被评估者在不同领域的行为表现,选择与其对应的描述,以评估被评估者是否存在早期孤独症的症状,并对其进行综合评估。使用该评估工具有助于早期发现孤独症的症状,并与制订个别化教育计划衔接,为早期干预以及包括教育在内的全面支持提供指导。

3. 成人评估工具

成人评估工具适用于评估 18 岁及以上的成人孤独症的症状和发展情况。如《青少年和成人心理教育量表》(Adolescent and Adult Psychoeducational Profile,AAPEP)。1979 年,美国学者 Eric Schopler 等人以结构化教学(TEACCH)项目为背景完成了《心理教育量表》(PEP)的编制工作,1990 年进行修订,形成 PEP-R[4],当项目进入第二阶段时,许多被评估者已经成为少年、青年及成人,原来仅适用于 6 个月到 7 岁儿童的 PEP 不再适用,少年、青年和成人心理教育量表便

---

[1] 筛查工具和诊断工具共享相似的目的和使用标准化工具的特点,在目标人群、综合性与精确性方面则存在差异。筛查是初始评估的快速工具,诊断工具则更专门,主要用于深入评估和确定特定诊断。

[2] 转引自《国内外孤独症谱系障碍的可用评估工具》,https://zhuanlan.zhihu.com/p/520338023.

[3] 王雪梅.《孤独症儿童发展评估表》的使用研究[J]. 绥化学院学报,2016(10):74.

[4] 于松梅,孙敦科,杨晓玲. PEP 量表的发展及其在中国的修订进展[J]. 中国特殊教育,2013(7).

应运而生。① Mesibov（1988）等学者按照PEP的基本理念和哲学基础编制了适用于青少年和成年人阶段的新工具，即AAPEP，旨在评估对孤独症患者成功生活或半独立生活有重要影响的技能的实际和潜在水平。② 除了延续PEP的传统优势，AAPEP也有自己的特点：第一，大部分与孤独症相关的评估工具只适用于儿童时期或童年早期，而较少关注青少年时期和成人时期，AAPEP则为孤独症患者提供了适用于不同生命时期的评估工具，也为长期跟踪研究孤独症提供了工具；第二，AAPEP综合了认知能力、情绪和行为问题、社交技能、学习困难等多个领域的评估，这使得它可以为孤独症患者提供更为全面的心理教育需求评估；第三，AAPEP的评估结果可以用于制订个别化的心理教育计划和干预措施，可以帮助评估者了解孤独症个体的需求和存在的问题，并为其提供针对性的干预与支持。研究证明，该量表信效度良好，评分者一致性系数为0.86。③

（三）按综合性质分类

即按照评估工具目的的综合性进行分类，主要分为综合性评估工具和特定领域评估工具两类。

1. 综合性评估工具

综合性评估工具主要用于评估孤独症患者在多个功能领域的症状和发展情况，提供综合的评估结果。如《功能性生活技能评估》（Assessment of Functional Living Skills，AFLS），它是一种用于评估个体在日常生活中各种功能性技能的工具，包括6个评估协议，共计1900项功能技能，涉及基本生活技能、家庭技能、社区参与、学校技

---

① Gary B. Mesibov, Eric Schopler, Walt Caison. The Adolescent and Adult Psychoeducational Profile: Assessment of Adolescents and Adults with Severe Developmental Handicaps [J]. Journal of Autism and Developmental Disorders, 1989, 19 (1).

② Gary B. Mesibov, Eric Schopler, Walt Caison. The Adolescent and Adult Psychoeducational Profile: Assessment of Adolescents and Adults with Severe Developmental Handicaps [J]. Journal of Autism and Developmental Disorders, 1989, 19 (1).

③ 刘静怡，宋博海，何木叶，刘电芝. 孤独症评估工具的应用比较及研究进展 [J]. 现代特殊教育，2023 (1).

能、职业技能、独立生活技能等六大功能领域，适合 16 岁及以上的被评估者。评估者通过观察被评估者的表现并与其进行交流来评估其技能水平。每个等级都有一系列任务，评估者将根据被评估者的表现来判断其是否能够独立完成任务，以帮助确定被评估者在不同领域中需要改进的技能，并为相关机构为被评估者制订康复计划和培训目标提供指导。该评估工具常用于评估具有发育障碍、认知障碍或其他功能障碍的个体的生活技能，其优点是每个评估方案都可以单独使用，这些评估方案共同构成了一个全面的评估，涵盖了终身的技能连续性；其缺点是尽管提供了功能技能的详尽列表，但没有提供教授这些技能的具体方法。

2. 特定领域评估工具

特定领域评估工具主要用于评估孤独症患者在某个具体功能领域的症状和发展情况。如《生活基本技能－功能性课程与评估》（Essential for Living，EFL），它由 Patrick McGreevy 研发，是一个功能性的课程，也是行为和技能的评估以及追踪工具[①]，包括可使所有年龄的儿童和成人更大程度上独立和提高生活质量的日常技能和行为。EFL 是按照个体在学校、家庭、社区等场景能够和周围的环境、人进行有效互动的技能及优先级设计出来的。EFL 一共包含 3000 多个技能和 7 个领域，包括提要求和听者相关技能、命名和描述、回答问题和会话、日常生活及相关技能、功能性学业（数学、书写、打字等）、忍耐技能（吃喝拉撒、安全设备、医疗设施等）、行为问题领域和"工具和成分技能"（精准教学的概念，包含视觉配对、粗大和精细动作、模仿等基础的"螺丝钉"技能）。主要适合两岁及以上的特殊儿童，包括沟通能力有限、日常生活能力较低或者有严重问题行为的学习者，也适用于缺乏日常生活技能和行为的或者想要提高独立生活能力和质量的学习者。其优点有三：第一，既是一种评估，也是一种课程，便于开展基于课程的评估[②]；第

---

① EFL 是一种功能性评估工具，而不是发展性的评估工具，不包括按照正常发育的儿童或青少年通常习得的技能的顺序排列，也不按照年龄或者年级分类技能组。

② 基于课程的评估的优点：（1）对学习目标的直接评估；（2）提供及时的反馈；（3）提供个性化的教学和支持。缺点：（1）主要关注课程中的内容与目标，无法全面评估学生的总和能力和知识；（2）评估结果过于依赖教学质量；（3）过度关注应试能力。

二，侧重于功能性生活技能，但提供了更广泛的范围，可以识别和补救问题行为；第三，指导个别化教育计划、行为改变计划和教学计划，制定有意义的目标。当然，该工具也有缺点，那就是组织性不高，不容易操作。

（四）按被评估者特征分类

即根据评估工具所适用的特定被评估者的特征进行分类，主要包括非言语评估工具、共患（并发）精神疾病评估工具、特异性障碍评估工具三类。

1. 非言语评估工具

非言语评估工具主要适用于评估无语言表达能力的孤独症患者。语言障碍虽然不是孤独症诊断的必备条件，但是其最常见的首诊原因之一。[1] 有研究表明，孤独症儿童在表达性与接受性非言语沟通能力之间存在不对称性以及接受性非言语沟通能力存在显著障碍等特点。[2] 其中，针对无语言表达的儿童可以使用一些特定的沟通评估工具，如《非言语儿童的沟通模式评估量表》（Communication Matrix），这是一种专门用于评估非言语儿童沟通模式的工具，旨在帮助教育和康复专业人士了解和评估儿童在沟通方面的能力和需求。该量表的主要目标是识别和评估非言语儿童在沟通过程中使用包括身体动作、表情、眼神接触、手势和其他非言语符号等在内的各种沟通模式，帮助专业人士了解被评估者的沟通能力，从而为其提供个别化的支持和教学方法。该量表通常由有经验的专业人士使用，他们会观察和记录被评估者在不同情境下的沟通行为并据此选择相应的项目，对被评估者的表现进行评分，从而确定被评估者的沟通能力水平，为其制定个别化的沟通策略和教学目标。该量表的优点主要是提供了一个系统化的方法来评估非言语儿童的沟通能力，能够帮助专业人士更好地了解儿童的需求并制订个别化干预计划，

---

[1] Herlihy L, Knoch K, Vibert B, et al. Parents' First Concerns about Toddlers with Autism Spectrum Disorder: Effect of Sibling Status [J]. Autism, 2015, 19 (1).

[2] 陈墨，韦小满. 自闭症儿童非语言沟通能力的评估研究 [J]. 中国特殊教育，2015 (5).

促进家长和教育者之间的沟通和理解。其缺点有三：第一，易受到评估者主观偏见或个人解读的影响；第二，主要关注非言语儿童的沟通模式，对其他方面的沟通困难或语言障碍则没有涉及，无法提供全面的沟通评估；第三，不适合年龄较小的或认知能力较低的儿童，仅适用于评估非言语儿童的沟通模式。

2. 共患（并发）精神疾病评估工具

共患（并发）精神疾病评估工具主要适用于评估孤独症患者是否存在并发的精神疾病，包括注意力缺陷多动障碍、抑郁症、焦虑症等。如《儿童ADHD诊断量表》（ADHD Rating Scale），它是一种常用的注意力缺陷多动障碍评估工具，以了解儿童在不同环境下的注意力和多动行为。该量表包含多个项目或问题，涵盖了儿童注意力困难、多动、冲动等ADHD的核心症状。评估者会根据儿童在特定行为方面的表现，通过对不同项目的评分来判断其是否存在ADHD症状。该量表分为家长评估表和教师评估表。家长评估表由家长填写，用于评估被评估者在家庭环境中的注意力和多动行为。教师评估表由教师填写，用于评估被评估者在学校或其他教育环境中的注意力和多动行为。《儿童ADHD诊断量表》可以帮助评估者更全面地评估被评估者的注意力和多动行为，以提供更准确的诊断。其优点主要有三个方面：第一，提供了一个结构化的评估框架，使评估过程更加系统化和标准化；第二，家长和教师可以通过该量表获得来自不同环境的观察和意见，减少主观因素的影响，使评估结果更客观；第三，该量表通常采用简单、易于理解、便于快速填写的问卷形式，使评估过程更方便，用时更少，并且可以广泛应用于临床和学校。其缺点则包括：其一，观察者的主观意见和判断可能受到偏见或误判的影响，从而影响评估结果的准确性；其二，该量表主要关注注意力和多动行为，容易忽视其他可能与ADHD相关的情绪、学习困难等领域；其三，该量表不能作为单一的诊断依据，只能作为一个评估工具来帮助评估者收集信息和观察结果。总之，ADHD的最终诊断需综合考虑医学史、心理学史、发育史以及行为观察等多方面的评估结果。

3. 特异性障碍评估工具

特异性障碍评估工具主要是评估特异性发展障碍的工具或测试。特异性发展障碍指在某一特定领域出现明显的发展延迟或困难。如《孤独症儿童感知觉评估表》，它是一种用于评估孤独症儿童感知觉特点和困扰的工具，目的是了解儿童对感知刺激的感知和反应方式。该评估表主要关注儿童在感受、处理和调节感知刺激方面的特点，可以帮助评估者更好地了解儿童在感知方面是否存在异常或困扰[①]，通常包括家长或照顾者填写的问题，涵盖了被评估者对声音、触觉、视觉、嗅觉、味觉等感觉的敏感度、寻求或回避行为，以及对刺激过载或过滤的处理能力等。使用该评估表可以帮助评估者和专业的医疗或心理健康及教育机构更全面地了解被评估者在感知方面的特点和困扰，为早期干预和支持提供指导。其优点主要包括：第一，关注孤独症儿童的感知特点和困扰，包括对声音、触觉、视觉等感觉的敏感度或过滤能力，可以全面了解被评估者在感知方面的问题；第二，具有明确的评估指标和问题，使评估过程更客观、标准，有助于不同评估者在使用评估表时获得一致的结果，提高评估的准确性；第三，感知困扰在许多孤独症儿童中常见，通过评估被评估者的感知困扰，可以为早期干预提供重要的指导，以帮助其更好地处理感知刺激。其缺点包括：其一，依赖家长或照顾者的观察和报告，或会受到主观因素的影响，可能存在信息不准确或偏差等问题；其二，评估结果不能作为诊断孤独症的唯一依据，该评估表只是一个评估工具，用于辅助专业评估和诊断，最终的诊断需要综合考虑多个方面的评估结果；其三，该评估表的设计和使用可能存在如评估内容的完整性、敏感度等某些测量限制，进而导致被评估者的感知困扰未被准确捕捉。

---

① 感觉处理（Sensory Processing，SP）概念最早在 1972 年由美国著名的职业治疗师 Ann Jean Ayres 提出，意为个体将来自外界和本体的感觉进行有机整合，使之做出适当的有效反应的神经生理过程。当这一过程发生异常时，导致来自外界和本体的感觉处理与整合存在明显异常，并且影响到日常生活功能，即"感觉处理障碍"（Sensory Processing Disorder，SPD）。

二、孤独症儿童教育评估的主要工具

需要指出的是,这只是针对孤独症儿童教育评估工具的一种分类方式,实际上存在多种分类和评估工具,每个工具都有其特定用途和优势。具体选择哪种评估工具,需要根据评估的目的、被评估者的特征,以及专业人士的建议来确定。接下来将介绍当前孤独症儿童教育评估的主要工具。

(一)《孤独症诊断观察量表》(ADOS)

《孤独症诊断观察量表》(Autism Diagnostic Observation Schedule,ADOS)是一种面向儿童和成人的诊断孤独症的评估工具。[①] 其中,(1) 儿童的年龄范围通常是 16 个月以上[②],(2) 可用于评估成年人是否符合孤独症的诊断标准。ADOS 通过一系列结构化的任务和活动来检测被评估者的社交互动、沟通、创造想象和行为上的差异和缺陷,从而帮助专业评估者对孤独症进行诊断。医护工作者可以通过这个工具来观察被评估者在特定情境下的社交和沟通行为,从而确定被评估者是否存在社交和沟通障碍。

ADOS 的操作分为四个模块:接触和互动、沟通、想象力和创造力、与陌生人的互动。该工具的初始模块根据被评估者的年龄和语言能力的不同而有所不同。根据 ADOS 的得分和儿童的表现,评估者可以确定一个人是否符合孤独症的诊断标准(例如 DSM-V 标准),以及确定是否需要进一步的评估和支持。例如医护人员使用 ADOS 评估一个 3 岁的儿童。在接触和互动模块中,医护人员可以与其进行一些游戏和互动,观察他是否愿意和别人互动、是否会分享自己的兴趣爱好、是否能

---

① Barnard L, Young AH, Pearson J, Geddes J, O Brien G. A Systematic Review of the Use of Atypical Antipsychotics in Autistic Disorder [J]. Psychopharmacol, 2002 (16).

② Lord C, Risi S, Lambrecht L, et al. The Autism Diagnostic Observation Schedule-Generic: A Standard Measure of Social and Communication Deficits Associated with the Spectrum of Autism [J]. Journal of Autism and Developmental Disorders, 2000, 30 (3).

够理解别人的意图等。在沟通模块中，医护人员可以询问该儿童一些关于个人喜好和日常行为的问题，观察他是否能够恰当地进行回应和沟通。通过评估，医护人员可以获取全面的信息来帮助诊断孤独症，制订并调整康复和教育计划。需要注意的是，ADOS 的使用应该由经过专业培训和认证的医护人员完成，这样才能确保评估的准确性和有效性。

在运用 ADOS 对儿童进行评估时，医护人员需要结合其他的观察、测量和访谈来分析病情和制定治疗方案，如下面的案例：

> 一个 4 岁男孩接受了关于孤独症的诊断和评估。除使用 ADOS 和其他的教育康复工具之外，医生还对男孩进行了详尽的访谈和身体检查。根据医生的评估，男孩表现出社交互动和沟通方面的困难，例如，不愿意和同龄孩子互动，难以表达自己的需求和想法，有强烈的如身体前后摇晃、玩弄手指等感官刺激行为等。基于医生的评估结果，男孩被诊断为孤独症。随后，专业团队为其制订了一个详尽的个别化康复及教育计划，以帮助他学会和他人互动、理解别人的意图和进行更恰当的沟通。

ADOS 的优点主要包括五个方面。第一，ADOS 是一种标准化的评估工具，具有严格的操作规范，可以提供具有一致性和可比性的评估结果，能够做到可靠、客观。第二，ADOS 重点观察和记录儿童在与他人互动时的行为表现，通过观察他们的交流、社交互动和刻板重复行为来诊断孤独症。这种观察性的评估方法可以提供直接的观察数据，不只是依赖自我报告或问卷调查。第三，ADOS 包括不同模块，针对不同年龄和发展水平的儿童进行评估，适用范围广泛，可以帮助评估儿童和成人的孤独症。第四，ADOS 的评估结果可以为专业人员提供详细的信息，帮助他们作出更准确的诊断决策。第五，ADOS 可以作为其他评估工具和方法的补充，提供更全面的诊断评估。其缺点有四个方面。其一，ADOS 评估通常需在特定的时间内进行，无法全面反映被评估者日常生活中的行为和互动，这会导致评估结果不能完全代表被评估者的整体表现。此外，特定评估时间较长，通常需要 1~1.5 小时[①]，这本身也是一种弊端。其二，ADOS 是一种观察性评估工具，只能提供评估过程中观察到的行为信息，可能无法捕捉到被评估者在其他环境下的行为和能力。其三，ADOS 需要经验丰富的专业人员进行评估和解析，评估者需要熟悉评估工具的使用和解读，以确保评估的准确性和一致性。其四，尽管有研究已经在我国汉族人口中对 ADOS 中文版的某一个模块进行信效度及临床应用研究[②]，但并不是完整的，尚未完全本土化。其在设计时主要基于西方语境中的样本和参考数据，这会在跨文化使用时产生局限性。

（二）《孤独症行为综合检查量表》（CARS）

《孤独症行为综合检查量表》（Childhood Autism Rating Scale, CARS）是一种用于评估孤独症儿童的行为、沟通和社交互动特征的综合性工具，通常适用于 2~15 岁的儿童，由专业评估者通过对儿童的观察和与家长的交流来进行评估。CARS 包含 15 个评估项目，包括儿童的人际关系、社交兴趣、语言交流、情感反应和交往行为等。

CARS 的操作流程如下：（1）医护人员通过观察被评估者的行为、沟通和交往等来进行评估；（2）医护人员根据被评估者的行为特征在评估表中标记相应的项，并给出相应的评分；（3）通过对评估表的一系列分析计算，评估者能够对被评估者的行为特征和社交互动特点进行全面的分析和评估。以下是一个运用 CARS 评估孤独症的案例：

> 一个 6 岁的男孩前去儿童医院接受医学检查和评估，医生使用了 CARS 来评估男孩是否患有孤独症。在评估过程中，医护人员通过观察男孩在社交和沟通方面的表现，了解其在日常生活中的行为特征、情感反应等，得出了 CARS 评分表格。根据评分表格，医生发现男孩在社交互动领域存在一些困难。例如，男孩不善于表

---

① 周浩，王艺. 中文版儿童孤独症谱系障碍评估工具的现况分析［J］. 临床儿科杂志，2017（35）.

② 周秉睿. 孤独症谱系障碍核心症状的评估量表应用研究［D］. 上海：复旦大学，2013.

达自己的情感，遇到喜欢的物品直接抢夺或者拉拽奶奶的衣角去帮助他获得，也不在乎周围人的情绪，常常在人多的地方捂耳大声哭泣，缺乏与人互动的兴趣，不理解别人的意图，沉浸在自己的世界中，在物品摆放位置等方面有强烈的固执要求等。医生认为这些行为均符合孤独症的特点。结合 CARS 评估、个人访谈和家庭情况等，医生诊断该男孩患有孤独症，并为其制定了一份个别化的教育康复方案，以帮助他尽快习得一些社交和沟通技能，提高社交适应能力，同时也教授了男孩一些放松情绪、避免焦虑等自我管理的能力。

CARS 有以下四个方面的优点。第一，CARS 是一种常用的评估工具，在评估孤独症儿童时使用广泛。它提供了一种系统化和标准化的评估方法，有助于专业人员对儿童的行为进行客观的评估。第二，CARS 综合考虑了儿童社交互动、语言和沟通、行为刻板重复、情感反应等多个方面的行为特征，可以提供更全面的理解和评估，帮助确定儿童是否符合孤独症的诊断标准。第三，CARS 采用了一套具体的评分标准和观察指南，评估者可以根据观察到的儿童的行为表现进行客观判断和评分，可以增加评估结果的一致性和可靠性。第四，CARS 可以用于早期识别孤独症儿童，有助于早期干预和提供适当的支持服务。其缺点也有四个方面。其一，尽管 CARS 具有一定的标准化，但评估结果仍然受到评估者主观观察和解读的影响。不同评估者之间可能存在差异，导致评估结果的可靠性和一致性受到影响。其二，CARS 是一种基于观察的评估工具，可能无法充分捕捉到儿童在其他环境或社交情境中的行为和能力。其三，CARS 主要适用于幼儿和儿童，不太适用于较大年龄组和成人的评估。其四，CARS 是在西方文化背景下开发和验证的，在国内可能会有一定的使用限制。

（三）《孤独症儿童心理教育评估系统》（PEP-3）

《孤独症儿童心理教育评估系统》（Psychoeducational Profile, PEP-3）是一种用于对包括孤独症在内的早期儿童进行评估的工具，主要适用于 2 岁 6 个月至 7 岁 11 个月的儿童,在特定情况下也可用于青少年和成人,尤其是那些与发展障碍相关的特殊需求个体。PEP－3 以功能发展量表和病理行为量表为主要内容,共计 139 个项目。计分由"通过""中间反应""不通过"组成,其中,"中间反应"不计入总分,而是作为设计个别化教育课程的数据支撑。[①] PEP－3 主要通过观察来了解儿童的发展水平和存在的问题,可以评估儿童在认知、语言理解、语言表达、社交互动、沟通、兴趣爱好和刻板重复行为等方面的表现。在信效度方面,研究显示 PEP－3 的内部一致性信度、重测信度以及评分者信度均较高。[②]

PEP－3 的操作流程如下:第一,评估者通过观察儿童的行为、动作、沟通方式、社交互动特征等收集评估数据;第二,评估者使用 PEP－3 评估表单,将观察到的信息转换为得分和相应的范围;第三,评估者对得分进行统计分析,得出相应的评估结果。以下是一个运用 PEP－3 评估孤独症儿童的案例:

> 一个 5 岁的男孩在国内某三甲医院接受了 PEP－3 评估。医生观察到该男孩在社交沟通和行为方面存在某些困难,例如不善于和同龄孩子交流、缺乏适当的情感表达、缺乏对父母的依恋、过度关注网状物体以及旋转的玩物、时常有前后摇晃身体的行为等。在 PEP－3 的评估表单上,该男孩的得分偏低,表明他确实存在一些发展上的问题。在评估过程中,医生还进行了详尽的访谈和问卷调查,以全面了解男孩在家庭和学校的情况及行为特征。综合考虑 PEP－3 的评估结果、访谈和家庭情况等信息,医生为该男孩制订了一份个别化教育康复计划,以帮助其习得更好的社交和沟通技巧,提高他的自理能力和适应能力,并为他安排了缓解感官刺激行为的技能及运动治疗类的课程。

[①] 黎朝钰,陈珂,赵微. 心理教育量表的发展及在孤独症儿童评估中的应用述评[J]. 现代特殊教育(高等教育研究),2022(2).

[②] 协康会,编译. PEP－3 自闭症儿童心理教育评核(第三版)测试员手册[M]. 香港:香港商务印书馆,2009.

PEP-3的优点主要有以下三个方面：第一，PEP-3涵盖多个方面，如认知、社交、沟通、适应性行为等，能够提供全面的评估结果，有助于了解孤独症儿童的发展水平和需求；第二，PEP-3以孤独症个体的实际情况为基础，设计了针对性的评估项目和任务，能够更准确地反映他们的特点和能力；第三，PEP-3提供了包括评估的步骤、操作要点和解释说明在内的详细的评估指南，使专业人员能够更好地实施评估，提高评估的可靠性和有效性。其缺点也有三个方面：其一，PEP-3的评估结果容易受评估人员的专业程度和经验的影响，评估人员需有较高的专业水平和丰富的评估经验，才能准确理解和评估孤独症儿童的特征和能力；其二，PEP-3的评估过程相对烦琐，需要耗费较多的时间和精力，包括准备评估材料、观察和记录孩子的行为等，对评估人员和被评估者来说都存在一定的负担；其三，PEP-3中的一些项目对有的孤独症儿童来说并不可行，因为他们可能存在语言沟通障碍、注意力困难等问题，可能会影响评估结果的准确性。

（四）《语言行为-里程碑评估和安置计划》（VB-MAPP）

《语言行为-里程碑评估和安置计划》（Verbal Behavior Milestones Assessment and Placement Program，VB-MAPP）是针对晚期[①]才被诊断为孤独症的儿童进行评估的一种比较全面的语言和社交技能评估工具。它主要适用于2~5岁的孤独症幼儿，尤其是那些在语言和社交方面存在困难的幼儿，也可用于评估和教学较大年龄范围的儿童和青少年，特别是那些在语言和社交能力方面有延迟或困难的个体。VB-MAPP具体用于评估儿童在语言、社交、自我照顾和游戏等方面的能力，不仅可以评估个体自主能力的发展情况，还能帮助教育者和康复师制定个别化的教育康复方案，为被评估者尽快成长和发展提供支持。

VB-MAPP的具体操作流程如下：第一，经过训练的评估者收集被评估者的数据，主要使用测试、问卷、观察和访谈等方式来收集相关

[①] "晚期"指的是3岁之后被确诊为孤独症。由于很多孤独症儿童在早期没有明显的症状，所以晚期才被确诊。

信息；第二，评估者根据分析所得的数据对被评估者的具体行为和技能进行评定和评分；第三，评估者通过 VB-MAPP 评估工具的教材和细节指南，对被评估者的总分作出评估，并为其制定一个康复方案。以下是一个运用 VB-MAPP 评估孤独症儿童的案例：

一名 3 岁男孩被送到某市妇幼保健院进行孤独症评估，儿科康复医师使用 VB-MAPP 评估了该男孩的社交互动和沟通能力。在评估过程中，医师观察到男孩在语言、社交互动等方面存在困难，例如语言极不流畅，有鹦鹉学舌的语言行为，只能使用少量词语，无法与亲人及照料者进行有效的会话，交往能力欠佳，几乎没有主动性的语言，常常自言自语等。在这次 VB-MAPP 评估中，男孩得分较低，这表明他在许多语言技能和行为方面的自主能力都较差。根据评估结果，医师为男孩制定了一个包括会话、交往能力训练等在内的个别化康复方案，以帮助他提高社交和语言沟通能力，进一步增强他在日常生活中的自理能力和适应能力。在训练过程中，男孩的进步得到了家人和教育者的高度评价，他逐渐摆脱了原来的困境，步入正常的社交和发展过程。

VB-MAPP 是一种与语言发展和语言障碍相关的评估和规划工具，其具有以下五个方面的特点。第一，VB-MAPP 主要用于评估个体的语言发展情况，包括听、说、读、写等方面。通过对语言里程碑的评估，可以了解个体在语言方面的能力和进展。第二，VB-MAPP 不仅评估语言能力，还综合考虑其他因素，如认知能力、社交能力等，以全面了解个体的语言发展情况。第三，基于评估结果可以为被评估者制订个别化的安置和干预计划，为其提供针对性的支持和训练，以满足个体的语言需要和发展目标。第四，VB-MAPP 明确了个体在语言方面需要达到的目标，并提供了一系列针对性的干预措施和活动。通过设定可衡量的目标，可以跟踪个体的进展并调整干预方案。第五，VB-MAPP 促进了不同专业人员之间的合作，包括语言师、教育者、家庭成员等，这种跨领域的合作可以为个体提供更全面、协调和综合的支持。

第三节　孤独症儿童的教育评估实施

一、孤独症儿童的障碍特点对实施教育评估的影响

根据 DSM－Ⅴ，孤独症患者的两大核心障碍是社交互动和沟通障碍、刻板重复行为和兴趣的限制。这两个核心障碍是孤独症患者的主要特征，但孤独症是一种广谱的发展障碍，个体之间的表现和严重程度可以有很大的差异。除了这两大核心障碍，孤独症患者还可能伴有其他特征和困难，如感官敏感、注意力问题和认知不足等。孤独症患者的障碍特点对实施教育评估有重要影响，以下是一些主要方面。

（一）社交互动困难

孤独症患者往往在社交互动上有困难，难以与人建立有效的联系。孤独症患者的社交互动困难会影响教育评估的多个方面，例如不合作的行为。在评估过程中，他们可能表现出拒绝回答问题、拒绝参与互动游戏等不合作的行为。评估者需要特别注意这些行为，并寻找适当的评估方法，确保使用能够认识孤独症患者需求的语言和角色。孤独症患者在不同的环境中还会表现出不同的行为方式。评估者在评估过程中需要考虑孤独症患者在不同环境中的表现，并在评估过程中为他们设置舒适且适合的场景。这就意味着评估过程需要专业的治疗师或教育工作者来进行观察和记录，或采用社交游戏或互动式评估这类更灵活的方法。总之，孤独症患者社交互动方面的困难会对教育评估产生影响，评估者需要选择准确、科学的评估工具，考虑评估过程中可能出现的家庭隐私问题，并为孤独症患者的社交和互动弱点提供适当的教育方案，以帮助他们快速习得社交互动技巧，并建立更多的社交互动方式。

（二）语言和非言语沟通技能缺陷

孤独症患者常常在言语和非言语沟通技能方面存在缺陷，难以表达

自己的想法和感受。这需要评估者使用简单的言语或非言语符号来实施评估。口头交流是最常见的评估方式,但对孤独症患者来说往往不是最合适的,这时写作和绘画的评估形式就成为了解其沟通困难的更好的方式,再加上简单的语言,评估人员可以更好地与其交流。孤独症患者有时会通过非言语形式与他人交流,如手指指向或手势。评估者需要认识到这些非言语交流手势的重要性,不仅使用口头语言来评估被评估者,也要识别其体现出的非言语交流行为,并考虑使用评估工具来记录它们的重要性。总之,孤独症患者沟通能力的限制会给教育评估带来影响。评估者需要根据被评估者的具体情况,使用非言语和写作评估工具等适当的评估方法,同时还需要考虑到孤独症患者不同的文化和语言交流方式,选择合适的评估方式,以获得准确的评估结果。

(三)重复性的行为模式和刚性的思维方式

孤独症患者往往倾向于重复性的行为模式和刚性的思维方式,这有可能导致他们在评估中表现出固定的行为模式和无法适应不同环境的特点。例如孤独症患者常常表现出对重复性行为的偏爱,这可能使评估结果不具有变化性,评估者需要特别注意检测孤独症子集中的进步程度,了解是否可以构建相同的评估动态定性特征。再如孤独症患者在不同的环境中会表现出不同的行为方式,评估者要考虑到其在不同环境中的表现,在评估过程中为他们设置舒适且适合的场景,尽可能地减少引发重复行为的现实元素。总之,孤独症患者的重复性和刚性会对评估结果产生影响,评估者需要在评估过程中关注其重复性的行为和刚性思维,并通过选择适当的评估方式和辅助设备等,有效应对评估中可能产生的影响,以提高评估的准确性和科学性。

(四)感官敏感

较多孤独症患者在感官方面比其他人更为敏感,这有可能导致他们对环境中的某些元素做出负面反应。例如孤独症患者可能会对噪声和光线过于敏感,评估者需要注意评估场所的噪声和光线,以确保孤独症患者能够适应环境,消除其感官敏感因素。再如孤独症患者可能会对不同的物理接触方式做出不同的反应，评估者需要避免使用针刺式的评估工具，或为其寻找触觉输入量更少的评估方式。有时评估过程中所使用的材料的表面或气味等感官特征也会引起孤独症患者的不适。评估者使用材料时应尽量选择孤独症患者习惯的材料，减少感觉刺激引发的反应。总之，孤独症患者的感觉敏感度会对教育评估产生影响，评估者需要考虑其感觉敏感度并对评估进行适当的调整，避免在评估过程中出现触痛、触觉强烈、光线过度刺激、声响过大等不适宜的因素，以确保被评估者在适合的环境中和舒适的状态下全面参与评估。

（五）学习风格迥异于他人

孤独症患者的学习风格可能与其他学生不同，他们可能对口头解释或抽象说明感到困惑，更喜欢具体引用或用图表来表达概念。这需要评估者使用具体且可视化的教育工具和现实生活情景进行评估。例如孤独症患者可能更喜欢通过视觉或其他非言语方式来学习，而不是口头方式。评估者在教育评估中应该考虑采用多种方法来评估孤独症患者的学习方式，如使用视觉辅助工具或使用代码函数。再如孤独症患者可能更喜欢将注意力集中在数字、数学、跑步等特定方向的任务上，评估者在评估时需要针对更为具体的细节提出问题，这样更能描绘出孤独症患者强化方面和缺失方面的特点。评估者需要理解并识别孤独症患者具体的学习偏好，以确保评估结果更准确、客观。此外，在孤独症患者情绪不稳定的情况下，情绪波动会影响其学习的进行和积极程度。评估者应该进行充足的描述和综合评估，记录孤独症患者的行为和情绪，并进行定量分析。总之，评估者需要考虑孤独症患者的学习风格和喜好，并选择合适的评估方法和教育方案，以获得准确、全面的评估结果。

综上所述，由于孤独症患者的特殊性，教育评估需要关注其社交、沟通、行为模式和感官敏感度等方面的具体特征，以尽可能减少对被评估者的影响，确保评估的准确性和可靠性。

二、孤独症儿童教育评估实施的程序

通常而言,孤独症儿童教育评估需要遵循以下五个基本程序:

(一) 基础评估

基础评估包括发育和行为史询问、社会与语言发展、认知发展、行为表现、母亲的社会情境和家庭环境等方面。例如,进行发育和行为史询问时,评估者会询问被评估者的发育和行为史,包括其出生时的情况、早期社交和语言能力的发展及现在的行为表现和情感状态等。又如观察被评估者的行为表现时,评估者会对被评估者在不同情境下的行为特征进行观察,包括社交、语言、游戏和想象力、自我调节和刻板行为等。需要注意的是,以上这些评估领域相互交叉,基础评估的结果综合反映了孤独症个体的发育、行为和认知特征,能为制定个别化的康复干预方案提供必要的参考依据。需要强调的是,孤独症儿童的基础评估需要儿科医生、心理学家、康复师以及教育者等专业人士的共同参与。

(二) 详细评估

详细评估即使用标准化的评估方法,以评估被评估者的孤独症特征和需求。这些方法包括社交互动描述记录、孤独症诊断观察表、儿童行为评估量表等。可以从以下几个方面描述记录被评估者的社会互动情况(见表3—1):

表3—1 孤独症儿童的详细评估

评估主题	具体内容
(1) 与陌生人交流	观察被评估者见到陌生人时的行为和反应。
	是否表现出明显的回避、拒绝行为。
	是否主动尝试与陌生人交流。

续表3-1

评估主题	具体内容
（2）与熟悉的人互动	观察被评估者与熟悉的人互动时的行为。
	是否与他人有眼神接触，面部表情是否有变化，是否有肢体语言互动。
	是否主动分享喜怒哀乐的经历。
（3）社交游戏	观察被评估者在玩耍或与他人进行社交游戏时的表现。
	是否主动参与游戏、追求并保持游戏的互动。
（4）社交规则和礼仪	观察被评估者是否理解并遵守社交规则和礼仪。
	是否能够适应并掌握社交互动的基本规范。

根据上述观察记录和评估结果，综合分析观察对象在社交互动方面的表现，有助于对孤独症的诊断和评估。对孤独症儿童实施详细评估时，应当寻求专业医生、心理学家、康复师以及教育者的合作，进行综合分析。

（三）制定康复方案

在评估之后，制定适合被评估者的康复方案，包括治疗目标和计划、教育介入计划、针对行为缺陷的行为技能培训等。以教育介入计划的制定为例，需要综合考虑个别化的需求、特定的学习目标和支持策略等方面。表3-2是一个通用的教育介入计划示例，需要注意的是，每个个案均需要个别化教育计划。

表3-2 教育介入计划示例

步骤	措施
（1）确定目标和优先事项	与家长、医生和专业人员合作，确定个案的个别需求和目标。
	确定优先解决的问题和待改善的核心领域，例如社交互动、沟通、学习能力等。
（2）多学科团队的参与	组建一个多学科团队，成员包括教育者、行为分析师、语言治疗师、职业治疗师等相关专业人员。
	团队成员定期合作，评估个案的进展，并制订个别化教育计划。

续表3-2

步骤	措施
（3）整体教育环境的适应	调整教育环境，以创造有利于个案学习和发展的条件。主要包括： ①提供安静、结构化的学习环境； ②提供视觉辅助工具，如图表、时间表等； ③提供个体化的学习资源和支持。
（4）社交互动和沟通技能的培养	提供社交技能培训，包括身体语言、眼神接触、合作和分享等。
	使用社交教育工具和角色扮演来帮助个案学习适当的社交行为和交流技巧。
（5）个别化学习计划	根据个案的学习特点和发展程度，制订个别化学习计划。
	使用多样化的教学方法，如视觉教具、互动游戏、结构化活动等，以提高个案的参与度和学习效果。
（6）行为管理和自我调节技能的培养	教授个案如何识别和管理情绪，控制冲动的情绪和行为。
	使用正向强化和奖励系统，以增强个案的积极行为和合作能力。
（7）家庭和社区支持	鼓励家长参与个案的教育计划，并提供支持和资源。
	提供家庭培训和支持小组，以帮助家庭了解和应对孤独症。
（8）监测和评估	定期监测个案的进展，记录关键数据和目标达成情况。
	根据个案的需求和进展调整与更新教育介入计划。

表3-2的示例只是一个方向性的指导，实施教育介入计划时应根据个案的具体情况和需求进行定制并作出调整。与专业人员合作，制定一份个别化的教育介入计划将有助于最大限度地为个案提供支持并促进其发展。

（四）实施教育康复计划

实施孤独症儿童教育康复计划需要综合考虑教育、行为治疗、语言和沟通训练、社交技能培养等不同领域的教育康复措施。教育康复计划是在动态监控和反馈中实施的，应该对其进行定期评估调整，此过程一般需要教育者、康复师和治疗师等专业人士的配合。表3-3是一个孤独症儿童教育康复计划实施的步骤和措施示例：

表 3-3 孤独症儿童教育康复计划示例

步骤	措施
（1）制定个别化的教育康复目标	与孤独症儿童及其家庭进行面对面的访谈，了解他们的需求和期望。
	与多专业团队合作，制定个别化的教育康复目标，明确希望达到的行为、社交和语言等方面的改善。
（2）教育和家长培训	为家长提供关于孤独症的知识，教授他们如何有效地支持孩子的教育康复过程。
	提供有关孤独症教育康复的信息和资源，以便家长更好地了解和参与教育康复计划。
（3）行为干预和认知行为疗法	使用行为干预技术帮助孤独症儿童建立积极的行为和应对策略。
	应用认知行为疗法帮助孤独症儿童调整不良的思维模式，提高自我认知和情绪调节能力。
（4）语言和沟通训练	使用语言治疗技术，帮助孤独症儿童提高语言表达和理解能力。
	使用增强沟通技巧和社交互动的训练方法，如角色扮演、模仿，也可利用视觉辅助工具等。
（5）社交技能培养	提供社交技能培训，教授孤独症儿童与他人进行适当的交流、分享兴趣和维持友谊的技巧。
	鼓励孤独症儿童与同伴或支持者进行社交互动，以提高社交能力和自信心。
（6）多学科合作	组建多学科团队成员，包括教育者、行为分析师、语言治疗师、康复师等，以确保为孤独症儿童提供综合性的康复服务。
	定期召开团队会议，分享孤独症儿童的康复进展，并调整康复计划。
（7）家庭和环境支持	寻找适合孤独症儿童及其家庭的教育康复支持资源，如教育康复机构、社区组织和康复活动等。
	提供家庭指导和资源，帮助家属在日常生活中支持孤独症儿童的教育康复。
（8）进展评估和调整	定期评估孤独症儿童的教育康复进展，包括行为、社交和语言等方面的数据收集和分析。
	根据评估结果，调整教育康复计划，并制定新的目标和措施。

在实施孤独症儿童康复计划时，与不同专业人员的密切合作和定期评估是至关重要的。根据孤独症儿童的个体差异和康复进展，及时调整更新康复计划，以最大限度地为其提供支持，帮助其实现教育康复目标。

（五）家庭支持和社会融合

孤独症儿童教育康复评估结束后，为了帮助孤独症儿童实现社交融合，与周围的人及社区产生多元互动，需要家庭和社会的共同支持。表3－4是为孤独症儿童家庭提供支持、促进其社会融合的示例：

表3－4 孤独症儿童的家庭支持和社会融合示例

步骤	措施
（1）提供家庭教育和支持	为家庭提供关于孤独症儿童的教育，帮助他们理解孤独症儿童的特点和处理方式。
	提供信息和资源，如康复计划、社区服务和支持组织等。
	定期组织家庭支持小组或座谈会，为家庭成员提供交流和互助的机会。
（2）寻找社区资源和支持组织	寻找当地的社区资源，如孤独症支持组织、社交活动和康复服务。
	参加社区活动和社交团体，帮助孤独症儿童建立社交网络和获得支持。
（3）亲朋好友的支持	告知亲朋好友孩子被诊断为孤独症，并为他们提供孤独症的知识。
	鼓励亲朋好友理解和支持孤独症，建立一个支持性的社交环境。
（4）运用社交媒体和科技工具	利用社交媒体和在线专业社区，与其他家庭分享经验和获取支持。
	探索使用科技工具来促进孤独症儿童的社交互动，提高其沟通能力，如使用社交应用、沟通应用等。
（5）制订个别化的社交目标和计划	与专业人员合作，制订个别化的社交目标和计划，帮助孤独症儿童学习社交技巧，培养社交互动的能力。
	创建适合孤独症儿童的社交机会，如安排与同龄人互动、参与社区服务等。
（6）探索教育资源和融入普通学校	寻找适合孤独症儿童的教育资源，如特殊学校、教育支持服务等。
	如有可能，考虑让孤独症儿童融入普通学校环境，为其提供适当的支持。
（7）鼓励自我表达和兴趣发展	帮助孤独症儿童发现和培养自己的兴趣爱好，并提供相应的支持和资源。
	鼓励孤独症儿童表达自己的想法和意见，增强自信心和自我主张的能力。

每个孤独症儿童的需求和情况都是独特的,因此家庭支持和社会融合的措施需要根据个体情况制定并调整,与专业人员和相关志愿者群体合作能够为孤独症儿童提供更加全面和个别化的支持。上述程序的开展需要明确的时间节点和过程,以便有效地开发教育康复方案,实现干预的目的。针对被评估者的情况,专业团队及相关人士还需要综合考虑干预过程中可能出现的行为恶化、抗拒与回避、过度依赖、情绪困扰与社交困难等"侧效应"[①],并适当调整干预方案。这样,被评估者就能够得到更完善、专业、系统的有针对性的干预。

三、孤独症儿童教育评估实施策略

(一) 定期评估

定期检测孤独症儿童的发展和进步情况,以确定其需求和目标,进而制订个性化的教育和支持计划。最好是每六个月或一年进行一次综合性评估。定期评估的作用主要有:(1) 监测孤独症儿童的病情,了解其在社交、行为和语言方面的改变,为医生和教育康复治疗师等调整干预计划提供帮助,以更好地满足被评估者的需求;(2) 评估教育措施的效果,确定哪些方法对被评估者最有效,为教育团队作出有根据的决策提供指导,以优化教育方案;(3) 有些孤独症儿童可能会出现其他健康问题,如焦虑症、注意力不足、多动症等,定期评估可以帮助及早发现这些并发症,并提供相应的治疗及干预。由此可见,对孤独症儿童进行定期评估可以帮助追踪病情,评估治疗效果,并及早发现并发症,以最大

---

① "侧效应"主要指在孤独症儿童干预过程中出现的额外的或不良的影响或反应。一是行为恶化:因孤独症儿童感到不适应新的干预方法或环境的改变,而表现出更多的挑战性行为或焦虑、情绪不稳定等。二是抗拒和回避:一些孤独症儿童会对干预活动产生抗拒和回避,并试图逃避或拒绝参与干预活动,因为对他们来说干预是一种压力或困难。三是过度依赖:一些孤独症儿童会在干预活动中寻求过多的指导和帮助,缺乏自主性和独立性。四是情绪困扰:一些孤独症儿童会经历情绪困扰,包括焦虑、沮丧、挫折感等,这是因为新任务和新要求超出了他们的能力范围,或者暂时不适应新的环境和人际互动。五是社交困难:一些孤独症儿童会遇到社交困难,难以与干预者或同伴建立有效的互动合作关系,导致社交技能的发展受到限制。

限度地提高孤独症儿童的生活质量。

（二）多学科评估

孤独症是一种复杂的神经发育障碍，涉及多个方面的症状和特征。实施多学科评估可以从不同专业的角度全面了解和评估患者的状况。孤独症儿童教育评估应涉及多个领域的专业人士，如医生、心理师、教育者、治疗师、社会工作者等，只有这样才能确保评估的全面性。多学科评估的作用主要有以下几个方面。（1）通过多学科评估可以收集不同领域的信息，如医学、心理学、教育学等，从而获得更全面、更准确的诊断和评估结果。不同领域的专业人士会提供独特的观察和评估指标，帮助形成一个综合的视角。（2）每个孤独症儿童的实际情况和需求都可能不同，多学科评估有助于为其制定个别化的干预计划。不同领域的专业人士可提供针对个体特点的建议和干预方案，以最大限度地满足孤独症儿童的需求。（3）孤独症的诊断涉及多个领域的评估标准和标签，多学科评估可以排除其他可能的病因和情况，帮助确认是否符合孤独症的诊断标准。（4）孤独症儿童的干预和管理通常需要家庭的密切参与和支持，多学科评估可以让不同领域的专家与患者家庭进行沟通和协作，为其提供咨询和指导，增强家庭的理解和应对能力。（5）多学科评估有助于促进孤独症研究的交叉与整合，通过整合不同学科的知识和研究成果，可以更好地理解孤独症的复杂性和多样性，并推动其干预方法的发展。不难发现，多学科评估可以提供综合的信息与个别化干预计划，帮助确定诊断，提供家庭支持，并促进跨学科研究，从而更好地理解和研究孤独症。

（三）观察和记录

观察和记录孤独症儿童的行为和技能，使用标准化评估工具以获取可比性数据，记录社交和教育环境，以帮助评估孤独症儿童的行为和技能变化。观察和记录的主要作用有以下几个方面。（1）观察和记录孤独症儿童的行为和技能可以帮助评估其症状和发展情况。通过密切的观察和记录，可以了解患者在社会交往、沟通能力、兴趣爱好、日常生活技能等方面的表现,从而更准确地评估孤独症儿童的严重程度和对其生活的影响。(2)孤独症儿童的需求和能力各不相同,观察和记录能帮助制定个别化的干预目标。通过记录个体的行为和技能,可以明确哪些方面需要重点关注和改善,并制订相应的干预计划,以促进孤独症儿童的发展,提高其生活质量。(3)观察和记录个体的行为与技能可以帮助监测治疗效果。定期比对记录可以看到患者在治疗过程中的变化,评估治疗方法的有效性,以便根据需要进行调整。(4)观察和记录可以帮助识别孤独症儿童面临的特殊问题和困境。如通过观察孤独症儿童在特定环境或社交情境中的行为,可以发现他们遭受的困扰和焦虑,从而为其提供相应的支持和干预措施。(5)观察和记录的数据可以为医疗和教育专业人员提供客观的信息支持。这些数据可以在诊断、制订治疗计划、与其他专业人员进行沟通和合作时提供依据。综上,观察和记录孤独症儿童的行为与技能有助于评估其症状和发展,设定个别化目标,监测干预效果,追踪特殊问题和困境,并提供数据支持,帮助孤独症儿童更好地发展。

(四)参考其他评估工具

评估孤独症儿童的认知、情感和运动发展以及社交技能,可能需要使用标准评估工具,如孤独症诊断观察表(ADOS)、社交沟通问卷(SCQ)等。参考其他评估工具的作用主要有以下几个方面。(1)使用多种评估工具可以提供更全面、综合的评估结果。孤独症是一种复杂的疾病,涉及社会交往、语言沟通、认知能力等多个领域的功能差异。单一的评估工具可能无法覆盖这些方面,结合多种评估工具可以提供更准确、全面的评估结果。(2)不同的评估工具或评估方法强调不同的方面和观察角度,通过参考其他评估工具,评估者可以从多个角度观察和评估孤独症儿童的特点和需求,从而获得多样化的信息,更全面地了解孤独症儿童的教育需求和能力。(3)使用多种评估工具可以交叉验证,提高评估结果的可靠性和准确性。不同的评估工具采用的方法和指标各不相同,通过对比和交叉验证评估结果,可以减少主观偏见和测量误差,提高评估的可靠性。(4)孤独症儿童在教育方面的需求和能力各不相同,不同的评估工具可以根据个体差异提供相应的评估指标和方法,从而实现针对性的评估和教育干预,满足患者的学习和发展需求。(5)参考其他评估工具可以帮助整合和利用现有的专业资源,不同的评估工具可能需要特定的专业人员进行评估和解读,通过整合不同的资源和专业领域的知识,可以更好地为孤独症儿童提供全面的教育评估和干预服务。综上所述,参考其他评估工具具有提供综合评估、多角度观察、交叉验证、针对不同需求和资源整合的优势,有助于提高孤独症儿童教育评估的准确性和有效性,为其提供更适合的个别化教育支持。

(五)确定目标和支持计划

根据评估结果和孤独症儿童的个别化需求制订具体步骤和行动计划,可以帮助其达到目标,提高学业表现。为孤独症儿童确定目标和支持计划可以遵循以下步骤。(1)考虑到孤独症儿童的需求和能力,为其制定具体、明确、可量化的目标并对其实施评估。例如目标可以是提高孤独症儿童的社会交往能力、改善沟通技能、培养自理能力等。(2)根据目标和孤独症儿童的需求设计个别化的支持计划,包括确定适用的教学方法、策略和材料,以满足其学习和发展需求。另外,支持计划应该明确具体的步骤、时间安排和相关责任方。(3)孤独症儿童教育支持计划通常需要多学科团队的协作,包括教育者、行为分析师、心理治疗师、语言治疗师等在内的专业人员可以提供不同领域的专业知识和支持。多学科团队合作可以确保综合而连贯的支持计划。(4)将长期目标分解为阶段性目标,并定期评估孤独症儿童的进展。通过定期评估,了解孤独症儿童在每个阶段的目标实现情况,根据需要调整支持计划和教学策略。(5)教育支持计划的实施是一个动态的过程,要持续监测孤独症儿童的进展和反馈,并根据实际情况进行调整和优化。根据个体的反应和发展变化,不断改进支持计划,最大限度地支持其学习和发展。总之,为孤独症儿童确定目标和支持计划需要进行综合评估,制定具体的可量化的目标,设计个别化的支持计划,并结合多学科团队合作,持续监测和调整支持计划,确保孤独症儿童能够获得最适切的教育支持。

(六) 家长和教师的参与

评估和制订计划应该与家长和教师紧密合作，以确保孤独症儿童获得统一和全面的支持、干预。家长和教师参与的主要作用有以下几个方面。(1) 家长和教师是日常接触和了解孤独症儿童的人，他们能提供宝贵的信息。其中，家长可以提供孤独症儿童在家庭环境、日常生活和行为表现等方面的信息，教师可以提供其在学校环境中的表现和需求。如果将这些信息与评估团队共享，就可以更全面地了解个体的状况和需求。(2) 家长和教师是了解孤独症儿童需求和能力的重要人员，他们的参与可以帮助确定适当的教育目标和制订个别化的支持计划，提供有关孩子的兴趣爱好、强项、弱项和适应策略等信息，这对有效的教学和学习计划至关重要。(3) 家长和教师在评估过程中可以提供持续的监测和反馈，他们可以观察孤独症儿童在不同环境中的表现，及时反馈孤独症儿童的进展和反应，这些信息对于及时调整个别化的支持计划极有价值。(4) 家长和教师的合作可以促进家庭与学校的紧密合作。家庭和学校的协同合作对孤独症儿童的学习和发展至关重要。在评估过程中，家长和教师可以一起制订和实施支持计划，共同协调和支持孤独症儿童的学习和发展。(5) 家长和教师的参与可以增加对孤独症儿童的共同理解和支持，他们可以通过评估过程中的交流合作，了解孤独症儿童的特点、教育策略和支持方法，有助于形成一个协同、有效的教育支持团队。可见家长和教师在孤独症儿童教育评估中的紧密合作非常重要，他们能提供宝贵的信息，参与确定目标和制订计划，提供持续的监测和反馈，并促进家庭与学校的合作，有助于实现个别化的教育支持，增强孤独症儿童的学习和发展效果。

(七) 监测和调整计划

不断监测评估结果和孤独症儿童的进展，并根据需要和干预效果及时调整计划。监测和调整计划的作用主要有以下几个方面。(1) 监测和评估孤独症儿童的进展和效果可以帮助评估教育计划的有效性。通过观察个体在学习和发展方面的变化，可以确定计划是否达到了预期的目标，是否需要调整。（2）孤独症儿童的需求和能力会随着时间的推移发生变化，监测和调整计划可以帮助适应个体的需求变化。有时候孤独症儿童可能表现出对新的领域或技能的兴趣，或者可能面临新的挑战，及时监测和调整计划可以确保计划始终与个体需求一致。（3）教育过程中可能会出现挑战和困难，孤独症儿童可能面临学习障碍、问题行为、社会交往困难等，监测和调整计划可以帮助及时应对这些挑战和困难。通过评估当前的问题和难点，可以调整教学策略，提供额外的支持和资源，以减少困难并改善孤独症儿童的学习效果。（4）教育评估的目标是持续改进并优化教育计划和支持策略。通过持续监测和调整，可以不断改进计划并改善孤独症儿童的学习和发展效果。不断优化计划可以更好地适应个体的需求和变化，并创造更有成效的教育环境。总的来说，监测和调整孤独症儿童教育评估计划可以评估孤独症儿童的进展，适应个体需求的变化，应对挑战和困难，与教师合作并获得专业支持，以及持续改进和优化教育支持。这样可以确保孤独症儿童能够获得最适合他们需求和能力的教育支持和发展机会。

总之，孤独症儿童教育评估的实施策略需要综合利用各种观察、记录、问卷、工具等方法，涵盖多个专业领域，还要有家长和教师的共同参与，并不断监测个体的进展，以制订个别化的支持和干预计划，使孤独症儿童更好地适应学校和社会环境。

四、孤独症儿童教育评估实施案例

教育评估报告

评估日期：2020—03—28

评估对象：小哲，成都市某普通学校随班就读一年级学生

序号	流程	结果
1	背景信息	根据教师和家长的观察，小哲存在孤独症的症状。他在社会交往方面表现较为困难，语言沟通能力也有限，在感官发展上有较多的反应异常，如拒绝拥抱、捂耳等。

续表

序号	流程	结果
2	评估目的	更好地了解小哲的个人能力与发展需求,明确其是否患有孤独症,并提供个别化的教育方案和支持。
3	评估过程	采用多种评估方法和工具,包括观察、问卷和面谈等,以全面了解小哲在不同发展领域的表现。
	(1) 现场观察	教师和专业人员对小哲在教室和社交环境中的行为进行了观察,发现小哲在与同伴交流时较为被动,缺乏主动性的语言和有效的社交互动方式,面部表情和身体姿态也较单一、僵硬。
	(2) 问卷调查	教师和家长填写了一份关于小哲社交行为和语言沟通能力的问卷,结果显示,小哲在与他人建立和维持关系方面存在困难,表达意愿和理解他人意图的能力较为有限。
	(3) 面对面访谈	教师、家长和小哲进行了一对一的面谈。面谈中,小哲表现出对社交互动的抗拒和困惑,并表达了理解他人沟通意图的困难。
4	评估结果	综合观察、问卷调查和面谈的结果,对小哲的评估结果如下: ①社会交往困难 小哲在社会交往方面的表现较为困难,缺乏主动与他人互动和合作的行为,可能会在社交情境中感到不适和困惑。 ②语言沟通能力有限 小哲的语言沟通能力受限,表达意愿和理解他人意图的能力较为薄弱,可能会出现语言交流的困惑和障碍。 ③注意力集中困难 小哲在注意力集中方面存在困难,容易分散注意力,可能对细节缺乏关注。 ④知觉和感官敏感 小哲对一些感官刺激有过敏反应,如噪音、光线或触感等。
5	建议及教育支持	基于评估结果,建议对小哲提供以下教育支持: ①社交技能培训 为小哲提供社交技能培训,包括主动与他人互动、合作、分享和理解他人意图等方面的训练。通过角色扮演和情景模拟等活动,帮助小哲建立自信和愉悦的社交经验。 a. 教授基本的社交技能:包括面部表情、身体语言、与他人进行眼神接触等。通过角色扮演和模仿游戏等互动方式,帮助小哲学习和练习这些基本的社交技能。 b. 培养合作能力:引导小哲参与小组活动和合作项目,鼓励其与他人合作、分享和共同完成任务。在合作中,逐渐培养小哲与他人相互依赖和相互支持的能力。 c. 建立友谊和交流技巧:引导小哲主动与其他同学互动和交谈,教授他交流技巧,如提出问题、回应他人的发言和分享自己的经验等。通过角色扮演和模仿游戏等活动,帮助他加强与他人的连接和友谊。

续表

序号	流程	结果
5	建议及教育支持	②沟通和语言培养 为小哲提供个别化的语言沟通培训，包括表达意愿、理解他人的意图、使用非言语沟通手段等方面的训练。使用图像支持、社交故事和视觉辅助工具等方法，增强他的沟通能力。 a. 增强语言理解能力：使用图像支持、社交故事及视觉辅助工具，帮助小哲理解他人的意图和表达情感。提供清晰简洁的口头指示，搭配肢体动作和实物示范，加强他对语言的理解。 b. 提升表达能力：使用图像和图表等辅助工具，让小哲通过选择、指示或简单的句子表达自己的意愿和需求。鼓励他通过肢体语言、眼神接触和声音强调来更好地表达自己的感受和意见。 c. 使用增强沟通的工具和策略：可以探索使用增强沟通的工具和策略，如图像牌、通讯日记等，以提供额外的支持，促进小哲与他人的有效交流。 ③注意力训练 为了帮助小哲集中注意力，可以采用以下注意力训练方案： a. 结构化学习环境：设计结构化的学习环境，有明确的学习目标和时间表，有序的任务和活动安排，帮助小哲集中注意力，并提高他对教学的参与度。 b. 小组学习和合作项目：鼓励小哲参与小组学习和合作项目。通过小组讨论和共同完成任务，帮助他更好地聚焦注意力，遵循指示并参与学习活动。 c. 分段学习和休息时间：将学习时间分段，每段之间设立适当的休息时间，这有助于为小哲提供恢复精力的机会，使其保持注意力的稳定性和持久性。 d. 注意力练习：引导小哲进行一些专注力练习，如数独、迷宫、解谜游戏等。这类练习可以帮助他集中注意力。 ④感知觉发展 a. 感觉统合活动：提供一系列感觉刺激活动，如触摸材料、视觉图像、嗅觉游戏等。这些活动可以帮助小哲更好地感知和处理感觉输入，提高他的感官统合能力。 b. 舒缓环境：创建一个舒缓的和有组织的学习环境，减少刺激过载的可能性。调整学习环境中的光线、噪音和温度等，为小哲提供一个舒适且适宜的学习环境。 c. 感官活动和游戏：使用感官沙盒、触觉探索盒等，促进小哲的感官发展。这些活动可以帮助他更好地处理感官输入，提高触觉和视觉感知能力。 d. 随身感官调节工具：对于小哲在某些刺激下会过敏的情况，可以提供随身感官调节工具，如抗焦虑玩具、噪音消除耳机等，以帮助他更好地调节自己的感官反应。

续表

序号	流程	结果
5	建议及教育支持	⑤个别化教学和环境适应 a. 创造安全和支持性的环境：提供一个包容和理解的教育环境，使小哲感到安全、受欢迎和支持。教师和同学可以接受培训，了解孤独症的基本知识，并学习如何支持和包容小哲。 b. 个别化学习计划：根据小哲的个体特点和学习需求，制订个别化学习计划，包括调整教材、教学内容和学习任务，提供额外的教育支持和反馈等，以适应其学习风格和节奏。 c. 定期评估和跟踪进展：和教师、家长合作，定期评估。
	总结	教师和家长可以根据小哲的个体差异和需要，结合上述教育支持计划，在日常教育活动中为小哲提供针对性的支持和指导。此外，定期评估小哲的进展并与专业人员保持紧密联系，以确保教育支持计划的有效性和调整的及时性。

本章小结

当前国内外关于孤独症儿童教育评估的工具呈现出多元化的发展趋势，这点非常值得肯定，对人们认识孤独症这种障碍有很大的帮助。然而，与这些评估工具配套的康复训练指南却十分薄弱，有稀缺、复杂、耗时较久、不易操作等缺点，不利于特殊教育学校或教育康复机构的教师掌握使用，往往需要经过专业的培训与实践。这就需要更多的研究者、心理学家、教育康复师等专业人士及团队的合力探索，以取得更多的效果。此外，孤独症的异质性突出，目前知晓的病因极为复杂，对其进行研究需要结合多学科、多专业的多种因素。加上我国幅员辽阔、民族众多，也需要结合各地实情及人口状况等因素来加强并完善本地化实施，进而开发与我国孤独症儿童发展状况及需求匹配的、贯穿其生命全周期的，并能全面多元支持诊断、康复、教育及发展的评估工具。

思考与练习

1. 名词解释：教育评估、干预黄金期、并行玩耍、干预侧效应。
2. 美国《孤独症干预项目优先领域报告》中提出的孤独症干预的

五大重点领域是什么？

3. 孤独症儿童教育评估工具的分类依据有哪些？
4. 简述《语言行为－里程碑评估和安置计划》的优缺点。
5. 简述《孤独症诊断观察表》的优缺点。
6. 简述《孤独症儿童心理教育评估系统》的操作流程及优缺点。
7. 试述孤独症儿童的障碍特点对实施教育评估的影响。
8. 试述孤独症儿童教育评估需要遵循的五个基本程序。
9. 试述孤独症儿童教育评估的实施策略。

第四章　孤独症儿童社会交往发展实训

学习目标

1. 掌握孤独症儿童的社会交往特点。
2. 了解孤独症儿童在社会交往领域的干预方式。

美国《精神疾病诊断与统计手册（第五版）》[①]正式提出了"孤独症谱系障碍"（Autistic Spectrum Disorders，ASD）这一专业术语。其中对第四版中的"广泛性发育障碍"及诊断标准作了较大的修订，包括"诊断结构发生较大变化"[②]等四个方面的内容，强调孤独症谱系障碍必须同时符合四条标准才能确诊，具体如下：

第一，在各种情景下持续存在的社会交流和交往缺陷，不能用一般的发育迟缓解释，符合以下三项。（1）社会—情感互动缺陷：轻度表现为异常的社交接触和不能进行来回对话，中度表现为缺乏分享性兴趣、情绪和情感，社交应答减少，重度完全不能发起社会交往。（2）用于社会交往的非言语交流行为缺陷：轻度表现为言语和非言语交流整合困难，中度表现为目光接触和肢体语言异常，或在理解和使用非言语交流方面存在缺陷，重度完全缺乏面部表情或手势。（3）建立或维持与其发育水平相符的人际关系缺陷（与抚养者关系除外）：轻度表现为难以调整自身行为以适应不同的社交场景，中度表现为在玩想象性游戏和结交朋友上存在困难，重度表现为明显对他人没有兴趣。

[①] Diagnostic and Statistical Manual of Mental Disorders-fifth edition，DSM-V.
[②] 杨友，金星明. 美国精神障碍诊断和统计手册第五版对儿童孤独症谱系障碍诊治的影响[J]. 中国儿童保健杂志，2015，23（12）.

第二，行为方式、兴趣或活动内容狭隘、重复，至少符合以下四项中的两项。(1)语言、动作或物体使用刻板或重复（如简单刻板动作、回声语言、反复使用物体、怪异语句）。(2)过分坚持某些常规及言语或非言语的仪式行为，或对改变过分抗拒（如运动性仪式行为、坚持同样的路线或食物、重复提问、对细微变化感到极度痛苦）。(3)高度狭隘、固定的兴趣，在强度和关注度上是异常的（如对不寻常的物品的强烈依恋或沉迷，过度局限或持续的兴趣）。(4)对感觉刺激反应过度或反应低下，对环境中的感觉刺激表现出异常兴趣（如对疼痛、热、冷感觉麻木，对某些特定声音或物料表现出负面反应，过多地嗅或触摸某些物体，沉迷于光线或旋转物体）。

第三，症状必须在儿童早期出现（但当儿童对社交需求未超出其受限能力时，症状可能不会完全显现）。

第四，所有症状共同限制和损害了日常功能。

从第五版中的诊断标准可见，虽然"不能确切地区分孤独症、阿斯伯格综合征和不典型孤独症"[1]，但仍然可以看出孤独症与非孤独症的区别。可以明确的是，孤独症群体在社会交往与行为发展两个领域存在着不同于其他障碍群体的显著特点。接下来本书将从这两个领域展开陈述与分析，以掌握其主要特点，并探寻适宜且具有针对性的干预方式。

社会交往，简称"社交"，指在一定的社会条件下，个体之间相互往来，进行物质、精神交流的社会活动。社会交往是获取生产与生活信息及资源、学习生活技能的重要渠道，也是建立社会支持网络的必由路径。就个体来说，人离不开社会，人在社会上生存就必然会发生人与人之间的互动。社会交往能力是指能觉察他人的情绪意向，有效地理解他人和善于同他人交际的能力，具体表现为善于体察他人的喜怒哀乐，善于察言观色，善于识别他人的情绪变化，能够共情与移情[2]，善于与他

---

[1] 邹小兵，邓红珠. 美国精神疾病诊断分类手册第5版"孤独症谱系障碍诊断标准"解读[J]. 中国实用儿科杂志，2013，28(8).

[2] 共情与移情是两个不同的概念，它们在心理学和人际关系中有着不同的含义和用途。一般而言，共情是指理解和感受他人情感的能力，移情是将自己的情感投射到他人身上的过程。可见共情是一种理解和连接他人的能力，移情是一种情感上的转移和共鸣的过程。

人合作等。社会交往能力有强弱之分，能力强的人往往能够在某一事务或领域当中占得成功的先机，能力弱的人则不利于生存与发展。

以张伯伦（Chamberlain）等为代表的学者指出，与正常发展的同龄人相比，以社交沟通缺陷为核心特征的孤独症患者表现出较少的同伴交往及互动，在主流教育情境中与同龄人进行融合时，往往会遭受同伴排斥和社会孤立。[1] 基于学界对孤独症儿童社会交往的认知，结合对DSM-V中孤独症诊断条目的分析，我们认为孤独症患者所表现出的社会交往能力十分薄弱，主要体现在共同注意、人际认知、兴趣分享、社交适应、想象性游戏等五个方面。本章将从这五个方面对孤独症儿童社会交往能力展开实训方面的探讨。

第一节 孤独症儿童的共同注意实训

"共同注意"（Joint Attention），又叫"互联注意"，是指在三方互动中，一个人与他人建立眼神接触、跟随或者指示他人注意同一个物体或事件，两人指向同一个物体和事件的共享注意的过程。个体觉察与认知他人有一个重要的先决条件，那就是个体需要具备重要的外显行为，即共同注意。尽管共同注意不是孤独症儿童的核心障碍，但正值非言语发展时期的婴儿正是通过共同注意来理解其直接照料者的意图以及表达自我需求的。社会性行为的发起和反馈以及个体的行为兴趣都与儿童发展过程中的共同注意相关。[2] 共同注意通常是社会环境中个体协调自身、他人和物体三者之间关系的基础[3]，其对于婴儿在语言、沟通、人

---

[1] Chamberlain B, Kasari C, Rotheram-Fuller E. Isolation or Involvement? The Social Networks of Children with Autism Included in Regular Classes [J]. Journal of Autism and Developmental Disorders, 2007（2）.

[2] 张皓月, 赵斌, 黄俊洁. 自闭症谱系障碍儿童共同注意研究评述 [J]. 绥化学院学报, 2016, 7（36）.

[3] Adamson L, Mc Arthur D. Joint Attention, Affect, and Culture. In C. Moore, P. Dunham (Eds.) [M]. Joint Attention: Its Origins and Role in Development. Hillsdale: Lawrence Erlbaum Associates, 1995.

际认知及社会交流等领域的发展具有重要的价值，是孤独症的早期筛查指标之一。

共同注意是婴幼儿最早的交流形式之一，是儿童早期社会认知发展中的一种协调性注意能力。[1] 共同注意在婴儿时期的发展较为复杂，按照其出现时间的早晚可以划分为两种形式——应答性共同注意（Responding Joint Attention，RJA）和主动性共同注意（Initiating Joint Attention，IJA）。[2] 应答性共同注意是指婴儿追随他人眼神和手指指示的技能，追随近距离的手指指示（follows point）是低水平的应答性共同注意，追随远距离的眼神（followsline of regard）是高水平的应答性共同注意。[3] 主动性共同注意是指婴儿主动使用眼神接触（eye contact）、眼神变换（alternate）、手指指示（point）和展示（show）去引起他人对物体或事件的注意，其中的眼神接触、眼神变换属于低水平的主动性共同注意（Low-IJA），手指指示和展示属于高水平的主动性共同注意（Hi-IJA）。一般认为，由于这两种共同注意的交流形式出现在婴儿成长过程的不同时期，也被称为共同注意的两个发展阶段。

共同注意是早期词语学习的关键[4]，最早出现在婴儿两个月至12个月的时候。一般而言，刚出生一两个月的婴儿会与直接照料者建立眼神上"你看我、我看你"的共同注意行为，即"直线型的共同注意"。六七个月的婴儿除了与直接照料者建立直线型的共同注意行为，还能跟随照料者的食指指向转移至目标物，这一阶段共同注意行为的主导权并不在婴儿身上，而是在直接照料者身上。11个月、12个月的婴儿逐渐将食指指向的主导权从直接照料者手中转移至自身，他们会与直接照料者分享所见到的环境中的新奇事物。显然，无论是以直接照料者为中心的食指指向，还是以婴儿为中心的食指指向，都是"三角型的共同注

---

[1] 李静郧，孙玉梅. 自闭症儿童共同注意早期干预研究综述 [J]. 中国特殊教育，2017 (6).
[2] 主动性共同注意又叫"自发性共同注意"，应答性共同注意又叫"响应性共同注意"，应答性共同注意是主动性共同注意的基础。
[3] 周念丽，杨治良. 自闭症幼儿自主性共同注意的实验研究 [J]. 心理科学，2005，28 (5).
[4] Bottema-Beutel K. Associations between Joint Attention and Language in Autism Spectrum Disorder and Typical Development: A Systematic Review and Meta-regression Analysis [J]. Autism Res，2016，9 (10).

意",只是前者为"被动型的共同注意",后者为"主动型的共同注意"。共同注意行为是婴儿社会化发展的基础,不仅关系到婴儿能否对所处环境中的人物的情绪进行识别与表达,还能为后来学习沟通技巧、语言交流等行为提供前提。另外,共同注意行为已然成为孤独症儿童行为发展的标准配置,也是孤独症儿童与普通儿童、智力障碍儿童以及其他发展障碍儿童的区别性发育指标。接下来本节将从孤独症儿童共同注意行为的发生时间、具体表现等方面来阐述共同注意的发展特征。

一、孤独症儿童共同注意的障碍特征

孤独症儿童共同注意的障碍特征主要表现在两个方面。

(一) 共同注意的能力发展

首先,孤独症儿童在对人产生注意的时候倾向于注意人的身体,而不是面孔。[1] 研究者进一步聚焦孤独症儿童共同注意的能力程度之后发现,孤独症儿童存在一定的反应性共同注意能力,但是缺失主动性共同注意能力。研究结果表明,孤独症儿童的共同注意障碍可能早在0~12个月的前语言阶段就已经产生,而普通儿童大多在这个阶段已经发展出了两种类型的共同注意能力。在经过密集系统的早期干预之后,一部分孤独症儿童是可以发展出共同注意能力的,但仍可能落后于同龄人的正常水平。实际上,目前研究者对共同注意行为的干预也多集中在3~6岁这个时段,且年龄越小,干预效果越好。

其次,孤独症儿童的反应性共同注意能力仅仅表现在眼神接触这种单一的共同注意行为上,仅有"直观可见的手指行为较能唤起他们的应答性共同注意行为"[2]。

最后,孤独症儿童的眼神接触行为也有发生时间上的局限性——

---

[1] Shic F, Bradshaw J, Klin A, et al. Limited Activity Monitoring in Toddlers with Autism Spectrum Disorder [J]. Brain Research, 2011, 1380 (12).

[2] 周念丽.自闭症幼儿社会认知实验及干预绩效研究 [D]. 上海:华东师范大学,2003.

"多数在两秒内"[①]。基于这种不太理想的共同注意发展状况，孤独症儿童仅能在一些游戏及其他活动中接受少量外界信息的输入，还不能够达到理解他人社会交往的意图，仅能停留在表面。

（二）其他能力的缺失

共同注意能力与其他能力之间存在相关性，即共同注意能力不足的孤独症儿童通常还有观察力、专注力、想象性游戏能力、模仿能力、语言能力、情绪管理能力等方面的缺失。

1. 观察力

观察力是指大脑对事物的观察能力，其程度决定了个体能否获得更多的信息。共同注意是人际认知的前提。干预孤独症儿童的共同注意是发展其观察力的前提。当孤独症儿童有了共同注意，那么其人际认知的起点行为也就得以建立，有了人际认知，再提升其对人际关系的观察力，则会帮助其获取更多的社会信息，为正确的社会交流奠定基础。

2. 专注力

专注力是包括视听知觉、记忆、思维、想象、执行、反馈等认知活动的动力功能。共同注意能力的高低直接影响专注力的水平，而专注力是学习的基本要求，也是学习效果的基本保障。学习过程中人的要素非常重要，特别是教育者。学习者的学习效果取决于对教育者传递的教育信息的及时、有效的获取。而孤独症儿童共同注意能力薄弱，其在学习过程中的专注力以及学习效果都会受到一定的影响。

3. 想象性游戏能力[②]

想象性游戏是将知觉到的事物用它的替代物进行表现的游戏形式。当两岁到六七岁的幼儿发展出表象语言与功能，能够想象不存在的事物，可以理解假装活动时，他们便具有了想象性游戏的能力。想象性游戏能够促进儿童的语言、情绪调节、想象力、创造力等功能的发展。想

---

① 周念丽. 自闭症幼儿社会认知实验及干预绩效研究[D]. 上海：华东师范大学，2003.
② Mundy P, Sigman M, Kasari C. Joint Attention, Developmental Level, and Symptom Presentation in Autism [J]. Development and Psychopathology, 1994, 6 (3).

象性游戏也能够扩展儿童对社交世界的理解。共同注意能力的发展为想象性游戏能力的发展提供了基础。①

4. 模仿能力

共同注意能力与模仿能力也高度相关。② 儿童模仿的对象是人，特别是家长、老师和同伴。模仿可以让儿童获得生活所需的一切技能，同时也能带给儿童丰富的精神世界。共同注意中隐含的情感交流信息影响着幼儿物品模仿能力的习得。③ 如果孤独症儿童缺乏共同注意，那么其视线通常不会聚焦在人身上，人际信息也会因此缺失，也就不会在模仿对象身上获取有用的信息。可以说没有模仿，就没有学习与成长。

5. 语言能力

有学者研究发现非言语共同注意行为能够很好地预测孤独症儿童的语言能力。④ 应答性共同注意能力能够预测接受性语言能力，而主动性共同注意能力能够预测表达性语言能力。⑤ 总之，共同注意能够促进儿童语言的习得，与语言能力的关系更为密切。例如，在亲子时光中，父亲在儿童面前摆弄其最喜欢的玩具飞机，并对儿童说："哇哦，你看，一架飞机飞过来咯！"儿童通过共同注意将"玩具飞机"和"父亲及语言"关联在一起，既能够促进其对"语言—物品"的正确对应，又能够理解父亲的语言所指，进而提升其社会交流的能力。显然，对孤独症儿童共同注意的干预能够同时改善其语言能力。⑥ 如果孤独症儿童缺乏共同注意，那么，其也将缺失通过一系列语言行为与他人分享自己兴趣的

---

① Srinivasan SM, Cavagnino DT, Bhat AN. Effects of Equine Therapy on Individuals with Autism Spectrum Disorder: A Systematic Review [J]. Review Journal of Autism and Developmental Disorders, 2018, 5 (2).

② Mundy P, Sigman M, Kasari C. Joint Attention, Developmental Level, and Symptom Presentation in Autism [J]. Development and Psychopathology, 1994, 6 (3).

③ Andrew N. Meltzoff, M. Keith Moore. Imitation, Memory, and the Representation of Persons [J]. Infant Behavior and Development, 1994 (17).

④ Mundy P, Sigman M, Kasari C. A Longitudinal Study of Joint Attention and Language Development in Autistic Children [J]. Journal of Autism and Developmental Disorders, 1990, 20 (1).

⑤ Mundy P, Gomes A. Individual Differences in Joint Attention Skill Development in the Second Year [J]. Infant Behavior and Development, 1998, 21 (3).

⑥ 张盈利, 张学民, 马玉. 自闭症儿童共同注意干预的现状与展望 [J]. 中国特殊教育, 2012 (4).

能力。进而言之，语言是社会沟通的重要方式，DSM－Ⅴ也将社会沟通缺陷视作孤独症的诊断标准之一，可见语言能力的好坏关系到孤独症儿童的生存适应与社会融合程度的高低，因此，对孤独症儿童的共同注意进行干预有重要价值。

6. 情绪管理能力

孤独症儿童共同注意缺失可导致情绪管理上的问题。[1] 例如，一个孤独症儿童在学校无法注意到教师的教学目标和指示，无法与同学一起参与课堂活动，当其他同学分享自己的经验及情绪时，其可能无法理解并共享这些情绪。

二、发展孤独症儿童共同注意能力的意义

发展儿童的共同注意能力，对于提升儿童的语言能力、人际认知能力、社会交往能力有重要意义。当儿童与妈妈在看同一部动画片时，儿童注意到剧情中出现的某种动物之后看向妈妈，指着动物并且回看妈妈来确保妈妈也注意到了这种动物。在这个过程中，儿童就是共同注意的发起者。此外，当儿童与妈妈在看同一部动画片时，妈妈指着其中某个动物的画面对儿童说"你看"，儿童能够对此有所回应，并把注意力放到动物上来，这个过程就是注视监控，也称为"应答性共同注意"。在孤独症儿童社会认知发展的研究和干预中，共同注意已经成为一个非常重要的概念。曼蒂（Mundy）等人研究发现，孤独症儿童如果能在3岁前接受高密度的早期干预，就不容易产生明显的共同注意困境。[2] 因为在任何干预和教学中，获得儿童的注意永远都是第一个步骤。而在实际的教学和干预中，父母和教师可能没有把共同注意两部分的能力平衡好，因为心理学和神经科学的研究都表明发起共同注意的能力（即元陈

---

[1] Jones EA, Carr EG, Feeley KM. Multiple Effects of Joint Attention Intervention for Children with Autism [J]. Behavior Modification, 2006, 30 (6).

[2] Mundy P, Crowson M. Joint Attention and Early Social Communication: Implications for Research on Intervention with Autism [J]. Journal of Autism and Developmental Disorders, 1997, 27 (6).

述指向）与回应共同注意的能力（即应答性共同注意）是完全不同的两种技能，它们各自活跃时响应的脑区是完全不一样的。

三、孤独症儿童共同注意实训

"结构化、密集强化的早期干预使孤独症儿童取得发展与进步，通过早期干预，他们的共同注意能力表现会明显提升。"[①] 由于孤独症儿童的共同注意能力与其他能力的发展具有相关性，研究者通常将共同注意的干预视作孤独症儿童整体能力发展的基础。从当前的实训来看，多是基于应用行为分析理论的干预方式[②]，例如结构化教学法、回合式教学法、关键反应训练法等，都取得了良好的干预效果。

（一）结构化教学法

结构化教学法（Structured Teaching）是由美国北卡罗来纳州立大学（The University of North Carolina）开发的"孤独症与沟通障碍儿童的治疗与教育计划"（Treatment and Education of Autistic and Related Communication Handicapped Children，TEACCH）中的一个组成部分，是专门根据孤独症儿童的视觉辨别能力等方面的优势以及学习特征设计的。结构化教学法有五个组成部分，分别是视觉结构、环境结构、常规、程序时间表、个人工作系统。结构化、个性化的核心概念贯穿该教学法的实施始终，用于提升包括共同注意能力在内的孤独症儿童的诸多能力。[③④] 当前较多实证研究的结果证实了结构化教学法在孤独

[①] 徐云，张潘. 孤独症儿童共同注意研究现状与进展 [J]. 中国临床心理学杂志，2020（28）.
[②] 沙鹏，王志强. 国外孤独症儿童共同注意干预研究综述 [J]. 中国特殊教育，2020（4）.
[③] Wens, G. , Granader, Y, Humphrey, A. et. al. LEGO Therapy and the Social Use of Language Programme：A Evaluation of Two Social Skills Intervention for Children with High Functioning Autism and Asperger Syndrome [J]. Journal of Autism and Developmental Disorders，2008（38）.
[④] Rachel L. Loftin, Samuel L. Odom, Johanna F. Lantz. Social Interaction and Repetitive Motor Behavior [J]. Journal of Autism and Developmental Disorder，2008（38）.

症儿童共同注意等领域有着显著的效果。[1][2][3] 下面是一个使用结构化教学法干预孤独症儿童共同注意的案例：

> 小箫，男孩，7岁半，被诊断为孤独症。康复师为他设计了一系列的结构化教学法任务，帮助他提高共同注意的能力。具体任务包括灯光目标任务、扔球任务和九宫格任务，每个任务都有明确的目标和小箫需要注意的内容。例如，在灯光目标任务中，灯光会随机闪烁，小箫需要用手指指向每次闪烁的灯光；在扔球任务中，康复师和小箫连续进行共同注意行为，并通过扔球的方式交流和互动；在九宫格任务中，小箫需要和康复师合作，寻找不同形状的图案，并且拼凑成一个完整的图案。通过一段时间结构化教学法的干预，小箫逐渐学会了如何与他人进行共同注意，他的注意力也变得更加稳定、专注。

（二）回合式教学法

回合式教学法又称"离散单元教学法"（Discrete Trial Teaching），是一种通过轮流发言，让学生参与学习并共同解决问题的教学方法。针对共同注意干预，可以使用回合式教学法来帮助孤独症儿童提高注意力和专注力。[4] 具体操作步骤如下：第一步，把孤独症儿童分成小组，每组中应涉及不同的严重程度，避免单一水平导致儿童失去兴趣；第二步，设定一个主题或问题，让每个小组成员轮流发表自己的意见和看法，并在发言时使用自己的名字或编号，以便教师了解每个儿童的表现；第三步，教师时刻关注儿童的发言情况，鼓励他们交流、合作，共同找到最优解决方案；第四步，在活动结束时，教师对儿童的发言、注意力、合作等进行评估，鼓励他们在后续活动中不断提升自己。回合式

---

[1] 周念丽，杨治良. 自闭症幼儿自主性共同注意的实验研究[J]. 心理科学，2005（5）.
[2] 徐云，张潘. 孤独症儿童共同注意研究现状与进展[J]. 中国临床心理学杂志，2020（28）.
[3] 沙鹏，王志强. 国外孤独症儿童共同注意干预研究综述[J]. 中国特殊教育，2020（4）.
[4] Lovaas O I. Behavioral Treatment and Normal Educational and Intellectual Functioning in Young Autistic Children [J]. Journal of Consulting and Clinical Psychology, 1987, 55（1）.

教学法可以帮助孤独症儿童积极参与课堂，共同思考、讨论问题，在发言过程中不断提升注意力和控制能力，提高课堂效果。下面是一个使用回合式教学法干预孤独症儿童共同注意的案例：

小添，男孩，7岁，被诊断为孤独症。康复师为他设计了一系列回合式教学法游戏，让他与康复师、学习伙伴进行互动和共同学习。游戏内容包括涂鸦、数学和知识问答，过程中需要小添和其他人一起思考、互动和分享知识，从而增强他的共同注意能力。以涂鸦游戏为例，康复师先让小添和另一个玩伴面对面坐着，每人拿着一支彩色画笔，他们需要合作创作一幅大海景观画。在这个过程中，小添和玩伴交替涂鸦，每人只能画一小部分，然后交给对方。他们需要互相交流，商讨下一步要画什么，展示出共同关注画面的意愿。在接下来的过程中，康复师为他们提供了一些互动提示，例如提醒他们一起选取画笔颜色，提出关于画面内容的问题，或者鼓励他们夸奖对方的创意。此外，康复师还适时表扬并鼓励了小添的努力和进步。当然，康复师也提供了一些积极反馈，让他们感受到参与游戏的乐趣和成功。在整个游戏中，康复师设置了一些简单的奖励，例如小礼品、表扬或额外的游戏时间，以激励小添参与游戏并发展共同注意的能力。一段时间后，通过回合式教学法的游戏干预，小添逐渐建立了正确的社交行为和沟通技能，他的共同注意能力和学习效率也有显著提高。

（三）关键反应训练法

关键反应训练法（Pivotal Response Treatment，PRT）是一种常用的训练注意力、提高反应速度的方法。研究表明，关键反应训练法在提高孤独症儿童眼神注视[1]、眼神交替、眼神追视等共同注意能力上均有

---

[1] 梁真今. 教导自闭症幼儿共同注意力的成效[D]. 台南：台南大学，2008.

一定的效果。[①] 为了帮助干预孤独症儿童的共同注意，可以将关键反应训练放在游戏中，让孤独症儿童在游戏中体验共同合作、互相帮助的乐趣。[②] 具体操作步骤如下：第一步，设计一个需要团队合作完成的游戏，例如团队拼图、关卡通关等，游戏中需要每个成员发挥自己的优势，鼓励成员之间积极合作、互相帮助，共同完成任务；第二步，在游戏开始前进行关键反应训练，例如快速辨认字母、数字、图案等，帮助孤独症儿童提高反应速度和注意力；第三步，游戏中，鼓励孤独症儿童多与队友交流、协作，共同解决困难；第四步，游戏结束后，对孤独症儿童的表现进行评估，提出具体的建议。总之，关键反应训练法可以帮助孤独症儿童在游戏中体验到团队合作的乐趣，提高他们的反应速度和注意力，从而在日常生活和学习中更加积极主动。下面是一个使用关键反应训练法干预孤独症儿童共同注意的案例：

> 小瑞，男孩，8岁，被诊断为孤独症。康复师为其设计了一套基于关键反应训练法的游戏，以帮助他提高注意力和反应能力。游戏内容包括图形识别、声音识别和单词回忆。以图形识别游戏为例，用关键反应训练法帮助小瑞提高图形识别能力、注意力和反应速度。
>
> 游戏规则包括：（1）游戏中会出现一系列不同形状的图形，如圆形、正方形、三角形；（2）小瑞需要根据提示，选择与提示图形匹配的图形；（3）游戏分为不同的级别，每个级别会增加图形的难度；（4）小瑞需要在规定的时间内作出选择，以提高反应速度。
>
> 游戏过程为：（1）游戏开始，康复师展示游戏界面和简单说明；（2）小瑞根据提示选择匹配的图形；（3）如果选择正确，显示下一个图形，并给予代币奖励；（4）如果选择错误，显示正确答案，并给予相应的提示；（5）根据小瑞的表现调整游戏难度，逐渐

[①] Whalen C., L. Schreibman. Joint Attention Training for Children with Autism Using Behavior Modication Procedures [J]. Journal of Child Psychology and Psychiatry, 2003（44）.

[②] Prinz R J. Advances in Behavioral Assessment of Children and Families [M]. Greenwich, Conneticut：JAI Press, 1991.

增加图形的难度和要求的反应速度;(6)游戏结束后,显示游戏代币得分和反馈。

总之,在玩任何游戏之前,康复师都会向小瑞清晰地展示任务要求和角色,并提示他如何关注和反应。小瑞每完成一个任务,都会获得及时的反馈和奖励。通过关键反应训练的干预,小瑞的注意力、反应时间和精准度都有了很大的提升,社交参与兴趣、参与度以及参与技能也得到了明显提高。

综上所述,结构化教学法、回合式教学法和关键反应训练法都是有效的干预工具,可以帮助孤独症儿童提高共同注意的能力。在实际运用时,康复师需要根据孤独症儿童的具体情况和需要,结合不同的干预手段采取个别化的干预方案。

四、孤独症儿童共同注意的干预效果

在《孤独症诊断观察量表》ADOS-r中,无论是无语言模块,还是有语言模块,都将共同注意作为重要的评价指标。共同注意的发展指标既是孤独症早期诊断的关键指标[1],也是利用共同注意了解孤独症儿童早期神经发育机制的途径,还能预测孤独症儿童未来社会性能力的发展水平[2],了解其今后的社会行为及社交状态。基于共同注意的缺失,可以推测出孤独症儿童存在早期社会信息加工上的缺陷。对共同注意能力的发展了解得越多,就有可能开发出更多的早期干预方式。归根结底,共同注意能力的改善是评估孤独症儿童干预效果的有效手段。[3]

孤独症儿童共同注意的干预是一种行为和语言训练方式,旨在帮助孤独症儿童发展他们的社交和交流能力。这种干预需在一个受监控的环

---

[1] Isaksen J, Holth P. An Operant Approach to Teaching Joint Attention Skills to Children with Autism [J]. Behavioral Interventions, 2009, 24 (4).

[2] 张盈利,张学民,马玉. 自闭症儿童共同注意干预的现状与展望 [J]. 中国特殊教育, 2012 (4).

[3] Jones E A, Carr E G. Joint Attention in Children with Autism: Theory and Invention [J]. Focus on Autism and Other Developmental Disabilities. 2004, 19 (1).

境中训练孤独症儿童注意到其他人的存在，并与他们互动。从学界已有研究来看，孤独症儿童的应答性共同注意能力能够通过干预得到改善[1]，对主动性共同注意能力的干预则受制于孤独症儿童的障碍程度、语言发展水平等而尚未取得进步。[2]

总的来说，孤独症儿童共同注意的干预是可以产生积极效果的。例如干预后的孤独症儿童与他人互动的时间更长，对他人的目光和面部表情更敏感，学会了更多的语言和社交技能，父母通常也更满意其孩子的发展。需要指出的是，每个孤独症儿童都是独特的个体，对共同注意的干预的反应会因个人情况而存在差异，干预的效果也会因个体的年龄、认知水平、语言能力和早期干预的持续时间等而有所不同。

第二节 孤独症儿童的人际认知实训

人际认知是指人们理解和处理与他人互动、交流的模式和过程的能力。这种能力包括人们对情绪、态度、意图、动机和社交关系等的感知和理解。人际认知与日常生活中的社交互动有着密切的联系，它对个人的社会适应能力和情感健康都非常重要。在社会交往中，个体需要使用人际认知来理解和处理与他人交往的模式和过程。例如在与他人说话时，我们需要理解他们的情感和态度，以便正确解读他们的语言和非言语信号。除此，我们还需了解与不同人发生的不同类型的交往，以及如何在不同的场合中表现出适当的行为和语言。因此，要深度了解孤独症儿童的社会交往特点，就应当了解其人际认知的发展特点。

人际认知缺陷是孤独症儿童的常见特征之一。这些缺陷可能表现为对他人情感和意图的不理解、违反许多社交互动规则，以及注意力调节

---

[1] Wong C S, Kasari C, Freeman S, et al. The Acquisition and Generalization of Joint Attention and Symbolic Play Skills in Young Children with Autism [J]. Research and Practice for Persons with Severe Disabilities, 2007, 32 (2).

[2] Ingersoll B. Brief report: Effect of a Focused Imitation Intervention on Social Functioning in Children with Autism [J]. Journal of Autism Developmental Disorders, 2012, 42 (8).

方面的困难导致的障碍等。例如孤独症儿童可能会很难理解他人面部表情和身体语言等非言语信号,并可能在社交互动中表现出表达情感和与他人建立联结方面的困难,还可能对某些行为或社交状况表现出不适当的或异常的反应。这些困难会影响孤独症儿童在日常生活中与他人的交流和关系的建立,因此,重点训练人际认知方面的技能有助于提高孤独症儿童的人际认知和社交能力。接下来本节就针对孤独症儿童的人际认知缺陷的具体表现及影响展开论述。

一、孤独症儿童人际认知缺陷的特点

(一) 不理解他人的情感和意图

在社会交往中,除需揣测他人的想法外,对他人情感的理解和推测能力也是交往的重要基础。[1] 孤独症儿童通常很难理解他人的情感和意图,无法通过他人的面部表情、身体语言、语气和其他提示来判断对方的情况。[2] 例如孤独症儿童小铭在学校里遇到了一个熟悉的同班同学,他注意到这个同学的脸上没有笑容,但是他不知道这意味着对方正在生气或者不高兴,也无法通过对方的眼神或姿势来判断他的情绪。小铭对此感到困惑和不知所措,不知道该如何与这个同学进行交流。这种情况下,小铭多半会选择回避与对方互动,或者以一种不太合适的方式与其进行交流。基于此种现象,有学者认为孤独症儿童产生了一种人际认知缺陷,这与早期的社会认知损害有关。[3] 正是这种人际认知缺陷,导致孤独症儿童无法开展社会互动。

---

[1] 金宇. 孤独症谱系障碍儿童社会认知缺陷的神经心理机制及早期筛查工具的研究 [D]. 长沙:中南大学, 2008.

[2] 面部表情是情感信息的重要来源之一,既往研究发现孤独症儿童在识别包括高兴、悲伤、经验、愤怒、害怕、厌恶等六种面部表情时,均呈现出显著的辨认能力不足现象。

[3] 李咏梅, 静进. 孤独症儿童的社会认知研究进展(综述)[J]. 中国心理健康杂志, 2007 (21).

(二) 缺乏社交能力

孤独症儿童通常缺乏有效的社交能力，例如交谈、与他人建立联系以及维持情感关系等，这可能导致孤独症儿童感到孤单，难以融入社交圈。例如孤独症儿童小轩所在的班级来了一个新同学，他对这个同学的到来感到激动，并希望与他建立同伴关系。然而孤独症造成的困难使小轩不知道该如何与对方进行适当的交流，找不到聊天话题的切入口。在交流中，小轩无法理解对方的感受和需求，也无法表达自己的情感和意愿。当新同学问他放学后要不要一起踢球时，便引发了小轩做出在交往中过度关注并反复提问对方的兴趣或者难以回应对方的情感而捂耳等不适当的行为。这导致小轩遭受了越来越多的拒绝和误解，更加难以建立和维持与同学的情感关系，变得更孤独、沮丧。

(三) 难以理解隐含信息

孤独症患者通常难以理解并使用隐含信息。例如他们会过于直白地表达自己的意见、无法理解他人的暗示或象征意义。有研究证实，孤独症儿童不能在社交情境中识别来自他人的讽刺性语言和失言。[①] 邹小兵医生曾经举了这样一个例子：家里的电话响了，孤独症儿童小明接起电话，听到对方问"你爸爸在家吗"，小明回答完"在"，就挂了电话。在小明看来，自己解答完对方的疑问就可以挂电话了，他理解不了对方询问他爸爸是否在家是希望和他爸爸通话。又如当向孤独症儿童解释"爱"的概念时，他们可能无法理解爱是一种情感，一种对他人的深情关怀和关心。对他们来说，爱可能只是一个词语，没有具体的感受或体验。同样，"友谊"对孤独症儿童来说可能也是一个难以理解的概念，他们可能无法真正理解友谊的意义和重要性，以及与朋友建立和维持关系的必要性，他们可能更倾向于独自行动，不太关注或理解社交互动的复杂性。不过，"个体对复杂情绪的识别有别于对基本表情的识别，对

---

① Happe F. G. An Advanced Test of Theory of Mind: Understanding of Story Characters' Thoughts and Feelings by Able Autistic, Mentally Handicapped, and Normal Children and Adults [J]. J Autism Dev Disord. 1994, 24 (2).

困惑、顺从、友谊等复杂情感的识别通常包括情感认知和更为复杂的情感归因"[1]，可见孤独症儿童的人际及情感认知经验或是影响其解读隐含信息的原因之一。

（四）难以理解复杂的情感体验

大量研究已经证实孤独症儿童在复杂情感或情境中的情感认知上存在普遍的困难表现。进一步说，孤独症儿童较难理解和处理复杂的如幸福、悲伤、愤怒、羞耻、轻浮、傲慢[2]等情感体验。面对这些情感时，他们可能会表现出不适当的行为，或难以与他人建立情感关系。例如当亲人去世，家人哭泣时，孤独症儿童可能会表现出不适当的反应——大笑或者无动于衷，其可能无法理解他人的悲伤，因为无法体验到相同的情感。又如当孤独症儿童感到愤怒时，他们可能无法通过语言或其他适当的方式表达这种情感，而是通过打人或摔东西等攻击性的行为来释放情绪。当孤独症儿童感到沮丧时，他们可能也无法适当地表达自己的情感，而是表现出自闭、退缩或情绪爆发，不知道如何与他人倾诉自己的沮丧，或者寻求适当的支持和安慰。

由上可见，人际认知缺陷可能会影响孤独症儿童与他人的交往，使他们难以适应社交场合，并可能产生孤独和焦虑等一系列问题，使社会交往与行为发展受到严重影响。

二、孤独症儿童人际认知缺陷的影响

（一）对社交能力和人际关系能力的影响

缺乏人际认知技能可能会导致孤独症儿童的社交能力和人际关系能力不足，他们会表现出不适当的行为，或者无法适应不同社交场合的情

---

[1] Griffiths, P. What Emotion Really are: The Problem of Psychological Categories [M]. Chicago: University of Chicago Press，1997.

[2] Kleinman J., Marciano P. L. and Ault R. L., Advanced Theory of Mind in High-Functioning Adults with Autism [J]. J Autism Dev Disord, 2001，31 (1).

境和互动。以社交规则与礼仪为例。社交互动中有许多隐含的规则和礼仪，例如交流的适当距离、说话的转换和回应、分享和倾听等。孤独症儿童可能很难理解并掌握这些社交规则和礼仪，导致他们在社交场合中表现出不适当的行为或缺乏参与度。又如社交互动通常需要灵活适应不同的社交环境和情境。孤独症儿童可能在适应和调整自己的行为和交流方式上存在困难，他们更倾向于固定和刻板的行为模式，难以适应不同的社交要求和期望。显而易见，社交规则与礼仪、社交环境与情境都是社交的重要因素，孤独症儿童在这方面存在理解与掌握上的不足，致使其社交技能缺乏。

（二）对与他人建立情感联系的影响

孤独症儿童难以与他人建立情感联系，这会导致孤独、自我隔绝和社交孤立感。例如孤独症儿童常面临难以理解他人的情感和意图、掌握社交规则和礼仪以及灵活适应社交环境等具体的社交困境，这使得其在与他人交流互动时感到困惑、不自信，变得更加孤独。又如许多孤独症儿童经常面临社交焦虑，害怕与他人交流互动，担心自己的社交技能不足或遭受拒绝，从而倾向于逃避社交场合，选择自我隔绝，以避免不适和焦虑感。再如孤独症儿童通常对特定的活动表现出极大的兴趣，而对人际互动和情感联系不感兴趣或不理解，这导致他们在社交互动和与他人建立情感联系方面缺乏主动性。可见孤独症儿童受社交困难、焦虑和兴趣限制等的影响，在与他人建立深入的情感联系上面临挑战。

（三）对学习和个人成长的影响

人际交往是学习和个人发展的关键组成部分，缺乏人际认知技能会影响孤独症儿童的学习和成长。人际认知技能是社交互动和人际关系的基础，缺乏此技能会使孤独症儿童在学校和其他环境中遇到困难，他们可能无法理解他人的情感和意图，难以与同学和老师进行有效的交流与合作，在学习过程中感到孤立、挫败。与他人产生社交隔离，在学校和其他社交环境中感到孤独，缺乏支持和友谊，甚至面临心理健康问题，如焦虑、抑郁、自尊心低下，与他人的联系和理解缺失，产生情绪困扰和社交回避,对学习和成长产生负面影响。

(四) 对情绪的影响

由于难以理解他人的情绪和意图,孤独症儿童会出现焦虑等情绪问题。例如孤独症儿童往往无法准确预测他人的行为和反应,这种不确定性和预测困难可能会导致他们感到紧张和不安。又如孤独症儿童在语言和非言语交流方面存在困难,难以准确表达自己的情感和意图,这种沟通障碍可能导致他们感到沮丧、无助和孤立。再如孤独症儿童往往对自己与他人的差异有较高的自我意识,他们能意识到自己与别人交流困难,难以理解他人的情绪和意图,这可能导致他们产生自卑、焦虑等情绪问题。

(五) 其他方面的影响

孤独症儿童的人际认知缺陷与其他行为问题如刻板和重复性行为、攻击性行为等,会对其社交互动、日常生活、学习与发展、家庭和社区关系等有显著影响。例如刻板和重复性行为、攻击性行为可能会干扰孤独症儿童与他人的正常社交互动,与他人关系疏离,难以建立和维持亲密的人际关系。孤独症儿童可能会花费大量时间、精力重复刻板行为,忽视学习、自我照顾等。刻板和重复性行为还会对孤独症儿童的学习和发展产生负面影响,分散其注意力,干扰学习过程和记忆能力。攻击性行为会给其家庭成员造成困扰和压力,使家庭关系变得紧张。在社区中,这些行为可能引发他人的不理解和歧视,导致社交隔离和孤立。

三、孤独症儿童人际认知功能实训

孤独症儿童的人际认知功能包括理解和解释他人的思想意图和情感状态的能力、解释人际互动的规则和准则,以及决策过程中考虑他人的复杂性。目前,有许多方法用于对孤独症儿童的人际认知功能进行实训,以下是几种常见的干预方式。

（一）玩教具及游戏互动

通过与幼儿玩教具互动，教授他们如何接近、分享、交流与合作，帮助他们熟悉人际交流的方式，以此提高人际认知能力。具体方法有以下几种。（1）提供社交角色扮演玩具。如芭比娃娃、动物玩偶、卡通玩具、仿真厨具等，帮助孤独症儿童模拟社交场景，让其通过扮演不同的角色，学习如何与他人进行对话和交流互动，理解他人的情感和意图。（2）使用情绪识别卡片。卡片上的各种表情图像可以帮助孤独症儿童识别和理解他人的情绪，学会辨认不同的情绪，并应用于实际的社交互动中。（3）阅读社交类故事书。社交类故事书一般通过图片和简短的文字来描述社交场景和行为规范。通过阅读这类故事书，孤独症儿童可以学习正确的社交行为和交流技巧，更好地理解他人的意图和情感，改善他们在社交互动中的表现。（4）合作拼图。拼图游戏可以帮助孤独症儿童发展空间认知能力和注意力，在与他人一起完成拼图的过程中学会通过合作和交流来解决问题，从而培养团队合作能力和社交技巧。（5）乐高游戏。研究表明，乐高游戏对于增加注意力的持续时间，提高轮流、分享和言语沟通能力，改善孤独症儿童人际认知方面的问题有比较好的效果。[①]

（二）角色扮演

帮助孤独症儿童模拟真实的社交情境，并通过角色扮演实践社交技能，从而提高其人际认知能力。例如孤独症儿童可以扮演不同的角色，如家庭成员、朋友、老师等，通过模拟不同的社交场景，学习如何与他人进行对话和互动。孤独症儿童可以回顾和重演过去的社交场景，通过角色扮演改进社交技巧，可以尝试不同的反应和行为，学习如何更好地应对社交挑战，并与他人建立更好的关系。通过角色扮演，孤独症儿童可以练习和提高各种社交技巧，例如眼神接触、面部表情、姿势和语言

---

① Pang Y. Lego Games Help Young Children with Autism Develop Social Skills [J]. International Journal of Education，2010（2）.

等。还可以学习如何表达自己的情感和需求，以及如何理解他人的情感和需求，学会通过言语、面部表情和身体语言来表达不同的情感，以有效地与他人进行情感交流。

（三）整合日常活动

整合孤独症儿童的日常活动，提高他们对人际互动的理解，增加现实生活中的人际互动经验。可以从以下几个方面着手：（1）安排孤独症儿童参加社区聚会、俱乐部活动或志愿者工作等社交活动，创造与他人互动的机会，提高人际交往能力；（2）组织孤独症儿童参与团队合作项目，例如体育活动、艺术项目或团队游戏，学习与他人合作、协作和交流的技巧；（3）为孤独症儿童提供社交技能训练，例如沟通技巧、人际关系建立和情绪管理等，帮助他们学习和练习社交技能，并在现实生活中应用这些技能；（4）建立社交支持小组，邀请孤独症儿童参加，让他们与小组成员进行互动和交流，帮助他们建立友谊和互助关系，彼此提供社交支持；（5）在日常生活中鼓励孤独症儿童参与需要与他人合作和互动的任务，如购物、做饭、打扫或组织活动等，帮助他们逐渐习得与他人合作交流的技巧。

（四）认知行为疗法

对孤独症儿童进行认知行为疗法干预，例如情感教育和认知重构，帮助他们学习识别和解释情感信息和非言语信息。具体方法有以下几种。（1）提供不同情感的教育，包括常见的情感表达方式和情感信号。通过图片、绘画、视频或故事等形式，向孤独症儿童介绍不同情感的特征和表现方式，帮助他们认识和理解情感信息。（2）使用图片、视频或面部表情卡片等工具进行情感识别训练。让孤独症儿童观察和识别不同情感的表情和信号，然后解释这些情感的含义和可能的原因，帮助他们提高情感识别和解释的能力。（3）教授孤独症儿童一些情感解释技巧，例如观察他人的面部表情、姿势和语言，寻找线索来理解他们的情感状态，帮助他们学习如何提出问题、寻求澄清和确认，学会正确地理解他人的情感信息。（4）为孤独症儿童提供及时的反馈和指导，帮助他们改进情感识别和解释能力。专业人士可以与孤独症儿童及其家人一起分析和讨论他们在识别和解释情感信息方面的进展和挑战。

经过国内外多年的循证实践，上述干预方式被证明在改善孤独症儿童的人际认知能力上有积极的效果，他们的社交技能、情感认知和理解人际互动规则的能力得到了显著的改善。此外，有研究发现，家庭、社区和学校等环境上的变化也有助于改善孤独症儿童的人际认知能力。例如在家庭、社区和学校等环境中营造积极的社交氛围，鼓励孤独症儿童积极参与社交活动，为之提供社交支持和指导等。总之，干预孤独症儿童的人际认知能力需要根据不同的个体及其所处的环境制定个别化的干预方案，并将之视为长期的过程，以确保持久的有效性。

第三节　孤独症儿童的兴趣分享实训

兴趣分享是一个人把自己感兴趣的事物与他人交流和分享的过程，例如某些爱好、思想、理念或经验等。社会交往和兴趣分享关系密切。在社会生活中，一个人的兴趣分享可以作为一种交际途径，以促进与他人的互动和交流。相应的，社交技能的提高也会有助于兴趣分享。对孤独症儿童而言，他们常常感到难以与别人进行正常的社交互动，这导致其变得孤独甚至自我隔绝。实际上，孤独症儿童在生命早期就表现出对社会性刺激的注意降低，而明显表现出对物体刺激的异常探索[1]，即"限制性兴趣"[2]，从中获得大量限制性兴趣刺激信息，自成体系并沉溺其中[3]，从而导致狭隘的兴趣表现及刻板行为。孤独症儿童常沉溺于某种单一兴趣，却不能主动分享，如果孤独症儿童能够与他人分享自己感

---

[1] Bhat, A. N., Galloway, J. C., Landa, R. J. Social and Non-social Visual Attention Patterns and Associative Learning in Infants at Risk for Autism [J]. Journal of Child Psychology and Psychiatry, 2010, 51 (9).

[2] "限制性兴趣"是孤独症个体专注于某一个狭窄范围内的物品或领域的极度兴趣，并持续地、刻板地围绕这一兴趣组织如操弄、收集物品等行为，以及偏执喜好万年历及数字等活动。

[3] 梁良. 孤独症儿童对限制性兴趣刺激的视觉注意：来自眼动实验的证据 [D]. 武汉：华中师范大学，2015.

兴趣的话题和爱好，就会吸引他人的注意，从而加强与他人的联系。学界正是基于这一点，对孤独症儿童的兴趣分享展开了探究。这项工作有多方面的意义：第一，有助于开发和提高孤独症儿童的社交技能，增加与他人的互动和交流，减少其社交隔离和孤独感；第二，孤独症儿童常常表现出刻板和重复性的行为，这可能是由于他们无法有效地与他人交流和分享兴趣，教会他们分享兴趣可以缓解这些行为问题；第三，兴趣分享可以增强孤独症儿童的自信心和自尊心，使他们更易于融入社交圈；第四，研究孤独症儿童的兴趣分享有助于发掘他们的潜力，让他们更好地融入社会和走向成功。

一、孤独症儿童兴趣分享的特点

（一）限制性

孤独症儿童的兴趣具有限制性，且通常会比其他人更加固定。他们可能会选择某个特定的物品、标识、话题或仪式，然后进行长时间的学习和探究。具体表现为以下几个方面。（1）表现出对某一个物品的单一兴趣，例如汽车、火车、飞机、恐龙、瓶盖、积木块等，对这些物品产生强烈的兴趣，不断地摆弄。通常情况下，这些行为不具有功能性。（2）对某个特定领域或主题有非常强烈的兴趣，例如数学、科学、音乐、动物等，并对这些领域进行深入研究，掌握大量的知识，对其他话题或活动则不感兴趣。（3）常常出现一些重复性的行为，例如反复摆弄物品、重复同样的话、按照固定的顺序进行某些活动等，这些行为可以满足他们的兴趣或者能够让他们获得安全感。（4）在感兴趣的领域表现出非常高的专注力，会长时间地专注于某个活动或任务，而忽视周围的其他事物。（5）改变和适应新事物的能力较弱，可能会坚持自己的兴趣和惯常的行为模式，对突如其来的变化感到困惑和不安。（6）对特定兴趣的专注和研究使他们在某些领域具备非常深入的知识和技能，能够记住大量细节，掌握高级的技术或技能，并表现出非凡的才能。

（二）重复性

孤独症儿童的兴趣分享有很强的重复性，他们会重复学习相同的内容或进行相同的活动，这会使他们更加熟练和自信。具体表现在以下几个方面。(1) 对数字和计算非常感兴趣，他们会反复数数、计算或者玩数字游戏，会在不同的环境中重复类似的计算活动，例如在家里、学校或者公共场所。(2) 对机械或电子设备有强烈的兴趣，会花很多时间拆解、组装、修理或者研究这些设备，会重复进行相同的操作，例如打开和关闭电子设备、调整按钮或者观察设备的运作。(3) 对音乐和乐器有特别的兴趣，会反复听同一首歌曲、弹奏同一段乐曲或者研究特定的音乐风格，会花很多时间在音乐活动上，对其他类型的娱乐不感兴趣。(4) 对动物有强烈的兴趣，会花很多时间观察、研究或者与动物互动，会对某种特定的动物着迷，对其他类型的动物不感兴趣。(5) 对自然科学如天文学、生物学、地质学等有特别的兴趣，会花很多时间阅读、观察或者进行实验，以了解更多的知识，并对这些主题进行深入的研究，对其他类型的学科则不感兴趣。

（三）特定性

孤独症儿童会对物品或活动的细节和特定方面感兴趣，在分享自己的兴趣时通常会侧重这些细节和特定方面。具体表现在以下几个方面。(1) 对拼图游戏非常感兴趣，会花很多时间仔细观察和研究拼图的细节，例如图案、颜色、形状等，会反复拼同一个拼图，以确保每个小块都放在正确的位置上。(2) 对模型建造非常感兴趣，无论飞机、火车、汽车还是建筑物，他们都会花很多时间仔细研究模型的细节，例如零件的形状、颜色、大小等，会反复对模型进行组装和拆解，以确保每个零件都放在正确的位置上。(3) 对绘画和细节表达非常感兴趣，会花很多时间观察和描绘物体的细节，例如线条、纹理、阴影等，会反复进行绘画，以确保每个细节都能被准确表达。(4) 对观察活动如观察天象、星空、动物、鸟类及昆虫等非常感兴趣，会花很多时间仔细观察和记录物体的细节，例如气温的高低、星星的亮度、动物的行为、鸟类的羽毛、昆虫的窝等，会反复进行观察活动，以确保每个细节都能被准确记录。

综上所述，了解孤独症儿童的兴趣分享特点并为其提供相应的支持和指导，能够帮助其更好地与他人分享自己的兴趣，增加社交机会，缓解其孤独感，增强其自信心。

二、孤独症儿童兴趣分享不足的影响

（一）难以与他人建立联系

孤独症儿童如果无法分享自己的兴趣，将会更难与他人建立联系。主要原因有以下几个方面。（1）孤独症儿童通常有特定的兴趣，这些兴趣很可能与大多数人的兴趣不同。他们对特定的主题或活动非常熟悉，对其他人感兴趣的话题或活动却不感兴趣，这导致他们很难找到有共同兴趣的人，从而限制了与他人建立联系的机会，即兴趣分享受到限制。（2）孤独症儿童常常表现出重复性的行为和兴趣，会反复进行相同的活动、观察相同的事物或者研究相同的主题。这种重复性的行为和兴趣可能难以被他人理解或接受，从而导致与他人的沟通和交流受到限制。（3）孤独症儿童面临社交障碍，如言语和非言语沟通困难、难以理解他人情感和意图等。这些社交障碍使他们难以与他人建立有效的交流和联系，限制了交际能力的发展。（4）孤独症儿童通常缺乏分享兴趣、倾听他人的兴趣、回应他人的问题的能力等社交互动技巧。他们对自己的兴趣会过于专注，而忽视了与他人的互动和交流，难以与他人建立深入的联系和交际。

（二）缺乏爱好

不同的人感兴趣的事物各不相同，缺乏兴趣分享会导致孤独症儿童难以发展独特的爱好。主要原因有以下几个方面。（1）孤独症儿童通常面临社交障碍，这使他们难以与他人分享自己的兴趣和爱好，也限制了他们发展独特爱好的机会。（2）孤独症儿童常常表现出重复性的行为和兴趣，这可能难以被他人理解或接受，从而限制了他们发展独特爱好的可能性。(3) 孤独症儿童的兴趣和爱好可能与大多数人不同，这导致他们很难找到有共同兴趣的人，从而限制了发展独特爱好的机会。(4) 由于缺乏兴趣分享和社交技巧，孤独症儿童很少有机会与他人交流互动，无法从他人那里获取新的爱好和启发，也无法与他人分享自己的独特兴趣和喜好。

（三）导致心理问题

孤独症儿童会因为无法与他人分享兴趣而感到孤独，并产生社交隔离，从而导致抑郁和焦虑等心理问题。主要原因有以下几个方面。(1) 人类是社会性的动物，每个人都需要与他人建立联系和交流来满足社交需求。孤独症儿童由于社交障碍和沟通困难，往往无法满足这种社交需求。他们无法与他人分享自己的兴趣喜好，无法与他人建立情感联系，从而导致他们感到孤独并出现社交隔离。(2) 由于无法与他人分享兴趣，孤独症儿童往往无法找到与自己有共同兴趣的人，缺乏归属感和自我认同，进而导致心理问题，可能感到被孤立和排斥，心理压力增大，焦虑程度加深，进一步加剧他们的社交隔离和孤独感。(3) 长期的社交隔离和孤独感可能会导致孤独症儿童变得抑郁、自卑。他们可能感到自己与他人不同，无法融入社会，缺乏自信和自尊。这些心理问题可能会进一步影响他们的生活质量和心理健康。

综上所述，研究孤独症儿童的兴趣分享，应重点关注如何引导和鼓励他们分享自己的兴趣以及如何提高他们的社交技能，从而使他们更好地适应社会生活，缓解与孤独症相关的问题。

三、孤独症儿童兴趣分享实训

孤独症儿童通常具有单一的兴趣爱好，表现为不断地重复同一件事情或者专注于某一种特定的兴趣爱好，这阻碍了他们的社交发展。对孤独症儿童的兴趣分享进行实训，可以拓展他们的兴趣爱好，改善其社交技能，促进其关注范围的多元化，常见的兴趣分享干预方式有游戏、集体经验分享等。

(一) 游戏

游戏是儿童的主要活动之一,"童年的游戏会给儿童提供即刻的好处和延迟的好处"[①]。帮助孤独症儿童尝试一些基础性的身体动作游戏、感觉运动游戏[②],或者体育运动游戏,不仅有利于孤独症儿童的身体及心理的健康发展,还有助于打破他们的重复性兴趣爱好,拓展他们的兴趣范围,更有利于其认知功能的积极发展,从而促进其执行功能的发展。表4-1是运用身体动作游戏拓展孤独症儿童兴趣爱好的示例:

表4-1 运用身体动作游戏拓展孤独症儿童的兴趣爱好的示例

干预目标	通过身体动作游戏,帮助孤独症儿童拓展兴趣爱好范围,增加社交互动,促进身体活动。
干预步骤	(1) 了解个体兴趣:与孤独症儿童及其家庭进行面对面的访谈,了解其兴趣爱好和喜好,为后续干预计划提供指导。 (2) 确定适当的身体动作游戏:根据孤独症儿童的兴趣和喜好,选择合适的身体动作游戏,可以是团队游戏、户外活动或室内运动等。确保游戏的规则简单明了,易于理解和参与。 (3) 创建小组活动:组织一个小组活动,邀请其他孤独症儿童或志愿者参与。确保小组活动的规模适中,以便每个人都能够参与和互动。可以选择一些合作性的游戏,以促进团队合作和社交互动。 (4) 提供适当的指导和支持:在活动中,提供适当的指导和支持,确保每个人都能理解和参与游戏;根据个体的需要,提供额外的支持,例如提供简单的指令、示范动作或辅助工具。 (5) 鼓励交流和分享:在活动中,鼓励孤独症儿童与其他参与者进行交流和分享。可以设置一些时间段,让每个人分享自己的经验、感受和想法。这有助于建立情感联系和促进社交互动。 (6) 评估追踪:定期评估孤独症儿童的参与情况和进展。根据他们的反馈和需求进行适当的调整和改进,确保干预计划的持续性。

---

① 许波. 进化心理学 [M]. 北京:中国社会科学出版社,2004:125-126.
② 感觉运动游戏是指康复师通过引导孤独症儿童的视觉、听觉、触觉等感觉运动游戏的行为,使其自由探索其所处的环境及世界,进而获得对事物的物理感知,发现其身体的某个或某些部位的感觉,或全身性的运动探索带来的愉悦及乐趣。

续表4−1

干预结果	(1) 扩展兴趣爱好：通过参与身体动作游戏，孤独症儿童可以尝试新的活动和兴趣，拓宽自己的兴趣范围。 (2) 促进社交互动：通过小组活动和交流分享，孤独症儿童可以与其他参与者建立情感联系和社交互动，减少社交隔离感。 (3) 增加身体活动：身体动作游戏可以促进孤独症儿童的身体活动，改善身心健康状况。 (4) 提高自信和自尊：通过参与身体动作游戏并与他人互动，孤独症儿童可以增强自信和自尊，改善心理状态。

游戏干预是一种成本低、效果好、便于推广的干预方式。[①] 除了身体动作游戏，对孤独症儿童的兴趣进行干预还可以尝试不同类型的游戏，例如角色扮演游戏、卡牌游戏、棋盘游戏等。学界将这类游戏称为"综合游戏（干预）"[②] 或 "联合游戏（干预）"[③]。相较于单一的游戏方式，多元化游戏体验更能满足孤独症儿童对游戏的接受程度。通常来说，根据孤独症儿童的障碍特点及发展需求，既可以在同一阶段同时使用多种游戏，也可以在不同的阶段选择多元的游戏；既可以采用一对一的游戏形式，也可以一对二，以帮助他们放松身心，改善身心健康状况，拓展兴趣爱好。有学者将这种使用特点概括为"继时性"与"融合性"。[④] 表4−2是运用卡牌游戏拓展孤独症儿童兴趣爱好的示例：

[①] 周念丽. 儿童认知发展研究的回溯与探索 [J]. 中国特殊教育，2002（1）.
[②] 李瑛. 不同类型游戏干预对自闭症儿童执行功能的影响研究 [D]. 乌鲁木齐：新疆师范大学，2022.
[③] 张炼，李红. 泛自闭症障碍执行功能的神经心理学和神经成像研究 [J]. 心理科学，2009，32（2）.
[④] 李瑛. 不同类型游戏干预对自闭症儿童执行功能的影响研究 [D]. 乌鲁木齐：新疆师范大学，2022.

表4-2 运用卡牌游戏拓展孤独症儿童的兴趣爱好的示例

干预目的	通过运用卡牌游戏拓展孤独症儿童的兴趣爱好,帮助其减少孤独感和社交隔离,促进社交互动和认知发展。
干预步骤	(1) 了解个体兴趣:与孤独症儿童及其家庭进行面对面的访谈,了解其兴趣爱好和喜好。例如他们可能对动物、科学、历史或艺术感兴趣。 (2) 确定适当的卡牌游戏:根据孤独症儿童的兴趣和喜好,选择合适的卡牌游戏。如果他们对动物感兴趣,可以选择一款动物主题的卡牌游戏。 (3) 创建小组活动:组织一个小组活动,邀请其他孤独症儿童或志愿者参与。确保小组活动规模适中,以便每个人都能够参与和互动。在活动中,使用卡牌进行团队对战或合作游戏。 (4) 提供适当的指导和支持:在活动中,提供适当的指导和支持,确保每个人都能够理解和参与游戏。根据个体需要,提供额外的支持,例如提供简单的规则解释、示范游戏或辅助工具。 (5) 鼓励交流和分享:在活动中,鼓励孤独症儿童与其他参与者进行交流和分享。可以设置一些时间段,让每个人分享自己的游戏策略、心得和喜好,以帮助参与者建立情感联系,促进社交互动。 (6) 评估追踪:定期评估孤独症儿童的参与情况和进展。根据他们的反馈和需求进行适当的调整和改进,确保干预计划的持续性。
干预结果	(1) 拓展兴趣爱好:通过参与卡牌游戏,孤独症儿童可以尝试新的游戏和主题,拓宽兴趣范围。 (2) 促进社交互动:通过小组活动和交流分享,孤独症儿童可以与其他参与者建立情感联系并进行社交互动,减少社交隔离感。 (3) 提高认知和策略能力:卡牌游戏可以促进孤独症儿童的认知和策略能力的发展,提高其思维灵活性和解决问题的能力。 (4) 增加自信和自尊:通过参与卡牌游戏并与他人互动,孤独症儿童可以增强自信和自尊,改善心理状态。

帮助孤独症儿童尝试与他人合作和互动的社交性游戏,即以社交游戏活动为媒介,为孤独症儿童创设一个轻松无障碍的情境,引导其在社交性游戏活动中自然地表达情感与需求,使其能够健康发展。[1][2] 社交性游戏有圆桌游戏、小组活动和戏剧表演等。对孤独症儿童来说,社交性游戏可培养他们的合作和互动技能。表4-3是运用圆桌游戏培养孤独症儿童合作和互动技能的示例:

---

[1] 张庆,赵海涛. 儿童孤独症及其游戏治疗综述[J]. 中华女子学院山东分院学报,2007(4).
[2] 刘敏娜,黄钢,等. 儿童游戏治疗的研究进展[J]. 中国临床康复,2004(15).

表4-3　运用圆桌游戏培养孤独症儿童的合作和互动技能的示例

干预目的	通过圆桌游戏培养孤独症儿童的合作和互动技能，帮助他们提高合作能力，促进社交互动，并增强自信和自尊。
干预步骤	(1) 选择适当的圆桌游戏：根据孤独症儿童的年龄、兴趣和能力水平，选择合适的圆桌游戏。确保游戏具有合作性质，需要玩家之间进行沟通和协作。 (2) 创建小组活动：组织一个小组活动，邀请其他孤独症儿童或志愿者参与。确保小组活动规模适中，以便每个人都能够参与和互动。 (3) 解释游戏规则和目标：在活动开始之前，向所有参与者解释游戏的规则和目标，确保每个人都理解游戏的玩法和目标，以便开展合作和互动。 (4) 分配角色和任务：根据游戏的要求，为每个参与者分配不同的角色和任务。确保每个人都有自己的责任和参与度，促进合作和互动。 (5) 鼓励沟通和协作：在游戏过程中，鼓励孤独症儿童与其他参与者进行沟通和协作。提供适当的指导和支持，帮助他们理解和执行自己的任务。 (6) 提供积极反馈和奖励：在游戏过程中，及时提供积极的反馈和奖励，鼓励孤独症儿童的努力和参与，增强他们的自信和自尊，促进积极的互动和合作。
干预结果	(1) 提高合作技能：通过参与圆桌游戏，孤独症儿童学习了如何与他人合作，共同完成任务和解决问题，学会倾听他人和表达自己的意见，能够与他人协商和合作。 (2) 促进社交互动：在小组活动中，孤独症儿童能够与其他参与者建立情感联系和社交互动，学会了与他人交流、分享和合作，减少了社交隔离感。 (3) 提高自信和自尊：通过成功完成游戏任务和获得积极反馈，孤独症儿童增强了自信和自尊，改善了心理状态。

（二）集体经验分享

引导孤独症儿童利用个人兴趣爱好进行集体经验分享。例如玩具体验、观摩电影、绘本或读书沙龙、音乐会或学习班、昆虫标本收集论坛等，这将帮助孤独症儿童认识到他人的兴趣爱好，创造更多的社交话题，不再局限于某种狭隘的兴趣或者强调对身体的某一个感官部位的刺激。表4-4是运用观摩电影的方式帮助孤独症儿童认识他人兴趣爱好的示例：

表 4-4 运用观摩电影的方式帮助孤独症儿童认识他人兴趣爱好的示例

干预目标	通过观摩电影的方式帮助孤独症儿童认识他人的兴趣爱好，创造更多的社交话题，促进社交互动和交流。
干预步骤	（1）选择适当的电影：根据孤独症儿童的年龄、兴趣和能力水平，选择一部合适的电影。考虑到孤独症儿童可能对特定类型的电影或题材更感兴趣，选择一部能够引起其注意的电影。 （2）参与观影活动：邀请孤独症儿童和其他人一起观看电影。可邀请家庭成员、朋友、志愿者或其他感兴趣的人参与。 （3）观影前的准备：在观影前，简要介绍电影的主题、故事情节和背景，使孤独症儿童对电影有一定的了解。可以设置一些问题或话题，以便在观影后进行讨论。 （4）观影过程中的交流：在观影过程中，鼓励孤独症儿童与其他观众进行交流。可以提出一些问题，引导他们思考电影中的情节、角色以及他们的感受和观点。 （5）观影后的讨论：观影结束后，组织一个讨论小组，让孤独症儿童和其他观众分享他们的观影体验和感受。鼓励孤独症儿童提出问题、表达意见，并与他人进行互动和交流。 （6）创造社交话题：根据孤独症儿童和其他观众的观影体验，引导他们创造更多的社交话题。可以提出一些关于电影的问题，例如角色的行为、情节的发展等，以进行更多的互动和交流。
干预结果	（1）认识他人的兴趣爱好：通过观看电影，孤独症儿童了解了他人的兴趣爱好，增加了对他人的共鸣，从而促进其社交互动。 （2）创造更多的社交话题：通过观影后的讨论，孤独症儿童和其他观众有了更多的社交话题，促进了互动和交流。 （3）提高社交技能：通过参与观影活动和讨论，孤独症儿童提高了社交技能，如表达意见、倾听他人、提出问题等。

研究发现，针对孤独症儿童限制性兴趣的干预，"基于前期参与的方式"和"基于结果参与的方式"已经取得了较好的干预效果。[①] 要想孤独症儿童从限制性兴趣中真正走出来，还需要拓展其兴趣范围，为发展其社会功能做好能力建设。前文提及的干预方式已经被证实在拓展孤独症儿童的兴趣范围、提升社交技能方面有着积极的影响。通过干预，孤独症儿童可以尝试新的事物、新的物理条件和新的社交体验，这有助于他们提高社会认知，感受社交氛围，扩大社交圈子，增强社交信心，并为他们在未来的人际关系中获得成功奠定扎实的基础。总之，干预孤

---

① 王磊，王庭照，冯建新. 限制性兴趣在自闭症谱系障碍干预中的应用［J］. 中国特殊教育，2017（11）.

独症儿童的兴趣分享需要根据不同个体和不同环境制定个别化的干预方案。这些干预方式应该是长期的、持续的、个性化的，以达到良好而持久的效果。

第四节　孤独症儿童的社交适应实训

社交适应是指个体在社交环境中适应和适应性行为变化的能力，包括社交技能、社交意识和社交态度等方面的综合表现。一个社交适应良好的人可以顺应不同的交际环境，积极与他人沟通，从而达到交际目的并获得积极反馈。社交适应与社会交往紧密相连，社交适应良好的人更易于参与社会活动和构建社交网络，更容易建立和维护良好的人际关系。因此，研究孤独症儿童的社交适应有助于进一步了解其社交适应的特点和影响因素，并对其社交适应进行训练和干预，以改善其社交技能和行为问题，帮助他们更好地适应社会环境和面对日常生活的挑战。

一、孤独症儿童社交适应的特点

（一）社交技能不足

孤独症儿童具有社交技能不足的特点，他们缺乏基本的社交技能，如面部表情的识别、身体语言的理解和使用等。具体表现为以下几个方面。(1) 很难理解和运用非言语性的社交信号，如眼神接触、面部表情和身体语言，无法准确解读他人的情感或意图，存在社交困难。(2) 缺乏对他人的兴趣和主动参与社交的意愿，表现出回避社交场合、独自玩耍或固定的兴趣爱好，而不是与他人互动。(3) 缺乏一些常见的社交技巧，如倾听和回应他人、分享自己的感受和想法、维持对话的流畅性等，表现出话题的固执性、话语的单调性或重复性，缺乏适应不同社交环境的灵活性。(4) 对社交情境感到困惑或不适应，特别是在复杂或不熟悉的社交环境中，会表现出焦虑、紧张或退缩的行为，难以参与和适应社交活动。（5）很难理解他人的观点和意见，难以与他人进行有效的交流和互动，表现出自我中心的思维方式，难以理解他人的情感和需要。需要注意的是，这些表现可能会因个体差异而有所不同，而且不同的社交技能可能在不同的时间和情境下表现出来。

（二）难以理解社交规则

孤独症儿童无法理解社交场合的行为准则和社交规则，进而影响交往的适应性。具体表现为以下几个方面。（1）缺乏常规的社交礼仪和交际技巧，如问候、道歉、感谢、礼貌地与他人交流等。（2）很难在社交互动中保持适当的距离和个人空间，表现出过度接近他人的行为或缺乏个人空间的概念，缺乏与他人建立和维持友谊的能力。（3）对社交情境感到困惑或不适应，特别是在复杂的或不熟悉的社交环境中，会表现出不适当的行为，难以理解和适应不同的社交期望和规则。（4）孤独症儿童通常只有有限的话语和语言能力，难以与他人进行流畅的和有意义的交流，表现出语言的单调性、重复性或限制性，难以表达自己的想法和感受。（5）很难理解他人的情感和情绪，难以与他人进行情感连接，表现出情感表达困难或不恰当的情绪反应。总之，这些表现会导致孤独症儿童在社交中遇到困难，并可能影响与他人的互动和交流。

（三）行为刻板，缺乏社交自觉性

孤独症儿童经常表现出刻板行为，缺少社交自觉性和环境适应性。具体表现为以下几个方面。（1）对某些特定的兴趣和活动表现出过度的热衷和刻板行为，例如对特定的电视节目、电影、书籍或玩具保持长时间的兴趣，在日常生活中会反复进行这些活动。（2）使用刻板的语言和对话方式，例如会重复某些特定的词语或短语，或者一遍又一遍地问同样的问题，语言缺乏灵活性和多样性。（3）表现出刻板的行为和动作模式。例如会做出重复性的手势、摇晃身体、旋转物体或者按特定的顺序进行日常活动。（4）在饮食习惯上表现出刻板行为，例如只吃特定的食物或某一品牌的食物，对食物的任何变化或新的食物会表现出拒绝或焦虑。（5）对日程和时间安排表现出刻板行为，例如坚持按照特定的时间表进行活动,对活动的任何变化或打破常规会感到不安或困惑。

二、孤独症儿童社交适应不足的影响

（一）导致自闭、孤独

孤独症儿童面对无法理解的社交规则或在社交环境中无法适应,会导致他们感到自闭、孤独和失落。主要有以下几个方面的表现。(1) 在理解和解读他人的非言语和语言信号方面存在困难,无法正确理解他人的面部表情、身体语言和含义,从而导致误解和隔阂,这使得他们难以正确理解和适应社交规则。(2) 理解和适应社交规则存在困难使他们感到社交焦虑,担心自己的行为是否合适,是否会被他人误解或拒绝从而导致他们在社交环境中变得退缩、不自信、孤立。(3) 难以理解他人的情感和情绪,无法与他人建立情感连接,可能无法正确回应他人的情感需求和表达自己的情感,在社交互动中感到孤独和失落。(4) 社交压力。社交互动对孤独症儿童来说是一种挑战和压力,他们会感到压力和困惑,不知道如何正确地参与社交活动和维持社交关系,导致在社交环境中感到自闭和孤独。

（二）行为异于常人

社交适应不良使孤独症儿童可能会表现出异于常人的不良行为。主要有以下几个方面的表现。(1) 在沟通和表达自己的情感和需求上存在困难。由于无法有效地与他人沟通,他们会采取不适当的或令人困惑的行为来表达自己的需求或引起他人的注意。(2) 难以理解和调节自己的情绪。当他们感到沮丧、焦虑或愤怒时,会做出冲动、攻击性或自伤的行为,以释放或表达自己的情绪。(3) 无法正确理解他人的行为和意图,从而做出不适当的或奇怪的行为。(4) 表现出刻板的行为模式,如重复性的动作、坚持特定的日程安排或特定的兴趣。这些刻板行为会干扰他们的社交互动,做出不适当的或令人困惑的行为。

（三）影响学习效果

孤独症儿童社交适应不足会影响他们在学校的学习成果。主要有以下几个方面的表现。（1）难以与同学和老师进行有效的互动，无法理解和适应学校里的社交规则和期望，在课堂内外无法与他人合作、交流，影响学习效果。（2）在沟通和表达自己的需求和想法上存在困难，无法清晰地表达自己的问题或理解他人的指示和教导，在学校活动中存在社交困难，影响学习进度。（3）在注意力和专注力方面存在困难，无法集中精力听讲、完成作业或者参与课堂活动，在学习上表现落后，需要额外的支持和指导。（4）对学校环境感到焦虑，有压力，担心被他人误解、拒绝或嘲笑，影响学习表现。

三、孤独症儿童社交适应实训

孤独症儿童在社会交往方面存在许多困难，如难以理解言语和非言语信息、不善于与他人交流、缺乏同理心和接纳他人的意识等。针对这些社交困难，有一些常见的实训干预方式可以帮助孤独症儿童提高社交技能和适应能力。

（一）社交技能干预

社交技能（social skills）由一系列约定俗成的准则组成，这些准则能够指导个人独立地进行各类社会和家庭活动，或跟不同的人群沟通交流、分享感情等。[1]对孤独症儿童进行社交技能干预，可以教授他们一些基本的、必要的社交技能，例如关注与帮助、倾听与回应、分享与合作，以及如何面对并解决现实冲突。具体而言，可以是"在孤独症儿童

---

[1] 顾泳芬，贺荟中. 自闭症儿童社交技能训练的研究综述［J］. 幼儿教育（教育科学），2015，670（10）.

没有社交发起行为时，教授其主动发起社会交往"①。这类干预可以通过角色扮演、模拟真实情境、认知疗法以及反馈等方式进行。表4-5是通过社交技能训练改善孤独症儿童社交适应的干预示例：

表4-5 通过社交技能训练改善孤独症儿童的社交适应的示例

干预目的	通过教授社交技能，改善孤独症儿童的社交适应能力。
干预策略	评估内容： 对孤独症儿童进行全面评估，了解他们的社交技能水平、兴趣爱好、沟通方式等，以制订个别化的干预计划。
	训练设计： 根据评估结果，设计一系列社交技能训练活动，包括但不限于： (1) 角色扮演：通过模拟真实的社交场景，让孤独症儿童扮演不同的角色，学习如何与他人进行合适的对话和互动。 (2) 社交规则教育：教授孤独症儿童基本的社交规则和礼仪，例如如何与他人打招呼、如何保持眼神接触等。 (3) 情绪识别训练：通过图片、视频等媒介，教授孤独症儿童如何识别他人的情绪表达，从而更好地理解他人的感受。 (4) 沟通技巧培训：教授孤独症儿童有效的沟通技巧，例如如何提问、如何倾听他人等。
	社交实践： 在干预过程中，鼓励孤独症儿童积极参与社交活动，例如加入兴趣小组、参加社交聚会等，为其提供实践机会并巩固所学的社交技能。
干预策略	家庭支持： 与孤独症儿童的家人合作，提供支持和指导，帮助孤独症儿童在日常生活中应用所学的社交技能。
	评估追踪： 定期评估孤独症儿童的社交适应能力，并根据需要调整干预计划，以确保干预效果。

（二）自信培训

自信是成功的基础，对孤独症儿童进行自信培训，可以帮助其增强自信，鼓励其与他人进行互动和交流，感受主动获得某个社交任务的成功及乐趣，激励他们积极寻求奖励和正面反馈，提高其社会适应能力。

---

① Xiaoyi H，Qunshan Z，Gabrielle T，et al. Using Peer-Mediated LEGO (x) Play Intervention to Improve Social Interactions for Chinese Children with Autism in an Inclusive Setting [J]. Journal of Autism and Developmental Disorders，2018（7）.

表4－6是增强孤独症儿童自信的示例：

表4－6 增强孤独症儿童自信的示例

干预目的	帮助孤独症儿童增强自信、与他人互动交流，激励他们积极寻求奖励和正面反馈。
干预步骤	（1）个别化评估：对孤独症儿童进行全面评估，了解他们的自信水平、社交技能和兴趣爱好。 （2）自信建设：帮助孤独症儿童认识自己的优点和潜力，通过反思并记录个人成绩和积极经历，增强自我价值感和自信。 （3）目标设定：与孤独症儿童一起制定具体、可实现的目标，例如参加社交活动、与他人进行简短的对话等，激励他们积极寻求奖励和正面反馈。 （4）持续鼓励：提供积极的反馈和鼓励，帮助他们建立积极的自我形象，并激励其在社交互动中尝试新的行为和技能。
干预策略	训练方式： （1）角色扮演：通过模拟真实的社交场景，让孤独症儿童扮演不同的角色，学习如何与他人进行合适的对话和互动，同时鼓励他们表达自己的意见和观点。 （2）社交规则教育：教授孤独症儿童基本的社交规则和礼仪，例如如何与他人建立眼神接触、如何主动与他人打招呼等，以增强他们的自信。 （3）情绪管理：教授孤独症儿童如何识别和管理自己的情绪，在社交互动中保持冷静和自信。 社交实践： （1）小组活动：鼓励孤独症儿童参加兴趣小组或其他社交活动，为其提供实践机会，并在实践中指导其如何应用所学的社交技能。 （2）社交游戏：组织社交游戏，例如角色扮演、合作游戏等，让孤独症儿童与他人互动，并通过游戏获得积极的反馈和奖励。 家庭支持： （1）家庭合作：与孤独症儿童的家人合作，为其提供支持和指导，鼓励他们在日常生活中帮助孤独症儿童应用所学的社交技能，并提供反馈和鼓励。 （2）家庭活动：组织家庭活动，例如家庭聚餐、户外游玩等，鼓励孤独症儿童与家人积极互动，增强他们的自信心和社交能力。 评估追踪： 定期评估孤独症儿童的自信水平和社交能力，并根据需要调整干预计划，确保干预效果。

（三）认知重构

认知重构即通过认知干预帮助孤独症儿童学习适应性思考方式，例如引导孤独症儿童从多元角度理解与他人的交往行为和互动目的，鼓励他们从他人的角度来解释行为和意图，以提高其社会适应能力。表4－

7 是通过认知干预帮助孤独症儿童学习适应性思考方式的示例：

表 4-7　通过认知干预帮助孤独症儿童学习适应性思考方式的示例

干预目的	通过认知干预帮助孤独症儿童学习适应性思考方式。
干预步骤	个别化评估：对孤独症儿童进行全面评估，了解他们的认知特点、思维模式和应对方式。
干预策略	训练方式： (1) 认知重构：与孤独症儿童一起识别和改善消极、扭曲的思维模式，例如过度一般化、黑白思维等。教授孤独症儿童如何寻找证据和替代性解释，以促进更积极、更有适应性的思考方式。 (2) 自我监控：教授孤独症儿童如何注意和记录自己的思维过程，鼓励他们识别和纠正负面思维，并引导他们转向更积极的自我对话。 (3) 情绪调节：教授孤独症儿童学习情绪调节技巧，例如深呼吸、自我对话、放松练习等，以帮助他们应对负面情绪和压力。
	实践应用： (1) 情景模拟：通过模拟真实情境，让孤独症儿童练习应用所学的认知技巧，例如让其描述一个具体的社交场景，并引导其思考和应对可能出现的负面情绪和思维。 (2) 角色扮演：让孤独症儿童扮演不同的角色，模拟不同的思维方式和应对策略，以帮助他们学习如何应对挑战和解决问题。 (3) 反馈和强化：提供积极的反馈和强化，鼓励孤独症儿童在实践中应用所学的认知技巧，并帮助其建立积极的认知模式。
	家庭支持： (1) 家庭合作：与孤独症儿童的家人合作，为其提供支持和指导，鼓励他们在日常生活中帮助孤独症儿童应用所学的认知技巧，并提供反馈和鼓励。 (2) 家庭讨论：组织家庭讨论，让孤独症儿童与家人分享他们在认知干预中的学习成果和体验，促进理解和支持。
	评估追踪： 定期评估孤独症儿童的认知水平和应对方式，并根据需要调整干预计划，以确保干预效果。

（四）情绪调节

教授孤独症儿童一些情绪调节的处理技巧，例如深呼吸、积极想象、自我暗示、转移视线、自主隔离，以及减少自我谴责等，帮助他们应对所处环境中的社交焦虑和其他情绪问题的困扰。表 4-8 是教授孤独症儿童情绪调节技巧、使用自我暗示语应对社交焦虑的示例：

表 4-8 教授孤独症儿童情绪调节技巧的示例

干预目的	通过教授孤独症儿童情绪调节技巧，帮助他们应对社交焦虑以及其他情绪问题的困扰。
干预策略	个别化评估： 对孤独症儿童进行全面评估，了解他们的社交焦虑水平、情绪调节策略的使用情况以及自我暗示语的认知水平。
	情绪调节技巧： （1）深呼吸：教授孤独症儿童进行深呼吸练习，通过缓慢而深层次的呼吸来缓解焦虑和紧张情绪。 （2）肌肉放松：引导孤独症儿童学习肌肉放松，通过有意识地放松身体各个部位的肌肉来减轻紧张感。 （3）积极自我对话：教授孤独症儿童如何用积极、安慰性的语言与自己对话，鼓励自己、放松自己，并提醒自己面对社交场合时的应对策略。
	自我暗示： （1）引导孤独症儿童学习使用自我暗示语来应对社交焦虑。例如教授其在社交时告诉自己"我可以做到的""我有能力处理这种情况"等积极的暗示语。 （2）演练自我暗示语的使用：通过角色扮演或模拟社交场景，让孤独症儿童练习使用自我暗示语来应对社交焦虑，并提供反馈和指导，帮助孤独症儿童逐渐掌握自我暗示语的使用技巧。
	实践应用： （1）情景模拟：通过模拟真实的社交场景，让孤独症儿童练习使用情绪调节技巧和自我暗示语来应对社交焦虑，并提供支持和指导，帮助孤独症儿童逐渐建立自信和应对能力。 （2）反馈和强化：提供积极的反馈和强化，鼓励孤独症儿童在实践中应用情绪调节技巧和自我暗示语，帮助他们建立积极的认知模式。
	家庭支持： （1）家庭合作：与孤独症儿童的家人合作，为其提供支持和指导，鼓励他们在日常生活中帮助孤独症儿童应用所学的情绪调节技巧和自我暗示语，并提供反馈和鼓励。 （2）家庭讨论：组织家庭讨论，让孤独症儿童与家人分享其在情绪调节和自我暗示语使用中的学习成果和体验，促进理解和支持。
	评估追踪： 定期评估孤独症儿童的情绪调节水平和自我暗示语的使用情况，并根据需要调整干预计划，以确保干预效果。

研究发现，上述干预方式已经被循证实践证明在提高孤独症儿童的社交技能和适应性能力方面具有正向价值。通过这些干预，孤独症儿童的认知和社交技能得到了改善，社交困扰也得到了一定程度的减轻。总之，有效干预孤独症儿童的社交技能需要根据不同的个体及其所处的环境制定个别化的干预方案。这些干预应该是长期的、个性化的，并应融

入孤独症儿童的日常生活和社交环境,以确保他们的社交管理和适应能力的持续提高。

第五节　孤独症儿童的想象力游戏实训

想象力游戏是一种通过想象和玩耍来帮助儿童发展创造性思维和多种社交技能的游戏。尽管其与象征性游戏、假装性游戏或者表演游戏等在称呼上不同,但本质上它们是相似的,属于等同概念。普通儿童的想象力游戏行为在两岁以后大量出现[1],相比之下,学前和低年级的孤独症儿童想象力游戏技能受损,缺乏创造力和主动性,进行想象力游戏活动的频率较低。[2][3] 有学者指出,想象力游戏是一种有意识的游戏形式,儿童能够准确地感知现实生活与想象活动,在现实生活中想象虚幻的情况,并根据这种想法在现实场景中做出虚幻的行为。[4] 想象力游戏旨在帮助儿童拓展他们的思维和表达能力,从而提高社交能力和情商。这种游戏模式涉及角色扮演、户外探险、艺术创作等多种形式。想象力游戏与社会交往密切相关。儿童在游戏中扮演不同的角色,通过玩耍和想象,学会理解和调节自己的情绪,控制自己的行为,并发展社交技能。例如通过想象自己是医生、老师或消防员等角色,儿童可以学习如何与他人合作,如何建立良好的医患关系、师生关系、救援关系等人际关系,以及如何有效地解决所面临的困境等。因此,研究孤独症儿童的想象力游戏可以帮助教育者更好地理解这一群体在想象力游戏方面的缺陷,以找到更有效的干预策略和支持方法,帮助改善孤独症儿童的社交

---

[1] 刘焱. 儿童游戏通论 [M]. 福州:福建人民出版社,2015:121.

[2] Hobson R P, Lee A, Hobson J A. Qualities of Symbolic Play Among Children with Autism: A Social-Developmental Perspective [J]. Journal of Autism and Developmental Disorders, 2009, 39 (1).

[3] Kasari C, Freeman S, Paparella T. Joint Attention and Symbolic Play in Young Children with Autism: A Randomized Controlled Intervention Study [J]. Journal of Child Psychology and Psychiatry, 2006 (6).

[4] Rajendran G, Mitchell P. Cognitive Theories of Autism [J]. Developmental Review, 2007, 27 (2).

技能和创造力。

一、孤独症儿童想象力游戏的特点

（一）情感表达受限，缺少目的性和丰富性

孤独症儿童会限制自己的情感表达，缺少目的性和丰富性。具体表现在以下几个方面。（1）面部表情的限制，例如缺乏眼神接触、面无表情、不会主动微笑或展示其他情感表达的面部动作。（2）声音和语言方面的限制，例如语调单调、音量过低或过高、语言表达能力有限、重复使用特定的词语或短语等。（3）社交互动方面的限制，例如缺乏对他人的兴趣、难以理解或回应他人的情感、不愿与他人互动等。（4）情感共鸣方面的限制，即难以理解他人的情感状态、难以适当地回应他人的情感需求或难以与他人建立情感连接。（5）自我调节方面的限制，例如难以识别和理解自己的情绪、难以找到适当的方式来表达自己的情感、情绪快速转变等。这些限制性的情感表达可能会导致孤独症儿童在社交中遇到困难，影响与他人的情感连接。

（二）社交技能不足

孤独症儿童在想象力游戏中表现出社交技能不足的特点，例如在交互和合作方面存在困难。具体表现在以下几个方面。（1）主动回避社交场合，不愿参与社交活动或与他人交流，更喜欢独自活动，避免与他人互动。（2）在社交场合感到不安和紧张，担心与他人互动会出现问题，不知道如何与他人交流，或担心被他人评判。（3）社交技能欠缺，如缺乏与他人建立联系的能力、难以理解和运用社交规则、缺乏适当的交流技巧等。（4）对社交活动和与他人互动缺乏兴趣或感到困扰，更喜欢独自从事特定的兴趣爱好。这些社交技能不足会导致孤独症儿童在社交互动中遇到困难，影响与他人的关系。

(三) 游戏兴趣单一

孤独症儿童会选择一些单调刻板的游戏方式，并保持相同的兴趣。具体表现在以下几个方面。(1) 对某个特定主题或领域的游戏表现出极大的兴趣，对其他类型的游戏则兴趣较小。例如只对拼图类游戏感兴趣，对其他类型的游戏如角色扮演或体育游戏等不感兴趣。(2) 反复进行相同的游戏，例如不断玩同一款游戏、重复同一游戏关卡或任务等，对游戏中的重复性行为感到安全和舒适。(3) 对游戏中的细节表现出极大的关注和兴趣，而忽略游戏的整体情节或目标，会花费大量时间和精力来研究游戏的细节，如收集游戏中的物品、解锁隐藏内容等。(4) 对游戏规则和流程表现出较强的依赖性和刚性，坚持按照游戏规则进行游戏，对规则的改变或违反规则感到不适和困惑。(5) 难以参与需要社交互动的游戏，不善于与他人合作或竞争，难以理解和运用游戏中的社交技巧，对多人互动感到不适或困扰。这些单一的游戏兴趣可能会导致孤独症儿童在游戏交流中遇到困难，限制了他们的游戏体验和参与度。

二、孤独症儿童想象力游戏发展不足的影响

(一) 社交孤立

在孤独症儿童中，社交孤立[①]是很常见的现象，通常表现为没有朋友或与朋友联系很少；与他人交流不畅，避免与他人的眼神接触和面对面的沟通；不喜欢参加群体活动或社交聚会，或者希望参加但不知道如何参与；缺乏社交技巧，不习惯分享，不会回应他人的愿望。孤独症儿童产生社交孤立的主要原因有以下几个方面。(1) 难以理解和参与角色扮演游戏，无法理解角色扮演的概念和规则，无法适应和模仿他人的行为和角色，在与他人合作和互动的情境中感到困惑和不适应。(2) 想象

---

① 社交孤立是指一个人由于各种原因（如性格、交流能力等）而与周围人缺乏有效的社交联系，在社交中感到孤独和隔离。

力和创造力受限，难以产生新颖的想法或构思故事情节，无法参与富有想象力的游戏和故事，与他人共同进行想象和创作活动时感到孤立和被排斥。(3) 有特定的兴趣和行为模式，不愿尝试新的游戏和想象活动，对与兴趣无关的角色扮演游戏缺乏兴趣和参与度，与他人进行游戏和想象活动时易产生隔阂，难以融入。(4) 社交认知和交流方面存在困难，无法理解他人的意图和情感表达，难以适应并回应他人的行为和言语，在社交中感到孤立。

(二) 缺乏创造性思维

孤独症儿童的游戏兴趣较为单一，缺乏想象力和创造性思维。主要原因有以下几个方面。(1) 社交互动困难使他们在想象力发展方面受限，因为想象力需要个体从现实中脱离，产生新的想法和情节，这需要对社交互动有一定的理解。(2) 固定的思维模式和行为模式使他们倾向于重复和坚持自己熟悉的事物，而对创新缺乏兴趣，从而限制了想象力的发展，因为想象力需要个体从不同的角度思考和理解事物。(3) 注意力困难使他们难以集中注意力和保持注意力的稳定性，在参与想象力游戏时难以集中精力，从而影响想象力的发展。(4) 特定的游戏兴趣使他们专注于某个特定的主题、对象或活动，对其他游戏缺乏兴趣，从而影响想象力的发展。

(三) 导致情绪问题

孤独症儿童想象力游戏发展不足可能会导致孤独感、焦虑、抑郁等情绪问题。主要原因有以下几个方面。(1) 社交互动困难使他们难以理解他人的情感和意图，无法表达自己的想法和感受，在与他人交流和建立关系方面遇到困难，导致产生孤独的情绪。(2) 语言和沟通困难使他们难以理解他人的言语和非言语表达，难以表达自己的想法和感受，在与他人沟通和交流时遇到困难，导致孤独的情绪。(3) 情绪调节困难使他们难以理解和管理自己的情绪，容易变得焦虑、抑郁。(4) 自我理解和自我认同困难使他们难以理解自己的特点、需求和价值，在建立自尊和自信方面遇到困难，孤独感进一步增强。(5) 特殊需求和行为特点使他们常常面临社会的排斥和歧视，在社交和参与社会活动方面遇到困难，从而加重孤独、焦虑、抑郁等情绪。

可以看出，研究并促进孤独症儿童的想象力游戏能力十分必要，这有助于他们发展创造性思维和多种多样的兴趣爱好，缓解孤独、焦虑、抑郁等情绪，以更好地融入社会。

三、孤独症儿童的想象力游戏实训

孤独症儿童通常表现出对某些事物的固执和缺乏灵活性，并影响想象力和游戏能力，有必要对其想象力和游戏能力进行实训干预。以下是几种常见的干预方式。

（一）观察他人

鼓励孤独症儿童观察他人的游戏和想象活动，并向他们展示其他人如何玩游戏、如何建立场景和情境，以发展他们的想象力。有学者研究发现，通过动作示范、身体及语言提示、表扬激励等指导策略，让孤独症儿童进行想象力游戏，可以让他们在以物代物方面取得进步，为之后进行自发性想象力游戏提供动力。[①] MacManus 等学者利用视频示范法，结合矩阵训练，对三名孤独症儿童的想象力展开研究，设计了银行、住宅、城堡三套具体的游戏场景，发现三名儿童的想象力游戏能力有显著提升。[②] 下面是一个运用给予良好示范发展孤独症儿童想象力的干预案例：

> 小沁，女孩，8 岁，被诊断患有孤独症，她在想象力游戏方面存在困难。康复师决定通过给予良好示范来激发她的想象力，以改善她的社交互动和沟通技巧。康复师邀请小沁参加一个小组活动，

---

① 徐力. 孤独症儿童假想游戏能力训练的个案研究 [J]. 南京特教学院学报，2010 (3).
② Macmanus C，Macdonald R，Ahearn W H. Teaching and Generalizing Pretend Play in Children with Autism Using Video Modeling and Matrix Training [J]. Behavioral Interventions，2015 (3).

让她和同伴一起玩角色扮演游戏。康复师担任游戏的主持人,为孩子们提供场景并分配角色,通过自己的表演激发孩子们的想象力。康复师特别注意自己的表现方式,例如口头语言、面部表情和身体语言等,他还鼓励孩子们用自己的语言描述他们的角色和场景,并提出问题,进一步激发他们的想象力。在活动结束后,康复师对小沁的表现进行了反馈。他称赞了小沁,指出她在角色扮演游戏中的积极表现,鼓励小沁在日常生活中继续练习想象力游戏,例如创造自己的故事和角色扮演等。通过一段时间的练习,小沁逐渐提高了她的想象力游戏能力,开始更好地理解和参与社交互动。康复师还鼓励小沁在日常生活中寻找机会来练习想象力游戏技能,例如读书、看电影和玩游戏等。这种干预方法有效地帮助小沁改善了她的社交互动和沟通技巧。

(二) 设计有趣的游戏和想象练习

针对孤独症儿童的障碍特点及特殊需求,教育康复师可以设计一些有趣的游戏和想象力练习,例如模型玩具、拼图、绘画等,以刺激孤独症儿童的想象力和游戏能力。当涉及孤独症儿童的想象力游戏能力时,个别化和差异化的干预方式至关重要,即要"注重游戏活动与孤独症儿童现有能力和发展需求的匹配性"[①]。下面是一个运用拼图游戏发展孤独症儿童想象力的干预案例:

> 小伊,男孩,6岁,被诊断患有孤独症,他在想象力游戏方面存在困难。康复师决定运用拼图游戏来提高他的想象力游戏能力,以改善他的社交互动和沟通技巧。康复师首先为小伊提供了一些简单的拼图游戏,如动物和水果拼图,并和他一起玩游戏。康复师鼓励小伊用自己的语言描述每个拼图的细节和场景,同时提出一些问题来激发他的想象力,例如:"这只动物在哪里?它在干什么?"随

---

① 翟钰欣,胡晓毅. 孤独症儿童的游戏技能教学研究综述 [J]. 现代特殊教育(高等教育研究),2021(14).

着时间的推移，康复师逐渐增加了拼图游戏的难度，使之更具挑战性，如城堡和机器人拼图等，进一步激发小伊的想象力。通过这种方式，小伊逐渐提高了想象力游戏能力，并开始更好地理解和参与社交互动。康复师还鼓励小伊的家人帮助他在日常生活中继续练习不同的想象力游戏，例如角色扮演和创造自己的故事等。这种干预方法有效地改善了小伊的社交技能和沟通能力。

（三）角色扮演

角色扮演游戏是一种模拟现实或虚构情景的游戏，游戏参与者扮演不同角色，在模拟情境中进行交流和互动。需要注意的是，研究发现，一方面，"我国的游戏教学大多集中于师生之间进行的角色游戏，而家长角色有所缺失"[①]；另一方面，孤独症儿童有集体及社会融合的强烈现实需求，只要有家长及同伴的参与，无论他们扮演的是什么角色，就孤独症儿童来说，都有利于角色扮演游戏的教学或实施。角色扮演游戏既可以在现实生活场景中进行，也可以在虚拟世界中进行，例如在线游戏或社交媒体。角色扮演游戏可以帮助孤独症儿童开发想象力、理解他人的情感、展示出更好的沟通能力。大量循证研究发现，角色扮演游戏是一种非常有效的干预方式，能够帮助孤独症儿童逐步改善社交和沟通能力，培养自信心，提高适应能力。下面是一个对孤独症儿童进行角色扮演游戏的干预案例：

> 小芳，女孩，11岁，被诊断为孤独症，她缺乏有效的社交技能，不善于与他人交流。为了帮助她提高社交能力，康复师为她设计了一系列的角色扮演游戏。在一次游戏中，小芳被安排扮演一位互助社区的志愿者，她需要与其他志愿者一起为社区开展各种工作。在游戏中，小芳与其他志愿者合作，分享自己的工作，解决工作中出现的问题，与其他人进行了有效的交流。康复师逐步增加游

[①] 翟钰欣，胡晓毅. 孤独症儿童的游戏技能教学研究综述［J］. 现代特殊教育（高等教育研究），2021（14）.

戏难度，例如增加角色扮演的人数、沟通难度等，帮助小芳逐渐克服社交障碍。通过角色扮演游戏，小芳逐步获得了与他人有效沟通和交流的能力。角色扮演游戏为小芳提供了一个安全的环境，让她可以在没有压力的情况下和他人互动、交流，并且不需要面对真实的社交情境，逐渐适应了真实社交的挑战。

（四）运用虚拟技术

随着人工智能的发展，其在孤独症儿童想象力游戏能力提升中的应用越来越多。新技术、新游戏、新媒体可以为孤独症儿童提供更好的想象力和游戏能力训练机会。例如虚拟现实技术可以为孤独症儿童提供逼真的沉浸式体验，模拟创设孤独症儿童平时极少接触的社交情境，开发他们的想象力及创造力。有研究者在儿童游戏区域的前方设置屏幕，呈现与儿童手中的玩具相关的替代性想象物品，以提升孤独症儿童的想象力游戏能力，结果证明这种情景下儿童游戏时的投入程度和频率较高，且持续时间长。[①] 虚拟现实技术是一种利用计算机生成虚拟环境的技术。通过佩戴虚拟现实设备如头戴式显示器或手柄控制器等，孤独症儿童可以进入一个由计算机生成的虚拟世界，在其中和他人互动、沟通。运用虚拟现实技术发展孤独症儿童的想象力游戏能力是一种有效的干预方式，能够帮助孤独症儿童创设情境，提高想象力和社交能力，也能让康复师更好地了解孤独症儿童的内心世界和思维方式，为其提供更有针对性的帮助。需要注意的是，在家庭及学校环境中运用虚拟现实技术，主要以智能手机、平板电脑、实验室及体感设备等为载体，过度使用可能不利于个体的身心健康[②]，应当把握使用的时间及频率等。下面是一个运用虚拟现实技术发展孤独症儿童想象力游戏能力的干预案例：

小辉，男孩，14岁，被诊断为孤独症，他缺乏有效的想象力

[①] Bai Z, Blackwell A F, Coulouris G. Using Augmented Reality to Elicit Pretend Play for Children with Autism [J]. IEEE Transactions on Visualization and Computer Graphics，2015（5）.

[②] 王颖. 增强现实在孤独症儿童社交技能中的应用研究 [J]. 电脑知识与技术，2021（17）.

和社交技能。康复师尝试运用虚拟现实技术对其进行干预。在干预过程中，康复师让小辉佩戴虚拟现实头戴式显示器，向其展示了一个模拟的立体城市场景，并引导小辉进行想象力游戏，例如想象他是这个城市的市长，他需要制订市政计划来改善城市的交通、建筑和环境等方面的问题。小辉通过游戏感受到自己身处城市之中，调动自己的想象力进行思考并解决问题，同时通过虚拟现实进行社交互动，增强了自己的社交技能。这种干预方式为小辉提供了一个安全的环境，让他可以在没有压力的情况下进行创造性想象，提高自己的沟通技能和自信心，展示自己的想象力和创造力，也不需要承受真实社交场景带来的压力和不适感。

综上所述，考察孤独症儿童的想象力游戏能力对早期筛查、诊断和干预有重要价值。前述关于想象力游戏的干预方式已被证明对孤独症儿童的想象力和游戏能力具有一定的效果。通过干预，孤独症儿童的想象力游戏能力得到了改善，其语言习得、沟通交流和阶梯式社交技能也得到了发展。

本章小结

孤独症儿童在社会交往能力上存在多种困难，如难以理解言语和非言语信息、不善于与他人交流、缺乏同理心等。这些困难可能导致孤独症儿童在社交活动中遭受社交隔离、语言沟通困难、行为异常等挑战。针对这些影响和后果，对孤独症儿童的社交挑战进行干预非常必要。社交技能训练、自信培训、认知重构和情绪调节技巧提升等常见的干预方式被证明在提高孤独症儿童的社交技能和适应能力方面具有一定的效果，其认知和社交技能得到了改善，社交困扰的程度也得以减轻。将来，孤独症儿童社会交往干预的研究和实践应更加关注个体化和分类干预，需要根据孤独症儿童的需求设计个别化的干预方案，为不同类型、程度和特点的孤独症儿童制订不同的干预计划，以最大限度地提高干预效果。同时还应加强对新技术、新游戏、新媒体等领域的服务和研究，以更好地为孤独症儿童提供有效的社交挑战干预方式，相信这些新领域的发展能为孤独症儿童的社交挑战提供更多创新的解决方案。

思考与练习

1. 名词解释：社会交往、共情、移情、共同注意。
2. 简述美国《精神疾病诊断与统计手册（第五版）》中"孤独症谱系障碍"的诊断标准。
3. 试述孤独症儿童共同注意的障碍特征。
4. 简述孤独症儿童共同注意能力的主要干预方式。
5. 简述孤独症儿童人际认知缺陷的特点。
6. 简述孤独症儿童人际认知功能的主要干预方式。
7. 简述孤独症儿童兴趣分享的特点。
8. 简述孤独症儿童兴趣分享能力的主要干预方式。
9. 简述孤独症儿童社交适应的特点。
10. 简述孤独症儿童社交适应能力的主要干预方式。
11. 简述孤独症儿童想象力游戏的特点。
12. 简述孤独症儿童想象力游戏发展的主要干预方式。

第五章　孤独症儿童的行为发展实训

学习目标

1. 掌握孤独症儿童的行为发展特点。
2. 了解孤独症儿童在行为发展领域的干预方式。

美国《精神疾病诊断与统计手册（第五版）》[①] 正式提出了"孤独症谱系障碍"（Autistic spectrum disorders，ASD）这一专业术语。其中对第四版的"广泛性发育障碍"及相关障碍诊断标准作了较大的修订，强调孤独症谱系障碍患者必须同时符合四条标准才能确诊，以下为第二条标注：

　　行为方式、兴趣或活动内容狭隘、重复，至少符合以下两项。（1）语言、动作或物体运用刻板或重复（如简单刻板的动作、回声语言、反复使用物体、怪异的语句）。（2）过分坚持某些常规及言语或非言语的仪式行为，或对改变过分抵抗（如运动性仪式行为，坚持同样的路线或食物，重复提问，对细微变化感到极度痛苦）。（3）高度狭隘、固定的兴趣，在强度和关注度上是异常的（如对不寻常物品的强烈依恋或沉迷、过度局限或持续的兴趣）。（4）对感觉刺激反应过度或反应低下，对环境中的感觉刺激表现出异常兴趣（如对疼痛、热、冷感觉麻木，对某些特定的声音或物料表现出负面反应，过多地嗅或触摸某些物体，沉迷于光线或旋转物体）。

　　从上面的诊断标准可见，孤独症儿童在行为发展领域存在着不同于

[①] Diagnostic and Statistical Manual of Mental Disorders-fifth Edition，DSM－V.

其他障碍群体的显著特点。本章将从孤独症儿童的行为发展领域展开陈述与分析，以掌握其主要特点，并探寻针对性的干预方式。

行为指人类或其他生物在特定情境下的反应和动作。行为发展指个体在一生中从出生到成年逐步改变和发展的行为模式和能力。孤独症儿童的行为发展有许多特点，如刻板重复行为、社交互动困难、兴趣狭窄等。学界对孤独症儿童行为发展的研究主要包括早期预警指标、发展轨迹、神经信号机制等。其中，早期预警指标研究侧重于儿童早期的行为特征，以发现高风险儿童；发展轨迹研究关注孤独症儿童的行为发展规律和变化趋势，以制订相应的干预计划；神经信号机制研究探讨孤独症儿童行为发展的生物学基础，以发现有效的神经调节技术。本章将从学界研究的热点入手，从孤独症儿童的社交互动困难、刻板重复行为、兴趣狭窄三个方面进行实训探究。

第一节 孤独症儿童的社交互动困难实训

社交互动指人类在与他人交往、沟通和互动中所表现出来的行为，包括手势、面部表情、目光交流、语言、肢体动作等。社交互动是一种行为，是个体对外部刺激做出的反应和动作，可以被观察到。孤独症儿童社交互动的发展特点通常表现为沟通、探究和寻求互动的能力不足，他们缺乏对外部世界的参与和兴趣，导致人际交往困难。

一、孤独症儿童的手势行为实训

手势行为通常指人类在社交和沟通过程中使用手的特定动作和姿势表达和交流信息的行为。社交手势行为特指那些在社交与沟通中被认同并具有特定含义和目的的手势，例如招手、握手、挥手、拱手、拥抱以及"OK"手势等。在儿童的成长发育过程中，手势具有补充和增强个体语言表达及交流效果的作用。孤独症儿童存在手势和社交动作方面的缺陷，影响了个体语言的发展和人际关系。

研究发现，孤独症儿童在生命早期就出现了非言语发展方面的延迟，而手势延迟可能是孤独症最早的征兆之一。当前孤独症的评估和诊断标准反映了识别手势的重要性。[1] 有研究者指出，孤独症儿童在 11 个月龄之后，其使用手势的增长速率明显低于正常发育的婴儿。[2] 对平均年龄 11 岁的孤独症儿童进行的手势模仿研究进一步证实在控制了记忆能力和语言理解能力之后，孤独症儿童在手势模仿方面与普通儿童和语言障碍儿童相比依然显著落后。[3]

（一）孤独症儿童手势发展的主要特点

1. 缺乏使用手势的能力

孤独症儿童往往对自己和他人的语言和肢体语言表现出一定程度的冷漠，不会使用常规的手势表达自己的意愿或者理解别人的手势，缺乏使用手势表达的能力。具体表现为以下几个方面。（1）无法使用手势代替语言沟通，他们不会指向物体或人，也不会使用手势表达自己的需求或情感。人类的语言源自手部动作[4]，在手势及语言两种沟通方式上，孤独症儿童均体现出明显的不足。（2）一些孤独症儿童会表现出固定的手势模式，例如不断重复某个手势，或者使用特定的手势表示特定的意思，但缺乏灵活性和适应性。（3）多数孤独症儿童不会使用握手、拥抱或挥手等常见的社交手势，他们不理解这些手势的社交含义，不知道在何时何种情境下使用这些手势。（4）无法理解他人的身体语言，例如面部表情、姿势或手势的意义，在社交互动中感到困惑。（5）不断重复特定的手势而不考虑所处的环境或他人的反应，这是一种自我刺激或缓解焦虑的方式。例如一位母亲带着孤独症儿童去商场购物，刚进商场，这个儿童就开始重复甩手并上下跳跃，以缓解对新环境的焦虑。

---

[1] 蔡婷婷，马丙祥，等. 孤独症谱系障碍儿童手势缺陷的研究进展 [J]. 中国儿童保健杂志，2022，8（30）.

[2] Choi B, Shah P, Rowe ML, et al. Gesture Development, Caregiver Responsiveness, and Language and Diagnostic Outcomes in Infants ant High and Low Risk for Autism [J]. J Autism Dev Disord, 2020, 50 (7).

[3] Smith, Isabel M. Gesture Imitation in Autism I: Non-symbolic Postures and Sequences [J]. Cognitive Neuropsychology, 1998, 15 (6-8).

[4] Corballis M C. Language as Gesture [J]. Human Movement Science, 2009 (5).

2. 单调乏味的手势

使用学者布卢勒（Bruner）的手势分类法，可将手势按照交际意图分为共同注意、行为调节和社交互动三类。① 研究发现，孤独症儿童的三类手势均表现出稀缺、单一的特点。孤独症儿童在使用手势时则表现出缺乏变化和单调、刻板的特点，不能适应不同的社交互动。具体表现为以下几方面。（1）反复做相同的手势，例如摇晃手指、拍打物体、拧手、甩手等，这种重复性手势多是自我刺激或缓解焦虑的方式。（2）刻板的手势模式，例如不断摆动手臂、拍打大腿、扭动手指等，缺乏灵活性和变化，持续时间较长。（3）手势机械化，缺乏自然流动性和合理表达，不能意识到手势的含义和适应性，只是机械地重复。（4）手势缺乏多样性和变化，只使用一种或几种固定的手势，而不会尝试新的手势或适应不同的情境。（5）手势缺乏创造性和个别化，不会尝试创造新的手势来表达自己的需求、情感或意图。例如询问是否明白教师所讲时，普通儿童会用"O"形手势表示"OK""听明白了"的意思，孤独症儿童则极少使用该手势。

3. 不合时宜的手势

孤独症儿童在社交互动中常使用与情境和语境不匹配的手势，难以准确地表达自己的想法或理解他人的想法、情感和意愿。具体表现在以下几个方面。（1）在社交互动中使用不恰当的接触手势。例如未经他人同意就触摸或拥抱对方，无法理解个人空间的概念，缺乏社交互动的准则。（2）在不合适的情境中挥舞或摆动手臂。在公共场合或正式场合中这种手势可能会被他人视为不礼貌或很奇怪。（3）使用不恰当的手势表达情感或意图。例如在悲伤或愤怒时笑或摇头，导致他人的误解或困惑。（4）使用夸张的手势，超出了情境所需的程度，引起他人的注意或不适。例如在随班就读课堂上大幅度挥舞手臂来配合表述自己的观点。（5）在社交互动中过度使用手势，或者在不合适的时候频繁做出手势，

---

① 共同注意手势一般发生于童年早期，主要用于分享物品、人物或事件等的注意力，通常与眼神搭配。行为调节手势主要指在某一个具体事件或环境中引导和调节他人行为的手势。社交互动手势是指在某个社交环境中出于社交目的吸引、保持他人注意力的手势。

干扰他人的理解和交流。例如在集体课中发言时会不自觉地站起来使用某个夸张的手势并四处走动。

4. 不了解常规手势的含义

孤独症儿童不理解常规手势，难以理解别人表达的意愿和沟通的目的。具体表现在以下几个方面。（1）不了解一些常见的如握手、拥抱问候等手势，无法理解这些手势的社交含义和用途，导致在社交互动中出现困惑或做出不适当的反应。（2）无法理解他人使用的指向某个物体或地方、挥手告别或点头表示同意等手势，导致交流不畅或产生误解。（3）缺乏对身体语言的理解和适应能力，无法理解他人的面部表情、眼神或身体姿势等，导致在社交互动中出现困惑。（4）无法理解他人使用的手势指令，例如指向某个方向、示意停止或示意等待，导致行为不合时宜或误解指令。（5）无法理解他人使用的表达情感的手势，例如表示喜悦、愤怒或悲伤的手势，导致在社交互动中出现困惑或做出不合时宜的反应。

由上可见，孤独症儿童的手势行为既与其语言能力高度相关[1]，也与其社交互动的发展水平密切相关。[2] 要改善孤独症儿童的语言与社交发展水平，从手势行为着手进行干预十分必要。孤独症儿童在手势发展上存在诸多局限，具体表现因个体差异和社交经验的不同而有所不同。在与孤独症儿童进行社交互动时，需要耐心解释常规手势的含义，并提供适当的支持和指导。

(二) 孤独症儿童手势发展的干预方式

孤独症儿童的手势障碍通常会导致其缺乏象征思维、情感共享、共同注意[3]，给其生活适应与社会发展造成严重困扰，有必要进行干预。

---

[1] Sigman M, Ungerer J A. Cognitive and Language Skills in Autistic, Mentally Retarded, and Normal Children [J]. Developmental Psychology, 1984, 20 (2).

[2] Rogers S J, Cook I, Meryl A. Imitation and Play in Autism [Z]. Handbook of Autism and Pervasive Developmental Disorders, Volume 1, Third Edition. John Wiley & Sons, Inc. 2005.

[3] Rogers S J, Pennington B F. A Theoretical Approach to the Deficits in Infantile Autism [J]. Development and Psychopathology, 1991, 3 (2).

当前针对孤独症儿童手势发展的干预包括社交技能训练、认知行为疗法、游戏化训练等，这些方法可以帮助孤独症儿童掌握正常的社交方法，提高他们的社交能力和手势表达能力。

1. 社交技能训练

社交技能训练可以教授孤独症儿童学会一定的社交技能，例如面对面的注视、适当的握手、社会性微笑以及适切的对话交流等，以帮助孤独症儿童了解社交技巧的基本要素及在何种情况下使用。表5-1是运用社交技能训练改善孤独症儿童握手行为的示例：

表5-1 运用社交技能训练改善孤独症儿童握手行为的示例

干预目标	帮助孤独症儿童学习和掌握适当的握手行为，以提高他们的社交互动能力和与他人的联系效果。
干预步骤	（1）评估：先做一次全面评估，了解孤独症儿童目前的握手行为和社交能力，主要通过现场观察和与孤独症儿童及其照料者进行访谈来完成。
	（2）教育：向孤独症儿童和家人（或照料者）提供关于适当握手行为的教育内容及可操作的方式，解释握手的重要性以及如何与他人进行适当的握手，让他们了解握手在社交互动中的作用，并提供实际示例。
	（3）观察和模仿：观察和分析孤独症儿童在握手行为中的问题，特别关注他们的握手力度、握手姿势和握手时机，然后为其展示正确的符合具体情境的握手行为，鼓励他们模仿，并及时给予强化。
	（4）角色扮演：提供角色扮演的机会，让孤独症儿童在模拟的社交情境中练习握手行为。可以扮演他们在实际生活中可能遇到的如家人、朋友、老师、同学、邻居等不同角色。通过正确的反馈和及时指导，帮助他们改进和调整握手行为。
	（5）握手训练：设计一些具体的握手训练活动，例如与他人握手、练习握手姿势和握手力度等。根据孤独症儿童对握手的掌握情况，逐步增加难度和复杂性，例如增加握手时机和不同社交场合的握手行为，并提供逐步指导和支持，帮助孤独症儿童逐渐掌握适当的握手行为。
	（6）实践机会：进一步为孤独症儿童提供实践的机会，让他们在真实的社交情境中应用学到的握手行为，具体包括与他人握手、参与团队合作、主动握手示好等，并提供正确的反馈和鼓励，帮助他们不断改进和发展握手行为。
	（7）家庭支持：鼓励孤独症儿童的家人（或照料者）在日常生活中为其提供支持，帮助他们继续练习和巩固所学到的握手行为。家庭成员（或照料者）可以与孤独症儿童一起进行角色扮演和模仿，并提供反馈和指导。
	（8）定期评估和调整：真实记录并定期评估孤独症儿童的握手行为进展，同时根据需要进行调整和改进。根据孤独症儿童的个体需求和发展需要，可以逐渐增加训练活动的难度。

2. 认知行为疗法

认知行为疗法着重于改变孤独症儿童的握手、点头、鞠躬、拥抱等社交行为和认知模式，以帮助其更好地理解他人，学会表达自己的想法、情感和意愿。孤独症儿童可以在干预过程中学习如何避免、控制和改变负面情绪，以提高自信心和自尊心，更好地理解和处理自己和他人的情感和意愿。表5-2是运用认知行为疗法改变孤独症儿童社交场合中过度拥抱行为的示例：

表5-2 运用认知行为疗法改变孤独症儿童社交场合中过度拥抱行为的示例

干预目标	帮助孤独症儿童改变在社交场合中过度拥抱的行为，提高他们的社交适应能力和与他人的互动效果。
干预步骤	（1）评估：先进行一次全面评估，了解孤独症儿童目前的拥抱行为和基本的社交能力，可通过实地观察和与他及其家人的访谈来完成。
	（2）教育：向孤独症儿童和家人提供关于适当的社交接触行为的教育教学，解释拥抱行为的社交规则和限制条件，让他们了解过度拥抱会让他人感到不适，以及如何在社交场合中适当地与他人接触。
	（3）情绪识别：帮助孤独症儿童学习如何识别他人的情绪和身体语言，使用图片、视频或角色扮演等方式，教授他们如何辨别他人的舒适和不舒适信号，以便在社交互动中做出适当的反应。
	（4）角色扮演：提供角色扮演的机会，让孤独症儿童在模拟的社交情境中练习适当的社交接触行为。可以扮演他们实际生活中可能遇到的不同角色，如家人、朋友、老师、同学、邻居、警察等，通过及时的反馈和正确的指导，帮助他们改进和调整拥抱行为。
	（5）替代行为：引导孤独症儿童探索和学习其他适当的社交接触行为来替代过度拥抱，如握手、对视微笑、点头示意、拥抱肩膀、轻拍背部等。通过角色扮演和实际练习，帮助孤独症儿童熟悉和掌握这些替代行为并灵活运用。
	（6）认知重构：帮助孤独症儿童识别和改变与过度拥抱行为相关的不适当认知，通过与其一起讨论和探索，帮助其认识到过度拥抱会导致他人不舒服，并引导其产生更为合理和适当的认知。
	（7）渐进改善：逐步引导孤独症儿童在真实的社交情境中应用所学到的替代行为，开始时可选择其较为熟悉和舒适的社交场合，然后逐渐增加难度和复杂性，并提供反馈和鼓励，帮助他们逐渐改变过度拥抱行为。
	（8）家庭支持：鼓励孤独症儿童的家人或照料者在日常生活中提供支持和鼓励，帮助他们继续练习和巩固所学到的替代行为。家庭成员或照料者有必要与孤独症儿童一起进行角色扮演和模仿，为其提供反馈和指导，也可在家庭支持较好的状况下，逐渐扩大孤独症儿童使用手势的社交范围，例如经常往来的邻居、社区残疾人办公室工作人员、居委会办事人员、派出所民警等。

续表5-2

干预步骤	（9）定期评估和调整：长期记录并定期评估孤独症儿童的进展，同时根据需要进行调整和改进。根据孤独症儿童的个体需求和发展需求，制定科学的学习计划表，逐渐增加训练活动的难度和复杂性。

3. 游戏化训练

通过适当的游戏和有趣的互动，教授孤独症儿童合适的社交行为和手势表达方式。例如学习如何握手、礼貌问候、回答或提出问题等。表5-3为运用游戏化训练教授孤独症儿童手势表达方式的示例：

表5-3　**运用游戏化训练教授孤独症儿童手势表达方式的示例**

干预目标	帮助孤独症儿童学习和运用手势表达方式改善社交行为，提高他们的非言语交流能力。
干预步骤	（1）了解个体差异：对孤独症儿童进行全面评估，了解其个体差异和沟通需求，根据评估结果制订个别化的干预计划。
	（2）游戏化设计：设计一个有趣的和具有挑战性的游戏或系列游戏，吸引孤独症儿童的兴趣并提高其参与度。游戏可以结合虚拟现实或人工智能、电子游戏或物理游戏等多种元素，既可考虑"继时性"，也可以考虑"融合性"。
	（3）建立基础手势：通过游戏化训练，引导孤独症儿童学习并掌握一些基础手势，例如招呼、欢迎、感谢、请求、同意等。游戏可以使用视觉提示、声音提示、动作示范、视频示范、同伴示范等方式，以帮助其正确地理解和掌握手势。
	（4）练习和应用：在游戏中提供及时的反馈和奖励机制，鼓励孤独症儿童积极参与练习和应用手势表达。康复师可以设置不同的游戏关卡和挑战，逐渐增加游戏的难度和复杂性，以帮助孤独症儿童提升手势表达能力。
	（5）实践与应用：将游戏中学到的手势应用到现实生活中，提升孤独症儿童的手势表达泛化能力。例如在日常生活中的某个交流场景中鼓励孤独症儿童主动使用手势表达自己的需求和情感，或者在日常生活中引导其主动使用手势，并教授正确的手势行为和及时强化。
	（6）持续支持和评估：为孤独症儿童提供持续的支持和指导，定期评估他们的手势行为发展进度和需要调整的方面。可与孤独症儿童的家人、邻居、教育者和康复师合作，共同监督和支持其学习和发展。
	（7）效果评估：首先，观察孤独症儿童在干预期间和干预结束后的手势表达能力改善情况，并和干预之前的状况作对比、总结；其次，与家庭成员、教育者和康复师交流，了解孤独症儿童在现实生活中的手势表达情况和应用能力，针对当前各方参与过程中遇到的困难及应对方式，完善后期的干预路径及策略；最后，根据评估结果调整干预计划和方法，进一步提高孤独症儿童的手势表达能力。方法与方法、手段与手段、技术与技术之间的协调性也是调整的具体内容之一。

4. 视觉支持

手势行为更加视觉化，会降低对孤独症儿童学习时的抽象思维的要求，使其可以通过形象思维来思考，更有利于其理解并运用。视觉支持是形象思维的具体路径之一，"运用视觉—运动模式，会克服孤独症儿童普遍存在的听觉—口语困难"[①]，运用视觉支持来发展孤独症儿童的手势行为，会使其习得手势行为的效果更佳。视觉支持的具体方法有使用动画、录像、图片和其他视觉图像等。这些视觉支持可以在现实世界和虚拟场景中使用。表5-4是运用视觉支持策略发展孤独症儿童手势行为的干预示例：

表5-4　运用视觉支持策略发展孤独症儿童手势行为的示例

干预目标	通过视觉支持帮助孤独症儿童学习和展示正确的手势姿态，进一步提高其社交能力和沟通能力。
干预步骤	（1）评估个体差异：对孤独症儿童进行全面评估，了解他们的个体差异和沟通需求，了解他们目前的手势能力和手势姿态上存在的具体困难，以制订个别化的干预计划。
	（2）视觉支持工具：设计和准备一系列视觉支持工具，向孤独症儿童展示正确的手势姿态。根据孤独症儿童的个体能力及需求选择视觉工具并充分考虑静态与动态的结合，具体可以包括图片、图表、手势示意图、短视频及卡通视频等。
	（3）基础手势展示：使用视觉支持工具向孤独症儿童展示正确的基础手势，例如举手、握手、招手、挥手、鼓掌、"OK"等。可通过图片、示意图及视频帮助其理解和模仿正确的手势。
	（4）练习和模仿：鼓励孤独症儿童积极参与练习和模仿正确的手势。使用视觉支持工具，让其逐步尝试展示正确的手势。必要时，家长或照料者可参与示范活动，为孤独症儿童提供一个真实的模仿情境。
	（5）进阶改善：逐渐增加手势的复杂性和难度，让孤独症儿童挑战更高级的手势表达。通过视觉支持工具提供适当的指导和提示，帮助其逐步提高手势的准确性和流畅度。可通过循序渐进、反复练习以及及时强化等，保证孤独症儿童提高手势姿态掌握的正确率。
	（6）实践应用：将学到的手势技巧应用到现实生活。例如在模拟的社交场景中，鼓励孤独症儿童主动展示正确的手势，并与他人互动。在家里有访客时，引导孤独症儿童与访客招手问候、挥手道别，以学会正确的人际交流。

---

① Wong V，Wong S N. Brainstem Auditory Evoked Potential Study in Children with Autistic Disorder [J]. Journal of Autism and Developmental Disorders，1991 (3).

续表5-4

干预步骤	(7) 持续支持和评估：为孤独症儿童提供持续的支持和指导，定期评估他们的手势使用技巧和社交能力的改善情况。可以与其家人、教育者和治疗师合作，共同监督和支持其学习和发展。
	(8) 效果评估：首先，观察孤独症儿童在干预期间和干预结束后的手势技巧和社交能力改善情况；其次，与家庭成员、教育者和康复师交流，了解孤独症儿童在现实生活中的手势表达情况和社交互动能力；最后，根据评估结果调整干预计划和方法，进一步提高孤独症儿童的手势使用技巧和社交能力。

5. 综合干预方法

对孤独症儿童手势行为的干预必须考虑到干预的综合性，可采用多种干预方法，如行为疗法、认知行为疗法、情感疗法和家庭疗法等。综合运用多种干预手段及方法可以全方位提高孤独症儿童的干预效果。表5-5是运用综合干预方法改善孤独症儿童手势行为的示例：

表5-5 运用综合干预方法改善孤独症儿童手势行为的示例

背景信息	小越，男孩，8岁，被诊断为孤独症，他在手势行为方面存在问题，经常不适当地使用手势，例如摆动手臂、拍手、扭动手指等，在社交互动中引发了困扰。康复师根据他的障碍特点、个人能力及发展需求，决定通过综合干预方法来改善他的手势行为，以提高他的社交能力和互动能力。
干预步骤	(1) 评估个体差异：与小越的家人和教育者合作，对他实施基础性评估，了解他的手势能力以及存在的困难，以制订个别化的干预计划。
	(2) 视觉支持工具：设计和准备一系列如图片、图表、手势示意图等视觉支持工具，以展示正确的手势姿态。同时准备动态的教学视频作为辅助性视觉支持工具。
	(3) 基础手势展示：使用视觉支持工具向小越展示正确的基础手势。例如握手、挥手、鼓掌、摆臂等。通过图片或示意图，帮助小越理解和模仿正确的手势。必要时使用视频进行连续教学。
	(4) 练习和模仿：鼓励小越积极参与练习和模仿正确的手势，可以使用视觉支持工具，让小越逐步尝试展示正确的手势。
	(5) 渐进改善：逐渐增加手势的复杂性和难度，让小越挑战更高级的手势表达。通过视觉支持工具提供适当的指导和提示，帮助小越逐步提高手势的准确性和流畅度。
	(6) 社交情景模拟：在模拟的社交情境中，鼓励小越主动展示正确的手势，并与他人互动。可以通过角色扮演、社交游戏等，让小越在真实的情境中实践手势技巧。

续表5-5

干预步骤	（7）家庭和学校支持：与小越的家庭成员和教育者合作，为其提供持续的支持和指导。分享视觉支持工具和干预策略，以确保在家庭和学校环境中的一致性。如果在家庭和学校中的手势行为泛化效果不错，可以进一步寻求社区支持，扩大支持范围。
	（8）效果评估：第一，观察小越在干预期间和干预结束后的手势技巧和社交能力改善情况；第二，与家庭成员、教育者、康复师交流，了解小越在现实生活中的手势表达情况和社交互动能力；第三，根据评估结果，调整干预计划和方法，进一步提高小越的手势技巧和社交能力。

研究显示，针对孤独症儿童手势行为的干预可以带来显著效果，其中包括提高孤独症儿童的手势技巧和应用能力、促进社交技能和实践能力的发展、减少行为问题、增强认知能力和意识等，这些均有助于提高孤独症儿童的生活质量和自我管理水平。近年来，研究者基于机器人的干预减少孤独症儿童早期手势延迟[1]，以及通过无创神经脑刺激干预提高手势的准确性和灵活性、改善手势缺陷等[2]，都取得了良好的效果。总之，干预孤独症儿童手势行为需要根据具体障碍程度、症状，以及个别化的需求进行调整，干预过程需要循序渐进，多次重复目标行为，直到孤独症儿童能够正确掌握手势表达方式。长期坚持这些干预措施，将会帮助孤独症儿童提高社交能力，促进与他人的沟通交流。

（三）孤独症儿童手势干预研究的不足与展望

目前，学界关于孤独症儿童手势干预的不足主要体现在以下几个方面。（1）缺乏孤独症儿童手势干预的标准化工具，很难比较不同干预方法之间的差异，尤其缺乏针对特定干预对象的个别化干预方法，需要针对不同个体制订干预计划。（2）干预多集中于手势行为，需要考虑如何将此技术与实际环境相结合。（3）短期效果的评估仍然是主要问题，干预时间太短，缺乏长期跟踪。综上所述，针对孤独症儿童的手势干预，

---

[1] So WC, Wong MK, Lam CK, et al. Robot-based Intervention May Reduce Delay in the Production of Intransitive Gestures in Chinese-speaking Preschoolers with Autism Spectrum Disorder [J]. Mol Autism, 2018（9）.

[2] 白海萍，袁媛. 无创神经脑刺激在儿童心理障碍治疗中的应用 [J]. 中国儿童保健杂志，2021，29（4）.

我们需要标准化、个别化和实效性的干预方法，同时需要增加和深入对孤独症儿童在实际生活环境中的干预，并深入观察、跟踪和评估干预效果，思考如何更好地将干预技术与实际应用结合。

对孤独症儿童手势干预未来的研究方向应该是：（1）在手势训练干预的具体方法和策略上进行更深入的研究，或展开多学科、跨专业的联合学术攻关，以进一步提高干预长效；（2）探讨各种干预策略及作用，如视觉提示和反馈，通过这些策略加快孤独症儿童的学习过程；（3）更深入地了解孤独症儿童的手势障碍先天因素、基因、神经基础和神经功能，为孤独症儿童手势使用与发展障碍寻找神经病理学原因[1]，开发更有针对性的治疗策略；（4）大规模、随机对照、多中心的临床研究可以帮助我们更好地了解孤独症儿童手势干预的治疗效果，总结可重复的数据和最佳治疗实践的模式，这对开发全球范围的孤独症儿童干预策略至关重要。

二、孤独症儿童的面部表情实训

面部表情指人的脸上表现出的各种情绪状态，如眼神、微笑、皱眉、张嘴、吐舌头等。面部表情与行为之间的关系十分密切，表情可以直接反映一个人的情绪变化，"是体现自身情绪状态的重要线索"[2]，并且可以影响他人对这个人的评价和行为选择。面部表情为社会交往提供了丰富的信息，正确地感知和理解面部信息能够有效地促进交流[3]，在社交互动中增加接触面部表情的机会，也有助于提高个体面部表情的识别能力[4]。对孤独症儿童来说，其面部表情的总体特点是相对不足和模

---

[1] 徐慧艳，陈巍，单春雷. 自闭症儿童手势的心理学研究进展［J］. 中国临床心理学杂志，2014，5（22）.

[2] De la Torre F, Cohn JF. Facial Expression Analysis. In: Moeslund T, Hilton A, Krüger V, et al. （eds）［M］. Visual Analysis of Humans. London, UK: Springer, 2011.

[3] Haxby J V, Hoffman E A, Gobbini M I. The Distributed Human Neural System for Face Perception［J］. Trends in Cognitive Sciences，2000，4（6）.

[4] Harms M B, Martin A, Wallace G L. Facial Emotion Recognition in Autism Spectrum Disorders: A Review of Behavioral and Neuroimaging Studies［J］. Neuropsychology Review，2010，20（3）.

糊，具体特点是存在明显的面部表情模仿和变大缺陷，他们的面部表情怪异、笨拙、机械，难以被人理解。[①] 他们也通常难以理解别人的表情所对应的情感和意义，并且表情的展现较少，缺少了语言的辅助，以至于难以与他人进行有效的沟通。研究孤独症儿童的面部表情，一方面可以帮助了解其面部表情缺陷，找到更好的干预方式和方法；另一方面可为更好地认识人类情感认知和表达方式，促进社交功能干预等提供理论和实践依据。

（一）孤独症儿童的面部表情特点

1. 面部表情的数量较少

有研究指出，婴儿期的前6个月对面孔注视少是孤独症的可疑指征之一。[②] 许多孤独症儿童从婴儿期就缺乏对人的面孔的兴趣，在社会交往中表情关注少，目光接触少。[③] 孤独症儿童通常表现出更少的表情，并且这些表情较为简单、单调。孤独症儿童面部表情数量较少，具体情况因人而异。有研究表明，孤独症儿童的面部表情数量只有常人的一半左右，表情相对单一、简单。例如某些孤独症儿童的面部表情可能仅有无表情、微笑、皱眉等。

2. 面部表情生成的时间较晚，且发展迟滞[④]

正常发育的儿童在6个月龄左右就能注意到母亲的面部表情，7个月龄时可辨别母亲的面部表情变化，12个月龄则表现出对基本面部表情的理解力，根据他人的面部表情进行社会判断和交流的能力随着年龄

[①] Yoshimura S，Sato W，Uono S，et al. Impaired Overt Facial Mimicry in Response to Dynamic Facial Expressions in High-functioning Autism Spectrum Disorders [J]. Journal of Autism and Developmental Disorders，2015，45（5）.

[②] Aestro S，Muratori F，Cavallaro M C，et al. Attentional Skills During the First 6months of Ageinautism Spectrum Disorder [J]. J Am Acad Child Adolesc Psychiatry，2002，41（10）.

[③] Chawarska K，Volkmar F. Impairments in Monkey and Human Face Recognition in 2-year-old Toddlers with Autism Spectrum Disorder and Developmental Delay. Dev Sci，2007，10（2）.

[④] Sanna Kuusikko，et al. Emotion Recognition in Children and Adolescents with Autism Spectrum Disorders [J]. Journal of Autism and Developmental Disorders，2009（39）.

的增长而提高。[①] 与正常发育的儿童相比，孤独症儿童的面部表情生成时间大多在婴幼儿期。研究发现，孤独症儿童在 15 个月至两岁这一阶段表现出的社交兴趣、眼神接触、表情等方面的缺陷，往往被看作孤独症的早期症状。此外，孤独症儿童在理解和认识表情时需要更长的时间。不言而喻，如果在这一阶段就发现并且开始对其进行针对性的干预，无疑对其日后的面部表情表达和社交功能的发展具有重要作用。

3. 面部表情的适应能力不足

孤独症儿童在不同情境和背景下的表情运用有所不同，并且缺乏适应能力。主要表现在：（1）面对相同的人或事物的不同情境，表情可能存在差异或不同步；（2）面部表情的呈现与表达能力不能完全切合情感和意图；（3）面部表情通常较为单一，无法准确地反映自己的情绪状态和意愿。

4. 很难与他人进行面部表情交流，也难以理解他人表情的情感和意义

（1）孤独症儿童常常缺乏注意力，而面部表情需要在正确的时间和地点通过眼睛、嘴唇和其他面部肌肉传达，缺乏注意力会影响他们的面部表情交流。（2）孤独症儿童往往无法准确理解他人的情感和意识，也无法通过自身的面部表情传达自己的情感和意图，这使得他们很难与他人进行情感交流和沟通。（3）面部表情交流涉及特定的原则和规范，孤独症儿童常常很难理解和执行这些原则和规范，也难以理解他人的表情的情感和意义。

（二）孤独症儿童面部表情的干预方式

1. 认知行为疗法

有研究发现，正常儿童精确识别和解释面部表情的能力与年龄和智

[①] 郭嘉，静进. 孤独症谱系障碍的面部表情认知特征研究进展 [J]. 中国循证儿科杂志，2009，11（4）.

商成正比[1]，孤独症儿童的情绪识别能力与其认知水平有较大关系[2]，且孤独症个体对情绪表情的认知存在困难[3]。如此看来，通过提高孤独症儿童的认知来促进其面部表情的发展亦是一条重要的干预路径，即运用认知行为疗法。认知行为疗法是心理治疗中常用的方法之一，它强调个体思维、情感和行为之间的关系，主要目的是通过教授个体关于个人内部和外部世界的认知、演绎，开发积极、功能性的行为反应，帮助个体缓解并解决负面情绪、社会交往及其他问题。在孤独症儿童的教育康复中，认知行为疗法可以辅助儿童了解自己面临的社交场合或冲突的性质、处理方式和正确的思考方式，并改变负面的自我评价和社交焦虑的思维模式，逐渐提高社交技能和自我管理能力，改善情感和行为表现。对孤独症儿童的认知、表达和控制能力进行辅助与训练，可以促进孤独症儿童对面部表情的准确理解、表达和呈现。

运用认知行为疗法对孤独症儿童面部表情进行干预一般可采用"认知重构"的方式。例如，首先通过游戏或者其他方式让孤独症儿童学会识别与表达高兴、难过、惊讶、害怕等不同的情感，之后将这些情感表情装入小球（或其他物品），让其自由选择一个小球（或物品），展现其所代表的情感。在此过程中，让孤独症儿童学习如何分辨和掌握不同的表情线索并给予适当的反馈，引导他们思考感受和情感的表达，逐渐提高其面部表情识别能力与表达能力。

2. 生物反馈技术

认知神经科学、对孤独症儿童"杏仁核"[4]"梭状回"[5]与情绪调节

---

[1] Wright B, Clarke N, Jordan J, et al. Emotion Recognition in Faces and the Use of Visual Context in Young People with High Functioning Autism Spectrum Disorders [J]. Autism, 2008, 12 (6).

[2] 刘艳虹，霍文瑶，胡晓毅. 自闭症儿童面部表情识别研究综述 [J]. 现代特殊教育（高教），2015 (4).

[3] Tantam D, Monaghan L, Nicholson H, et al. Autistic Children's Ability to Interpret Faces: A Research Note [J]. Journal of Child Psychology and Psychiatry, 1989.

[4] Schultz R T. Developmental Deficits in Social Perception in Autism: The Role of the Amygdala and Fusiform Face Area [J]. International Journal of Developmental Neuroscience, 2005 (23).

[5] Haxbg J. V, Hoffman E. A, Gobbini M. I. The Distributed Human Neural System for Face Perception [J]. Trends in Cognitive Sciences, 2000, 4 (6).

关系的研究是生物反馈技术的应用基础。生物反馈技术指通过获取人体生理功能的信号，将这些信号转换为某种形式的反馈，以帮助个体了解和控制自己的生理和心理功能。通过生物反馈技术的训练，个体可以获得更多的自主控制能力，从而提高自身的生理和心理健康水平。运用在孤独症儿童教育和康复中的生物反馈技术主要有以下几种。(1) 脑功能生物反馈技术，即用电极记录脑波信号，通过可视化的方式展示孤独症个体特定的大脑活动数据，帮助其了解自身情绪。常见的脑功能生物反馈技术有神经反馈和脑机接口等。(2) 肌电生物反馈技术，即通过电极监测肌肉的收缩程度和放松程度，以及身体姿态等信号，生成相应的反馈，帮助孤独症儿童调节肌肉张力和放松程度，提高日常动作的协调性和顺畅程度。(3) 心率变异性生物反馈技术，即通过获取心电图信息，生成孤独症儿童心率和呼吸频率变异性的反馈信号，帮助其减少身体紧张和压力，提高心理的稳定性和情绪能力。(4) 使用电生理测量仪技术、面部表情录制等摄像系统技术对孤独症儿童的面部表情进行实时反馈，引导他们理解和控制面部肌肉和表情，提高其面部表情表达能力。综合来看，生物反馈技术可以提高孤独症儿童的自我调节能力，帮助其认识自己的生理和心理状态，如情绪和压力等，从而更好地发展。

运用生物反馈技术干预孤独症儿童的面部表情可以作为辅助手段，例如运用以面部电极为主要装置的技术，获取孤独症儿童面部肌肉的运动信号，并进行处理和分析，然后让孤独症儿童观察自己的情绪和行为，思考面部表情的变化与情感的关联，降低其面部表情与情感的不匹配程度。

3. 模拟练习

模拟练习指在控制条件下重现某种情境并进行特定技能的训练。模拟练习在教育领域中应用广泛，尤其是需要直接实践的技能和任务，比如运动技能和职业技能等。在孤独症儿童康复中，利用模拟练习能够帮助其适应不同的社交场合，提高社交技能和实际情境应对能力。在具体实施中，可以设计不同情景下的模拟场景，针对不同情绪状态和表情的展现方式进行特定的模拟训练，帮助孤独症儿童在真实场景中更好地表达和交流。

运用模拟练习干预孤独症儿童的面部表情，主要是通过模拟真实的情境帮助其提高面部表情的表达和理解能力。例如在计划的假期活动中，组织孤独症儿童进行角色扮演，引导他们讨论面部表情的变化及对应的情感和意图，帮助他们从角色中体验一些情感的表达方式，并引导他们意识到自己的面部表情的改变和表现，提高其面部表情识别与表达能力、情感和社交能力。

（三）孤独症儿童面部表情干预研究的不足与展望

孤独症儿童面部表情干预研究的不足主要表现在以下四个方面：（1）现有的孤独症儿童面部表情干预方法缺乏量化评估，例如缺乏结构化的面部表情评估工具，干预效果难以被客观评估；（2）干预时间往往比较短，缺乏长期的有效的探讨，即使有短期效果，仍需进一步探究孤独症儿童面部表情行为能否延续、维持；（3）每个孤独症儿童的面部表情认知和表达存在的问题不同，需要针对个体制订相应的干预计划，然而目前还缺乏针对特定干预对象的个别化干预方法；（4）由于面部表情产出的编码和识别过程复杂且耗时较长，现有干预大都局限于情绪的识别和理解成分[1][2]，较少关注情绪的体验、调节和表达。[3] 综上所述，孤独症儿童面部表情干预这一领域仍有很多挑战和问题需要解决，需要更全面、严谨地评估干预效果，并深入研究如何针对不同的个体制订个别化的干预计划，对长期效果进行评估和跟踪。

将来对孤独症儿童面部表情干预的研究，既要在研究对象的多样性上下功夫，细致探究低功能[4]、高功能、阿斯伯格综合征、孤独症边缘

---

[1] Zhang S, Xia X, Li S, et al. Using Technology-based Learning Tool to Train Facial Expression Recognition and Emotion Understanding Skills of Chinese Preschoolers with Autism Spectrum Disorder [J]. International Journal of Developmental Disabilities，2019，65（5）.

[2] Gev T, Rosenan R, Golan O. Unique Effects of the Transporters Animated Series and of Parental Support on Emotion Recognition Skills of Children with ASD：Results of a Randomized Controlled Trial [J]. Autism Research，2017，10（5）.

[3] 李艳玮，陆畅，等. 多维情绪能力干预对学前自闭症男孩面部表情产出的影响 [J]. 中国临床心理学杂志，2023，31（1）.

[4] 孟方园，何新雨，冯建新. 运用虚拟现实技术干预孤独症面部情绪的研究综述 [J]. 现代特殊教育（高等教育研究），2022（22）.

等亚类型儿童的面部表情，又要拓展研究内容的多样性，挖掘孤独症儿童在积极情绪与消极情绪[①]、基础情绪与高级情绪等情绪类别上的特点。另外，在面部表情研究上可以充分结合人工智能技术，突破表情来源和情感传递的障碍。智能算法可以对表情的模式进行有效的分类和分析，为更好的孤独症儿童面部表情干预策略的开发提供有力的保障，并扩大研究的适用范围，帮助更多的孤独症儿童。

三、孤独症儿童的目光交流实训

目光交流（Eye Contact）又称"目光接触"，指在与他人交往时看对方眼睛的过程，包括注视对方、目光跟随、眼神交流等。目光交流是感知他人情感和意图、了解他人内心体验以及维持和改善人际关系的重要途径，有着重要的社会功能。[②] 目光交流和行为有着密切的联系，通过目光交流，个体能够获取他人的情感信息，并调整自己的言语和行为，从而在社交场合中更加顺畅、自如。由于社交和沟通困难，孤独症儿童与他人的目光交流显著减少或缺失。这意味着他们往往不能适应社交场景，也不能有效地感知他人的情感和意图，导致他们难以建立和维持人际关系，在社交场合中表现得封闭、孤独。对孤独症儿童的目光交流进行干预，可使他们更好地适应社交场合，提高感知他人意图和情感的能力，建立更多元的人际关系，提高其生活质量和幸福感。

（一）孤独症儿童目光交流的特点

1. 缺失或少有目光跟随和目光注视的能力

目光跟随指儿童的眼神能够跟随目标的移动而移动，如在观察人和物时，能够用眼睛追随目标移动的方向和位置。目光注视指儿童的眼神能够在某个物体或人物上聚焦一定的时间，如在与人交流时能够注视其

---

① 李桃林，廖全明，童孝娟. 自闭症儿童面部表情识别障碍成因的研究综述［J］. 绥化学院学报，2019，39（1）.

② Itier, R. J., & Batty, M. Neural Bases of Eye and Gaze Processing: The Core of Social Cognition［J］. Neuroscience & Biobehavioral Reviews，2013，33（6）.

眼睛或脸部，以获取更多的社会信息。孤独症儿童目光交流的特点主要包括以下几个方面。(1) 目光时常流转，缺乏明确的注视目标。(2) 往往不愿意或不能长时间注视同龄人或者社交对象。也就是说，在行为指标上，注视时间短且区域少。① (3) 相较于同年龄的儿童，孤独症儿童更倾向于注视物的物理特征，比如颜色、形状、纹理等，而不是注视人及相关社交信息。例如一个刚满4岁的男孩被诊断为孤独症，在实验中，他被要求采用口头语言来回答一个问题，并同时注意到实验者手中的球，然而他并没有注视实验者的面孔或眼睛，而是始终把视线锁定在球上，仅在回答问题时将目光从球移开，与试验者没有任何眼神交流。

2. 无法正确理解他人的眼神传递的情感和意图

孤独症儿童无法正确理解他人的眼神传递的情感和意图，主要表现在以下两个方面。(1) 无法理解和识别他人面部表情所包含的情感和意图，当他人露出焦虑、生气、愉悦等面部表情时，孤独症儿童无法准确理解这些情感，从而导致交流困难，引起不必要的误会。例如当一位同学因为考试成绩不理想而自责流泪时，孤独症儿童可能会在该同学面前大笑。(2) 缺乏理解他人眼神所表达的情感和意图的能力。例如当他人用眼神交流时，孤独症儿童难以理解这种交流方式，导致交流障碍。有研究发现，孤独症儿童很少关注人的面孔，即使关注，时间也会很短，且多关注他人脸上的细节，而回避目光接触。②

3. 不喜欢和他人进行目光交流，或者不能保持足够的目光交流时间，缺乏目光注视行为

孤独症儿童不能保持足够的目光交流时间的具体表现包括以下两点。(1) 与人交流时只能维持短时间的眼神接触，通常在数秒内就会转移目光。例如一个孤独症儿童缺乏与人进行足够的眼神接触的能力，在与同伴玩耍时，会关注一些不相关的物品，如冰箱上的标志、墙纸上的

---

① 邹典育. 孤独症幼儿对目光接触的回避: 直视恐惧还是动机缺失 [D]. 大连: 辽宁师范大学，2017.

② Behrmann, M., Avidan, G., Leonard, G. L., Kimchi, R., Luna, B., & Humphreys, K., et. Configural Processing in Autism and Its Relationship to Face Processing [J]. Neuropsychologia, 2006, 44 (1).

花纹、阳台上的纱窗等；在与家人交流时，也不会注视家人的面部或眼睛，避免目光交流，更愿意看着周围的物品。（2）无法通过目光跟随来保持连续的目光接触，会避免与他人进行眼神交流，或者只能进行短暂的眼神交流。这是因为孤独症儿童对眼神交流感到不适或焦虑，缺乏理解和掌握这种交流方式的能力。例如一个孤独症儿童在与他人交谈时会避免直接注视对方的眼睛，而是注视对方的嘴巴或两颊等部位，如果被要求长时间地与对方进行眼神交流，会让他们感到焦虑和困惑。

4. 在社交场合中表现出孤立和沉闷

孤独症儿童在家庭聚会、学校、公园等社交场合中往往表现出孤立和沉闷，缺乏社交互动，主要有以下几个方面的表现。（1）少言寡语，不愿多发表意见或参与讨论，而喜欢独自活动。（2）会避免与他人进行眼神交流，不愿表达自己的情绪和心理状态，也难以理解他人的意愿和情感。（3）缺乏参与互动的能力，不会主动与他人交流、分享心情、体验，也不容易调整自己的情绪和行为。例如在家庭聚会中，孤独症儿童可能会独自待在一旁，不愿意参与亲属之间的讨论和交流，更乐意做独立的活动。在学校中，孤独症儿童可能会独立做作业，不与同学互动，没有朋友，处于自闭状态。在社交聚会中，孤独症儿童可能会避免与人进行眼神交流，不参与讨论，更喜欢用自己的方式表达自己的心情。

综上，在干预孤独症儿童的目光交流时，需要针对个体的具体情况，科学地制定个别化的干预及支持方案，帮助其建立正常的目光交流模式，提高社交表现和人际交往能力。

（二）孤独症儿童目光交流的干预方式

1. 直接训练法

目前较为普遍的干预方式多以康复师对孤独症儿童真实直接的训练为主[1]，以强化其正常社交行为，即直接训练法。康复师可以通过游戏、动作和提示等方式直接教授孤独症儿童如何进行目光注视和目光跟

---

[1] 倪琳，林国耀，陈顺森. 自闭症者异常目光接触的产生机制与干预方法：情绪唤醒模型的视角[J]. 中国特殊教育，2016（1）.

随。直接训练法可用于干预孤独症儿童社交方面的困难，如口头语言交流、身体语言交流、目光交流等。例如对孤独症儿童缺乏目光注视和目光跟随的问题，可以使用直接训练法，通过录像或图像来展示支持目光注视和目光跟随的相关活动，如观看电影、玩游戏等。在训练过程中，还可以针对孤独症儿童的不同需求，进行个别化的训练。

2. 行为疗法

行为疗法是一种通过改变环境或行为方式来对孤独症儿童进行干预的方法，包括受限重复行为和社会交流等。基于应用行为分析的理论及原则[1]，通过把孤独症儿童感兴趣的食物和玩具等作为奖励或惩罚的方式，逐步增加或降低孤独症儿童的目光注视和目光跟随行为。在干预目光交流方面，行为疗法包括运用正反馈和负反馈以及逐步接近目标等方法。例如运用正反馈和负反馈，当孤独症儿童开始进行目光注视和目光跟随时，应及时进行相应的奖励或惩罚，以此增强或削弱关联行为。此外，有研究发现，行为塑造法对改善孤独症儿童的目光接触也有积极作用。[2]

3. 社交模型法

社交模型法是一种教授孤独症儿童开展目光交流的方法。在训练过程中，可以要求孤独症儿童模仿他人的目光交流行为，例如观看别人的面部表情和积极的目光交流等。让孤独症儿童与正常同伴进行互动，在模仿和积极参与交流的过程中，帮助其建立正确的目光注视和目光跟随行为。例如当孤独症儿童在与别人交流时，引导其通过观察模拟他人的目光交流行为，理解别人的意图和情感，并尝试学习和模仿，以改善其社交技能。

4. 技术干预

技术干预主要有虚拟现实和人工智能两种。虚拟现实（Virtual

---

[1] 刘惠军，李亚莉. 应用行为分析在自闭症儿童康复训练中的应用[J]. 中国特殊教育，2007，81（3）.

[2] Fonger, Amelia M, & Malott, Richard W. Using Shaping to Teach Eye Contact to Children with Autism Spectrum Disorder [J]. Behavior Analysis in Practice，2019，12（1）.

Reality）是一种通过计算机技术和感官控制设备让用户感受到身临其境的沉浸式体验的方法。人工智能（Artificial Intelligence）指通过模拟人类智能和学习能力，进行智能决策并完成任务的计算机技术。可以利用虚拟现实、人工智能等技术手段让孤独症儿童进行目光注视和目光跟随的模拟和练习。运用虚拟现实来干预孤独症儿童的目光交流，可以通过构建虚拟三维环境和人物角色帮助其进行练习。例如通过交互式游戏或模拟场景练习目光注视和目光跟随等，提升孤独症儿童的社交技能；还可以通过虚拟现实模拟社交场景，让孤独症儿童在虚拟现实中体验和感受真实社交场景中的情境和情感，指导其练习目光交流。此外，运用人工智能技术干预孤独症儿童的目光交流可以通过计算机视觉和自然语言处理技术，模拟人类智能，对孤独症儿童的目光交流进行认知和分析，并根据分析结果提供个别化的干预服务。例如使用人工智能技术通过语音识别和语音合成来与孤独症儿童进行交流互动，为其提供激励和指导，帮助其练习目光交流，同时对其交流行为进行评估和分析，并进行个别化的干预和调整。

5. 综合干预法

综合干预法是指利用不同的干预策略进行综合干预，以提高干预效果，包括语言治疗、视频示范、认知训练、游戏化训练、社交故事等，也包括其他个别化的干预方式。例如使用社交故事和视频示范改善孤独症个体的目光接触[1]，首先是社交故事干预，然后是视频示范干预。社交故事文本由一个成年人拍摄和讲述，视频示范由两个成年人使用目光接触交流5分钟。之后，被试回答了问题，并参与了一个时长5分钟的互动环节，研究者计算了被试每隔10秒进行眼神交流的百分比，结果发现从基线开始（66%到干预97%），被试的目光接触得到了显著改善。[2] 大量循证实践发现，不同干预方式的结合可以有针对性地干预孤独症儿童的目光交流问题，提高干预效果。

---

[1] Scattone, Dorothy. Enhancing the Conversation Skills of a Boy with Asperger's Disorder Through Social Stories and Video Modeling [J]. J Autism Dev Disord，2008，38（2）.

[2] 王静. 高功能孤独症谱系障碍儿童目光接触障碍心理机制探索 [D]. 西安：陕西师范大学，2020.

由上可知，针对不同孤独症儿童的差异，干预方式应该因人而异，制定个别化的干预方案，因为年龄、障碍程度、家庭环境、父母的干预意识，以及是否有癫痫等共患症，均会影响对孤独症儿童目光交流的干预效果。

（三）孤独症儿童目光交流干预研究的不足与展望

目前孤独症儿童目光交流干预的不足主要体现在三个方面：其一，缺乏统一的、标准化的孤独症儿童目光交流评估工具，以及针对孤独症儿童的个别化评估方法，这使得难以客观评估和对比干预效果，且难以为后续干预提供指导；其二，现有的干预方法多依靠个别化的人工干预，方法单一，缺乏基于科学证据的干预模型，缺少长期随访和跟踪，不能衡量干预效果的持续性；其三，每个孤独症儿童的目光交流问题不同，需要制定针对个体的干预性方案，但现有的科学证据仍难以为此提供充分的指导。

在未来针对孤独症儿童的目光交流干预研究方面，我们还应该做到以下几点：（1）加强评估和控制干预效果的研究，使用标准化的孤独症儿童目光交流评估工具，对比不同干预方式的长期效果；（2）发掘孤独症儿童目光交流的群体特征，加深对目光交流障碍产生的潜在因素的理解与认知，为制定适切的早期干预策略提供科学的依据；（3）模拟真实的社交环境，探究孤独症儿童社交场合下的目光行为及交流情境，探索遵循自然语境与环境的早期干预策略；（4）加深对个别化干预和技术介入的认知，发掘有效的个别化干预策略，寻求新一代的干预技术，不断提高孤独症儿童的目光交流能力及社交适应能力，以提高其生活质量和幸福感。

四、孤独症儿童的语言行为实训

斯金纳在为他的语言分析寻求名字时，选择了"语言行为"这一术语，因为他发现"说话"这个术语太局限（如手势也可以交流），而"语言"这个术语太一般（如"英语语言"的所指为整个社区所有讲者的实践）。因此，他选择"语言行为"，用此术语来涵盖所有形式的沟通，如手语、图片交换沟通系统（PECS）、书面语言、手势或其他任何沟通行为可能采取的形式。[①] 根据斯金纳的观点，可进一步将语言行为定义为人类在使用语言时所表现的具体行为，包括说话、听话、阅读和写作等。语言与行为密不可分，语言行为是人类行为中最重要、最复杂的一部分。通过语言行为，人类向他人传达信息、表达感情、表示需求、建立关系、指导行为等。同时，语言行为也受到人类行为背景、文化、社会环境等多种因素的影响。孤独症儿童在语言行为上通常缺乏语言交流技能、难以理解口头或非口头语言，并表现出语言重复、刻板和符号化等特征，在沟通和交流上存在一定的困难。

（一）孤独症儿童语言行为的特点

1. 语言交流困难

孤独症儿童表现出语言交流困难，不愿意和他人沟通交流，缺乏理解他人语言行为的能力。例如不善于主动与他人交流，有的会被动地接受对话，有的则会直接逃离或通过问题行为等方式逃避互动现场。又如不会与他人分享自己的意图、经历和感受，也不会主动参与他人的交流活动，即使参与，也只会用不适切的如不在乎当时对话者态度的对话方式强行加入。

2. 语言表达刻板重复

孤独症儿童的语言表达可能比较单调、刻板、重复，缺乏想象力和灵活性，会反复简单地重复某个词或短语，或者没必要地重复他人的话语。例如大人说"鸡蛋"之后，小孩也跟着说"鸡蛋"。如果大人问"你要吃鸡蛋吗"，小孩也接着说"你要吃鸡蛋吗"，难以判断是属于语言重复还是有意义的问答。

3. 语言学习障碍

孤独症儿童的语言学习可能会出现障碍，难以掌握语言的结构和规

[①] Mark L, Sundberg. 语言行为里程碑评估及安置计划[M]. 黄伟合，李丹，译. 北京：北京大学医学出版社，2017：3.

则，在语法、词汇、语音和语调等方面存在困难，在交流中常会出现口语表达不清晰等问题。除了有重复性表达的语言障碍，还有对肯定和否定的意义不明确等语义理解上的障碍。

4. 语言理解困难

孤独症儿童可能对语言信息理解困难，难以理解他人的思想、情感和意图，对你、我、他等代词的理解存在较为明显的障碍。除此，孤独症儿童需要他人完全明确特定词语或语句的意思，才能够理解他们的意思。

以上语言行为特点都会影响孤独症儿童的日常交流和生活能力，需要针对性地实施干预。

（二）孤独症儿童语言行为的干预方式

1. 基于语言模型的干预

通过建立具体的语言模型，引导孤独症儿童主动开展交流，增强其语言表达能力。例如利用各类语言游戏、交流应用进行语言练习。表5－6是基于语言模型的干预孤独症儿童语言行为的示例：

表5－6　基于语言模型的示例

背景信息	马克，男孩，6岁，被诊断为孤独症，他有严重的语言和社交困难。他经常回避眼神接触，缺乏说话的动机，且对与他人的情感共鸣和非言语行为缺乏理解。作为干预措施的一部分，语言模型被康复师引入马克的干预体系，希望能够帮助他提高语言能力和社交互动能力。
干预目标	通过使用基于语言模型的干预方法，提高马克的语言理解力和表达能力，增强说话动机，促进与他人的有效沟通和交往。
干预步骤	（1）个体评估和目标制定 ①与马克及其家人、教师和康复师一起交流，深度了解马克的障碍特质、特殊需求和发展目标，明确针对性的干预目标。 ②确定马克感兴趣的主题或领域，以便根据他的兴趣点和参与度设计相关的语言模型活动或事件。
	（2）语言模型的选择和制定 ①使用适合马克年龄段和发展水平的基于语言模型的软件或应用程序。 ②根据马克的个体特质、需求和目标，调整模型的设置和参数。

续表5-6

干预步骤	（3）语言模型活动的实施 ①与马克一起使用语言模型进行交流和语言练习。 ②通过选择特定的主题或情境，设置特定的活动或事件，鼓励马克使用语言模型与他人互动，并且对话。 ③引导马克提出问题、回答问题、表示需求、表达感受等，逐渐提高他的语言表达能力和社交技巧。 ④在不同的任务项目中注重满足马克的兴趣，以激发他的主动参与性和动机，提高语言及对话的发生概率。
	（4）情景模拟和应用 ①将语言模型从干预环境扩展到现实生活中的情景模拟。 ②利用榜样示范、角色扮演、社交游戏等活动，让马克将在干预中学到的语言技能应用到实际交流中，提高教学的泛化效果。 ③鼓励马克的家人、照料者、同伴及社区相关人士等在日常活动中使用语言模型与之展开对话，提高他在社交环境中的交际能力，扩大其相关能力的应用范围。
	（5）结果评估和调整 ①定期评估马克在语言理解和表达、社交等方面的进步。 ②根据评估结果，调整干预策略和语言模型的使用方式，以符合马克的个体需求，进一步提高干预效果，形成长效发展模式。
干预效果	通过实施基于语言模型的干预，马克在以下方面有了明显的改善： ①语言能力：通过练习和模仿语言模型中的对话，马克主动表达的概率增大，理解和表达能力也逐渐改善。 ②社会交往：通过使用语言模型与他人对话，马克提高了社交技巧，加强了和他人的交流，并能更好地理解非言语行为，产生了更多、更高级的情感共鸣。

2. 基于认知行为疗法的干预

针对孤独症儿童表现出的焦虑、抑郁等情绪问题进行干预，改变其刻板行为和对语言交流的不适应行为。表5-7是运用认知行为疗法改善孤独症儿童语言交流不适应行为的示例：

表 5-7 基于认知行为疗法改善孤独症儿童语言交流不适应行为的示例

干预目标	通过认知行为疗法,改变孤独症儿童的语言交流不适应行为,提高其社交能力和语言表达能力。
干预步骤	(1) 个体评估和目标制定 ①与孤独症儿童及其家人、教师和康复师一起,了解他的障碍特质、特殊需求和发展目标,明确针对性的干预目标。 ②确定孤独症儿童感兴趣的主题或事物,以便根据其兴趣点和参与度设计相关的语言交流活动。
	(2) 认知重构 ①与孤独症儿童一起探讨其对社会交往的负面观念和自我评价,帮助其认识到这些观念的不准确性和限制性。 ②帮助孤独症儿童识别和挑战消极的自我对话,引导其学会积极、实用的思维方式。 ③鼓励孤独症儿童认识自己的价值和能力,培养自信。
	(3) 社交技巧训练 ①提供社交技巧训练,包括非言语交流、表达感受、倾听他人等。 ②运用角色扮演、情景模拟等活动,让孤独症儿童练习与他人进行对话和交流,增加其社交经验和自信。 ③引导孤独症儿童学习如何主动与他人建立联系,提出问题、回答问题、参与对话、表明态度,以及发表想法、态度与观点。
	(4) 情绪管理 ①教授孤独症儿童一定的情绪管理技巧,帮助其识别和表达情绪,并有效应对情绪困扰。 ②引导孤独症儿童学习放松技巧,如深呼吸、肌肉放松等,以减轻焦虑和压力。 ③提高孤独症儿童对高级情绪情感的识别与表达能力。
	(5) 实践和应用 ①在日常生活中,鼓励孤独症儿童主动发起对话,表达自己的想法与观点,主动参与社交,主动与他人互动和交流。 ②提供积极的支持和正向反馈,帮助孤独症儿童应用所学的社交技巧和认知策略。 ③鼓励孤独症儿童寻找兴趣相投的社交群体,参加相关活动,扩展社交网络,建立适切的人际关系。
	(6) 结果评估和调整 ①定期评估孤独症儿童在语言交流和社交能力方面的进步。 ②根据评估结果,调整并更新干预策略和训练内容,以符合孤独症儿童的个体需求,进一步提高干预效果。
干预效果	通过实施认知行为疗法,孤独症儿童在以下方面得到了改善: ①语言表达能力:通过反复练习和坚持训练,孤独症儿童逐渐提高了语言表达的流畅性和准确性,能在日常对话交流中有互动回合。 ②社交能力:通过学习社交技巧和认知策略,孤独症儿童增加了与他人的交流和互动,建立了更多的人际关系,扩大了自己的社交网络。

3. 基于社交学习的干预

采用社交模型法、直接训练法等方法，通过社交学习和直接训练，帮助孤独症儿童学习语言交流技巧和能力。社交模型法可以提高孤独症儿童的语言交流技巧。表5-8是采用社交模型法干预孤独症儿童的示例：

表5-8　社交模型法干预示例

干预目标	①与孤独症儿童及其家人或照料者一起进行初步评估，了解其障碍特质、特殊需求和发展目标，以及其在语言交流方面存在的现实困难。 ②设定具体的针对性、阶段性目标。例如提高孤独症儿童的语言表达能力，增加社交互动的频率和质量，可分为短期目标、中期目标和长期目标。
干预步骤	（1）认知重构 ①与孤独症儿童及其家人、教师等一起探讨其可能存在的负面观念，例如对自己能力的怀疑或害怕社交互动、与他人发生目光对视时产生的焦虑与不安等。 ②运用行为导图、与相关方直接对话交流等方式，帮助孤独症儿童认识到这些观念的不准确，并引导他们改变这些观念，帮助他们找到改变观念的有效方法。 ③鼓励孤独症儿童积极认识自己的特点、价值和能力，建立并提高自信。 （2）社交技巧训练 ①提供社交技巧训练，例如练习共同注意、面对面对话、非言语交流、倾听他人、开启话题等。 ②通过角色扮演和情景模拟等活动，帮助孤独症儿童练习与他人进行对话和交流，增加他们的社交经验和自信。 ③引导孤独症儿童学习如何主动与他人建立联系，提出问题、回答问题和参与对话。 ④提供逐步指导，例如示范或同伴支持，逐渐引导孤独症儿童在现实生活中积极应用所学的技巧。 （3）情绪管理 ①教授孤独症儿童情绪管理技巧，提升其对情绪的认知能力，例如识别和表达情绪，并有效应对个人的焦虑、不安和压力。 ②引导孤独症儿童学习放松技巧，例如深呼吸、肌肉放松法、自我暗示或自我隔离等，帮助其在社交互动中更加轻松和自在。

续表5-8

干预步骤	(4) 实践和应用 ①鼓励孤独症儿童主动参与社交活动，与他人进行对话和交流。 ②提供支持和反馈，帮助孤独症儿童应用所学的社交技巧和认知策略。 ③鼓励孤独症儿童寻找兴趣相投的社交群体，参加相关活动，扩展社交网络。 ④定期评估孤独症儿童在语言交流和社交能力方面的进展。 ⑤根据评估结果，调整并更新针对性的干预策略和训练内容，以符合孤独症儿童的个体需求，进一步提高干预效果。
干预结果	通过社交模型法的干预，孤独症儿童在语言交流和社交能力方面有了明显的改善。这一干预方法需要可持续的支持和不断调整适宜的指导策略——从全面性指导到点对点指导，从示范指导到非言语指导等，以帮助孤独症儿童建立更健康、积极的社交关系，在日常生活中更加自信，具有较高的社会融入度。

4. 基于音乐疗法的干预

音乐疗法被认为可以缓解孤独症儿童的紧张和不安全感，是一种创造性的和具有愉悦感的媒介，可以帮助孤独症儿童主动参与语言交流活动，提升其语言交流的信心和能力。表5-9是采用音乐疗法帮助孤独症儿童主动参与语言交流活动的示例：

表5-9 基于音乐疗法的干预示例

干预目标	①与孤独症儿童及其家人或照料者一起进行初步评估，了解其障碍特质、特殊需求和发展目标，以及在语言交流方面的困难。 ②设定具体的目标，如提高孤独症儿童的语言表达能力，提高主动参与语言交流活动的频率和质量，增加对话参与度和融合度。
干预步骤	(1) 音乐选择和适应 ①与孤独症儿童一起选择适合其个人喜好和兴趣的音乐。 ②根据孤独症儿童的能力和需求，帮助其适应音乐的节奏、音调和曲调，以取得最佳的效果。 ③充分考虑孤独症儿童的年龄段和发展水平对音乐的要求。 (2) 音乐活动和创作 ①通过音乐活动，例如唱歌、跳舞、打节拍、演奏乐器等，鼓励孤独症儿童主动参与语言交流。 ②利用音乐的节奏和旋律，帮助孤独症儿童提高语言节奏感和语调控制能力。 ③鼓励孤独症儿童创作自己的音乐作品，例如自打节拍、编写歌词、创作旋律，以促进其语言表达能力和创造力。

续表5-9

干预步骤	（3）歌曲分析和歌词解读 ①与孤独症儿童一起分析和解读歌词，帮助他们理解歌曲的情感和意义。 ②引导孤独症儿童通过歌曲中的生字、词汇和句子，练习语言理解、语言表达和沟通能力。 ③鼓励孤独症儿童分享他们对韵律或歌曲的理解和感受，以提高语言交流能力和自信。 （4）情绪管理和表达 ①利用音乐疗法帮助孤独症儿童认识和表达自己的情绪。 ②鼓励孤独症儿童通过音乐和歌曲来表达自己的情感和想法，提高情绪管理和表达能力。 ③教授孤独症儿童如何利用音乐来放松情绪、缓解焦虑，以提高在语言交流活动中的舒适度。 （5）实践和应用 ①鼓励孤独症儿童参与音乐表演、独唱或合唱团等音乐社交活动，学会与他人进行语言交流和合作。 ②提供支持和反馈，帮助孤独症儿童应用所学的音乐疗法技巧和语言交流策略。 ③鼓励孤独症儿童在日常生活中运用音乐疗法技巧，与他人进行语言交流和互动。
干预结果	通过音乐疗法的干预，孤独症儿童在主动参与语言交流活动方面有所改善。这一干预方法需要持续支持和全面指导，以帮助孤独症儿童发展语言交流能力，并提高其在社交互动中的参与度和自信。

（三）孤独症儿童语言行为研究的不足及展望

孤独症儿童语言行为研究的不足主要体现在以下三个方面：其一，已有研究往往只是针对孤独症儿童的一个或几个语言行为特征进行描述和分析，缺乏全面和系统的研究；其二，缺乏标准化和规范化的研究方法和评估工具，难以进行有效的对比和分析；其三，由于孤独症是一种少见疾病，且临床表现差异较大，目前的研究通常采用小样本，样本量有限。

孤独症儿童语言行为的研究展望：第一，建立完整的研究体系，系统研究孤独症儿童的语言行为，形成标准化的评估方法和研究流程；第二，加强国际合作，开展大样本、多中心的研究，提高研究数据的准确性和可信度；第三，借助现代科技手段，如脑成像技术、眼动追踪技术等，探究孤独症儿童语言行为的神经机制和认知过程，拓展孤独症儿童语言行为的研究领域。第四，针对孤独症儿童的语言干预，开发更有效、可持续、个别化的干预方法，提高孤独症儿童的日常交流和生活能力。

五、孤独症儿童的肢体动作实训

肢体动作是人们通过肢体表现情感、意图的一种沟通方式，在社交中起着重要作用。肢体动作和社会交往有密切的关系，它们共同构成了人际交往的核心内容。行为是人类在特定环境下对某些刺激做出的反应，肢体动作是其中的一种表现形式。也就是说，肢体动作模仿是一种重要的社会认知行为，正常发育的儿童可以通过模仿学习工具行为和社会文化行为，获得对他人和行为的理解，进而促进其认知的发展。[1][2]孤独症儿童在这方面存在缺陷。研究发现，67%的孤独症儿童除了存在两大核心障碍，还有相应的肢体动作发展障碍。[3] 具体而言，他们在粗大动作、爬行和行走技能、准确移动四肢和执行常见基本动作等方面存在困难。[4] 肢体动作发展是一个贯穿于人的整个生命周期的复杂过程，与个体的认知、语言、情绪情感和社会性的发展密切相关。[5] 动作发展障碍是一种非言语神经心理功能障碍，不仅给个体的日常生活带来困难，而且会引发认知缺陷和社会交往限制。[6] 显而易见，肢体动作与人体其他领域的关系非常紧密，尤其是对正值肢体动作发展关键期的儿童

---

[1] Meltzoff AN, Keith Moore M. Early Imitation within a Functional Framework: The Importance of Person Identity, Movement, and Development [J]. Infant Behav Dev, 1992 (15).

[2] Wang Z, Williamson RA, Meltzoff AN. Imitation as a Mechanism in Cognitive Development: A Cross-cultural Investigation of 4-year-old Children's Rule Learning [J]. Front Psychol, 2015 (6).

[3] Davidovitch M, Levit-Binnun N, Golan D, et al. Late Diagnosis of Autism Spectrum Disorder after Initial Negative Assessment by a Multidisciplinary Team [J]. Journal of Developmental & Behavioral Pediatrics, 2015 (36).

[4] 袁玉萍，李菲菲. 自闭症儿童动作技能干预的研究进展 [J]. 中国特殊教育，2021 (5).

[5] 原雅青，刘洋，丁佳宁. 布尼氏动作熟练度测试（BOT-2）在智力障碍儿童动作发展评估中的应用及对我国的启示 [J]. 中国体育科技，2019，55 (6).

[6] 庞艳丽，卜瑾，董良山. 自闭症谱系障碍儿童动作发展障碍研究述评 [J]. 中国特殊教育，2018 (4).

来说，必定会影响将来的全人发展。所以，探究孤独症儿童的肢体动作发展尤为重要。

（一）孤独症儿童肢体动作的特点

1. 重复、刻板，缺乏多样性和灵活性

孤独症儿童常常表现出重复、刻板的肢体动作，缺乏多样性和灵活性。如小远是一名孤独症儿童，他在肢体动作上表现出明显的重复性和刻板性，无论是打招呼、走路还是使用工具，他都十分重视细节，一旦犯错就会不停地重复肢体动作，直到达到某种苛刻的完美状态。这种重复和刻板的肢体动作表现得非常明显，对他的日常生活造成了极大的困扰。

2. 缺乏主动性

孤独症儿童在肢体动作交流中往往缺乏主动性，容易出现等待和被动接受的情形。如小佳是一名孤独症儿童，她在肢体动作交流方面缺乏主动性，总是等待别人的指令或指引才会进行相应的动作。在与人交流时，她极少主动与别人对视或运用手势等肢体语言来表达自己的想法和意愿，在社交互动中经常显得被动和无助。

3. 与社会交往缺乏关联

孤独症儿童的肢体动作表现往往与社会交往缺乏关联，难以被他人理解和支持。如小超是一名孤独症儿童，他在社会交往中缺乏与肢体动作的关联，经常坐得笔直并且紧绷身体，无法适应不同的社交场合。在与别人交流时表现出僵硬、无表情的肢体动作，常常被误认为冷漠或不友好，这让他在社交生活中感到孤独和无助。

（二）孤独症儿童肢体动作的干预方式

1. 体育训练

近年来国内学者偏好使用体育康复训练的方式来提高孤独症儿童的肢体协调与肌肉控制能力，探讨体育活动或体育康复训练对孤独症儿童动作能力的作用。[1][2][3] 例如使用平衡垫和跳跃绳等训练工具可以提高孤独症儿童的平衡能力和协调性，促进肌肉的发展和控制；通过瑜伽等活动也可以提高孤独症儿童的肢体协调性，提高身体意识和自我放松能力。表5-10是运用康复训练提高孤独症儿童肢体协调和肌肉控制能力的示例：

表5-10 运用康复训练提高孤独症儿童肢体协调和肌肉控制能力的示例

干预目标	通过康复训练帮助孤独症儿童改善肢体的协调能力和肌肉控制能力，发展其日常生活技能，提高其独立性。
干预步骤	（1）评估：对孤独症儿童进行肢体协调和肌肉控制能力评估，包括手眼协调、反应速度、平衡能力、精细动作、打击准确度等。
	（2）制订个别化计划：根据评估结果，制订个别化的康复训练计划，根据孤独症儿童的具体情况和目标制定相应的训练内容，选择相应的方法，并且形成实施程序及步骤，提出合理的实施原则。
	（3）基本技能训练：从基本的肌肉控制和协调开始，例如手指运动、手臂伸展、肌耐力或徒手肌力等，逐渐提高难度和复杂性。
	（4）平衡和稳定性训练：通过平衡板、球类运动，或者俯卧撑、直臂支撑、双腿双脚错步锻炼等训练项目及内容，提高孤独症儿童的平衡感和稳定性。
	（5）精细动作训练：通过使用专项工具或玩具、拼图或镶嵌板、穿扣子或穿衣服、挑弹珠或拧瓶盖等活动，培养孤独症儿童的精细动作能力和手眼协调能力。
	（6）动作模仿训练：通过观看和模仿他人的动作，帮助孤独症儿童学习和掌握新的动作技能。
	（7）游戏化训练：将康复训练融入不同门类的游戏，增加孤独症儿童的兴趣和参与度，以产生积极的康复效果。
	（8）家庭支持和延续：鼓励孤独症儿童在家中继续进行康复训练，与在学校或机构的训练形成干预整体，康复师及专家团队需要提供家庭支持和指导，以确保训练效果的延续和巩固。
	（9）定期评估和调整：定期对孤独症儿童的康复训练效果进行评估，并根据需要进行调整和优化，形成动态的个别化康复计划的评估机制与体系。

---

[1] 张志勇，邓淑红. 自闭症儿童问题行为的体育游戏干预个案研究 [J]. 天津体育学院学报，2012，27（4）.

[2] 刘军. 体育游戏对孤独症儿童社会交往能力的干预研究 [D]. 济南：山东师范大学，2014.

[3] 丹豫晋，苏连勇，刘映海. 自闭症幼儿沟通行为的体育干预个案研究 [J]. 天津体育学院学报，2006.21（2）.

表 5－11 是肢体动作干预的具体应用示例：

表 5－11　孤独症儿童肢体动作干预示例

背景信息	小旭，8 岁，被诊断为孤独症。他在肢体协调和肌肉控制方面存在困难，例如手指运动不灵活、手眼协调能力弱、平衡感较差、肌耐力不足等。为了帮助他改善这些问题，特制定个别化干预方案。
干预步骤	（1）评估：跨专业团队对小旭的肢体协调和肌肉控制能力等实施了专项评估，发现他在手眼协调、平衡能力和精细动作方面存在较多的困难。 （2）制订个别化康复计划：根据评估结果制订个别化的康复训练计划，包括手指灵活性训练、平衡板训练和精细动作训练等。 （3）将家庭康复训练纳入个别化康复计划体系。家长、送教上门教师均为家庭康复训练体系的主要参与者与支持者。 （4）基本技能训练：开始进行基本的肌肉控制和协调训练，例如手指运动、手臂伸展、镶嵌板、拼图游戏等，逐渐提高操作的难度及复杂性。 （5）平衡和稳定性训练：使用平衡板进行平衡训练，帮助小旭提高平衡感和稳定性。同时在日常生活中有意识地创设一些需要体现平衡感的场景或活动，例如体育活动中的爬、走等项目设计，或者社区康乐设施中的平衡木项目等。 （6）精细动作训练：使用穿衣服、系鞋带、盖瓶盖、叠卫生纸等具体活动，培养小旭的精细动作能力和手眼协调能力。 （7）动作模仿训练：通过观看和模仿他人的动作，帮助小旭学习和掌握新的动作技能。 （8）游戏化训练：将康复训练融入游戏，增加小旭的兴趣和参与度，以取得积极的康复效果。 （9）家庭支持和延续：鼓励小旭在家中继续进行康复训练，提供家庭支持和指导，以确保训练效果的延续和巩固。 （10）定期评估和调整：组织跨专业团队成员定期对小旭的康复训练效果进行评估，并根据需要进行调整和优化，必要时进行专项评估，以提升干预效能。
干预结果	通过个别化干预方案，小旭在经过数月的康复训练后，其手指灵活性和平衡能力有了显著的改善，精细动作能力也得到了一定的提高，他能够更好地进行日常生活，如穿扣子、拼图等，甚至可以穿衣服、拧瓶盖、接水、喝水，显著地提高了独立性和生活质量。

2. 物理疗法

物理疗法即使用物理压力和振动刺激来改善孤独症儿童的肢体动作表现。例如使用定点震动仪、扭曲反应器和气压机等刺激工具，帮助孤独症儿童建立平衡感，提高身体意识；使用重力逐渐压缩疗法或压缩式连续性运动疗法，改善孤独症儿童的肌肉张力和肌肉发展等。表 5－12

是运用定点震动仪改善孤独症儿童平衡感和身体意识的示例：

表 5-12　运用定点震动仪改善孤独症儿童平衡感和身体意识的示例

背景信息	桑切斯，女孩，10 岁，被诊断为孤独症。经过康复团队的全面评估，发现她在平衡感和身体意识方面存在困难，例如站立时间不持久，走路时容易摔倒，无法准确感知自己的身体位置等。为了帮助她改善这些问题，特制定个别化干预方案。
干预步骤	（1）评估：对桑切斯的平衡感和身体意识能力进行评估，发现她在这些方面存在困难。其他方面的评估结果也提交给了康复团队，以便在干预过程中分阶段、有目的地实施联合干预。 （2）制订个别化的康复计划：根据评估结果，制订个别化的康复训练计划，包括使用定点震动仪进行平衡感和身体意识训练，这个部分主要由物理治疗师和康复师联合执行。 （3）定点震动仪训练：使用定点震动仪进行平衡感和身体意识训练。在训练开始时，将震动仪固定在桑切斯的腰部或腿部，通过震动刺激来提醒她关注自己的身体位置和平衡感。 （4）平衡练习：结合定点震动仪进行身体的平衡练习。例如康复师让桑切斯尝试站立在一个平衡板上，并在震动仪的提示下调整身体的平衡。当桑切斯不会或感觉出问题时，康复师适当地给予一定的辅助。大多数时候，康复师都是提供语言上的指导，当桑切斯表现较好时给予及时的正向强化。 （5）身体意识训练：康复师利用定点震动仪提醒桑切斯关注自己的身体部位。例如让她闭上眼睛，然后用震动仪在不同的身体部位进行刺激，帮助她更好地感知自己的身体位置。 （6）游戏化训练：康复师将康复训练融入不同的游戏，以增加桑切斯的参与兴趣和参与度。例如设计一款主题游戏，在游戏过程中，根据震动仪的声响提示，让桑切斯调整自己的平衡和身体姿势。当她达到某个既定的干预目标时，康复师及时对该行为进行强化，以提升她的相关能力。 （7）家庭支持和延续：鼓励桑切斯在家中继续进行康复训练，对其家人和照料者进行定期与不定期的指导，创建家校合作训练手册，提供长效的家庭支持和指导，以确保训练效果的延续和巩固。 （8）定期评估和调整：定期对桑切斯的康复训练效果进行评估，并根据需要进行调整和优化，坚持静态与动态的评估机制。
干预结果	通过干预，桑切斯在数月的康复训练后，平衡感和身体意识有了显著改善，她能够更好地控制身体平衡，站立时更加稳当，走路时也不再容易摔倒，能够更准确地感知自己的身体位置，独立性和生活质量显著提高。

3. 认知行为疗法

运用认知行为疗法可以帮助孤独症儿童了解肢体动作行为的意义和

社会交往的关系，提高自我管理能力。例如使用模仿和角色扮演等社交技能训练，加强孤独症儿童的交流和肢体语言技能。通过动作标记和情境复述等方式，帮助孤独症儿童了解肢体动作的语义和情感意义。表5-13是运用认知行为疗法帮助孤独症儿童了解肢体动作的意义和社会交往关系的示例：

表5-13　运用认知行为疗法帮助孤独症儿童了解
肢体动作的意义和社会交往的关系示例

背景信息	小晋，男孩，12岁，被诊断为孤独症。他在理解肢体动作行为的意义和与社会交往的关系方面存在困难。例如无法理解他人的肢体语言和面部表情，特别是他人面部的高级表情，难以进行有效的社交互动，没有属于自己的人际关系。为了帮助他改善这些问题，康复师制定了个别化干预方案。
干预步骤	（1）评估：对小晋进行关于认知和社交能力领域的针对性评估，发现他在理解肢体动作行为和社会交往方面存在困难。
	（2）教育和认知重建：通过教育和认知重建，帮助小晋了解肢体动作行为的意义和与社会交往的关系。例如康复师使用图片、视频和故事情境的搭建与角色扮演等方式，向小晋展示不同的肢体动作和面部表情，并解释其所代表的情绪情感和社会性意义。
	（3）观察和模仿：康复师引导小晋主动观察他人的肢体动作和面部表情，同时鼓励他模仿这些肢体动作和面部表情并反复练习。通过模仿他人的肢体动作，小晋可以更好地理解这些动作的含义和与社会交往的关系。此外，康复师还在康复室设置了一面镜子，用于小晋观察自己模仿练习时的肢体动作和面部表情，以提升模仿质量，为小晋动作和表情的泛化打下能力基础。
	（4）角色扮演：康复师设计角色扮演活动，让小晋扮演不同的角色，并通过模仿与展示肢体动作和表情来传达特定的情感和意义，以提高小晋对肢体动作行为的理解、掌握和运用能力。
	（5）社交技巧训练：结合认知行为疗法，进行社交技巧训练。例如教授小晋如何通过肢体动作和表情来表达自己的情感和意愿，并解读他人的肢体语言和表情。
	（6）反馈和强化：给予小晋积极的反馈和强化，鼓励他在社会交往中运用学到的肢体动作，增强自信和行动力，改善他在社交互动中的表现。
	（7）家庭支持和延续：鼓励小晋在家中继续进行认知行为疗法的练习和应用，康复团队通过定期入户提供家庭支持和指导的方式将家庭干预纳入整体干预计划，以确保个别化干预方案实施效果的延续和巩固。
	（8）定期评估和调整：康复团队通过协作，定期对小晋的认知和社交能力进行评估，并根据需要进行调整、更新和优化。

续表5-13

干预结果	通过干预，小晋在接受超过半年的认知行为疗法训练后，他的理解肢体动作的能力、理解面部表情的能力，以及社会交往的技巧等都有了显著的改善。他能够更好地理解他人的肢体语言和面部表情，有效地运用肢体动作来表达自己的态度、情感、想法和意愿，社交互动能力和生活幸福感得到了显著提升。

4. 集体活动

集体活动有助于加强孤独症儿童的社交技能训练和实践。例如组织集体娱乐和乐器演奏等有趣的活动，帮助孤独症儿童提高社交技能和肢体协调性，也可组织社交舞蹈和各种竞赛等活动，增强孤独症儿童的自信和参与意识。表5-14是运用集体活动加强孤独症儿童肢体协调性的示例：

表5-14 运用集体活动加强孤独症儿童肢体协调性的示例

背景信息	迈克，男孩，8岁，被诊断为孤独症。他在肢体协调方面存在困难，例如手眼不协调、笨手笨脚、做事磨蹭、身体平衡能力较弱。为了帮助他改善这些问题，跨专业的康复团队共同为其制定了个别化干预方案。
干预步骤	（1）评估：康复团队首先通过协作对迈克进行了肢体协调性评估，发现他在手眼协调和身体平衡方面存在较大的困难。
	（2）集体活动：康复团队安排迈克参加集体活动，例如体育课、游戏课、手工课、舞蹈课等。这些集体活动均由5到8人组成，可以为迈克提供与同伴互动的机会，并通过活动中的肢体动作来锻炼他的肢体协调性。在同伴组成上，康复团队既考虑了不同障碍类别的儿童，例如唐氏综合征、妥瑞士综合征以及智力障碍，又有同龄的正常发育儿童参与，他们的肢体动作发展均正常。
	（3）游戏和竞赛：在集体活动中，均有设计游戏和竞赛单元，鼓励迈克与同伴一起参与。例如组织"抬轿子"等身体类游戏、传球拦球等球类游戏、跳绳跳高类比赛，或弹力球、平衡球挑战等，这些活动可以帮助迈克提高手眼协调、身体平衡能力以及耐力。
	（4）平衡训练：开展平衡训练，例如站立平衡、行走平衡和跳跃平衡等。定期定量的平衡训练可以帮助迈克提高身体平衡能力，增强他的肢体协调性以及耐力。
	（5）动作指导和示范：康复师负责为迈克提供动作指导和示范，帮助他学习正确的肢体动作技巧。例如教授他正确的投掷和接球姿势，或者正确的运动动作，提高他的肢体协调性，也提高他的活动或游戏参与水平。

续表5－14

干预步骤	（6）合作活动：安排迈克参与合作活动，例如搭建积木、建构沙堡、合唱或合奏表演等，促进他与同伴的合作和协调，提高他的肢体协调性。在合作活动中，可以根据情况适量、渐进地增加竞争性。
	（7）家庭支持和延续：鼓励迈克在家中进行肢体协调练习，例如拍球、运球、投球、跳绳、跳远或做平衡训练等。动员其家人参与不同的活动项目，康复团队为其家庭提供支持和指导，以确保干预效果的延续和巩固，提升整体干预质量。
	（8）定期评估和调整：康复团队定期对迈克的肢体协调性进行评估，并根据需要进行调整、更新和优化。
干预结果	通过以上干预方案，迈克在一年左右的集体活动训练后，他的肢体协调性有了显著的改善。他在手眼协调和身体平衡方面取得了进步，能够更好地参与各种肢体活动和社交互动，生活质量有了改善。需要注意的是，迈克在最开始的集体活动中的融入十分不理想，通过视觉支持、媒体展演、教师指导、同伴示范等的综合作用，其集体活动融入有了较大改善。

5. 自我疗法

运用视频或移动应用等自我疗法，帮助孤独症儿童认识和改善自己的肢体动作表现。例如通过平板电脑和智能手机等自助工具，孤独症儿童可以学习肢体语言和动作技能，增强对自身的认识和理解，提高自我控制和管理能力，或者使用虚拟现实技术，让孤独症儿童在虚拟环境中学习和实践肢体动作表现，提高身体意识和肢体控制能力。表5－15是运用移动应用帮助孤独症儿童认识和改善肢体动作表现的示例：

表5－15　运用移动应用帮助孤独症儿童认识和改善肢体动作表现的示例

背景信息	小彬，男孩，10岁，被诊断为孤独症。他在认识和改善自己的肢体动作表现方面存在困难，尤其是在特殊教育学校里，例如体育老师要求慢跑，而他则像脱缰的野马一样奔跑。康复师在校内对他实施干预训练的时候，总会因为他与人相处会产生焦虑而收效甚微。为了帮助他改善这些问题，康复团队专门为其制定了个别化干预方案。
干预步骤	（1）选择适合的移动应用：选择一款适合小彬的移动应用，例如打开手机应用有童声式的欢迎声，图像多以卡通形象为主。这些设计均有利于小彬接受相关信息，从而帮助他认识和改善自己的肢体动作表现。另外，这些移动应用程序中通常包含肢体动作指导、同伴示范和具体游戏等功能。

续表5-15

干预步骤	（2）肢体动作指导：使用移动应用中的肢体动作指导功能，为小彬提供具体的动作指导和同伴示范。例如教授他正确的手臂舒展与挥动、腿部蹬踏及运动、身体平衡动作等，这有助于小彬认识和改善自己的肢体动作表现。同时，这些移动应用具有不同形象版本的动作指导和同伴示范，例如有卡通人物、仿真人物、真人秀等，还有小学生、中学生及成人等年龄层的示范人物。
	（3）游戏和挑战：利用移动应用中的游戏、关卡和挑战功能，康复师鼓励小彬积极参与肢体动作练习。例如设计站立、跳跃、伸展、投掷、跑跳等游戏，以及平衡球挑战等，这些游戏和挑战可以最大限度地激发小彬的参与兴趣，为其提供认识和改善自己肢体动作的机会。
	（4）视频录制和回放：使用移动应用中的视频录制和回放功能，帮助小彬观察自己的肢体动作表现。当他独立使用移动应用的时候，他可以录制自己进行肢体动作练习的视频，并与应用中的示范视频进行比较，这有助于他认识自己的肢体动作表现，并通过观察和比较来改善自己的动作技巧。移动应用中的语音提示和画面提示均是必要的功能。
	（5）进度追踪和奖励系统：移动应用提供的进度追踪和奖励系统能够帮助小彬跟踪自己的肢体动作改进情况，并通过声像播放及代币积累等方式激励他继续努力。在使用移动应用的过程中，小彬可以通过完成指定的肢体动作练习，达到特定的阶段性目标或动作任务目标来获得一定的奖励和认可。
	（6）家庭支持和参与：鼓励小彬的家人或照料者参与干预过程，使用移动应用与他一起进行肢体动作练习，增强亲子关系及家庭融入感。此外，家人可以用彼此熟悉的语言交流方式及习惯等，帮助小彬理解移动应用中的指导和示范，为其提供亲情支持和正向鼓励。
	（7）定期评估和调整：康复团队需要定期评估小彬的肢体动作表现，并根据需要调整、更新和优化干预方案，甚至可以与移动应用的开发者或专业人士进行沟通，以获取更多的应用指导和实践建议，为小彬的其他发展领域及目标提供有价值的发现。
干预结果	通过个别化干预，小彬在使用移动应用进行肢体动作训练半年之后，他的自我肢体动作认识以及改善自己肢体动作的表现能力均有了显著提高。移动应用提供了一种极为便捷和个别化的训练方式，减少了小彬与人相处时的焦虑不安，也帮助小彬更好地认识和改善了自己的肢体动作，提高了肢体协调性和生活质量。

（三）孤独症儿童肢体动作研究的不足与展望

孤独症儿童肢体动作研究的不足主要体现在以下几个方面。其一，研究范围和深度有限。例如先前的研究发现动作观察缺陷是孤独症儿童动作模仿的典型特点之一，并没有深入下去，然而这一研究结论为影像学研究所认同的以镜像神经系统为核心的动作观察网络和动作模仿网络的结构和功能受损的观点提供了行为学的证据支持，也为今后开展孤独症儿童动作模仿的干预训练提供了启示。[①] 显然，当前很多研究只停留在症状描述层面，缺少对肢体动作行为意义和背后机制的深度探讨。除此，先前的研究表明孤独症儿童的肢体动作与其语言沟通[②]、适应性行为[③]和社会技能[④]均存在密切的联系，对这些联系的发生机制及应对探索也应该全力跟进。其二，研究方法单一，大部分研究都是通过观察、问卷和面谈等方式进行，缺乏多元化的研究方法和技术手段支持，例如脑成像、人工智能技术综合分析框架的应用等。其三，实证研究较少，很多研究都是通过小样本和案例研究展开的，缺乏大规模的实证和验证，特别是缺少对"谱系"的亚类型以及共患病的大样本实证。其四，对孤独症儿童肢体动作的干预应该有一个科学的值得反复推敲使用的指导性理论框架来指导设计干预策略，形成一份可供实践操作人员使用的"干预包"，这或许会成为下一步学术攻关的对象。

对孤独症儿童肢体动作的未来研究可以借助深度学习、人工智能等技术手段，探索孤独症儿童肢体动作的神经机制、功能和意义，并开展多元化的实证研究，建立科学、系统和规范的研究体系。

第二节　孤独症儿童的行为刻板重复实训

孤独症的核心障碍之一即行为刻板重复。所谓行为刻板重复，指的是孤独症儿童在行为和动作上反复出现的缺少多样性和灵活性的行为或

[①] 高媛媛，刘智妹，何亚平，等. 孤独症谱系障碍儿童动作模仿及眼动特征［J］. 中国心理健康杂志，2023（37）.

[②] Colombo-Dougovito A M，Reeve R E. Exploring the Interaction of Motor and Social Skills with Autism Severity Using the SFARI Dataset［J］. Perceptual & Motor Skills，2017（124）.

[③] Macdonald M，Lord C，Ulrich D A. The Relationship of Motor Skills and Adaptive Behavior Skills in Young Children with Autism Spectrum Disorders［J］. Research in Autism Spectrum Disorder，2013（7）.

[④] Macdonald M，Lord C，Ulrich D A. The Relationship of Motor Skills and Social Communicative Skills in School-aged Children with Autism Spectrum Disorder［J］. Adapted Physical Activity Quarterly，2013（30）.

动作。这些行为可能涉及人类和非人类对象，包括平凡的或特定的运动、无意义的或有机的言行举止等。其类型既有重复刻板的动作或自我刺激（如重复摇晃身体或身体的某个部位），又包括兴趣狭窄（如对汽车玩具的痴迷）及固着一致性（如在特定时间点必须做某一件事，而不允许这种规则被打破）等形式。[①] 孤独症儿童的刻板重复行为会对自己及家庭造成许多负面影响。第一，刻板重复行为往往占据了孤独症儿童大量的时间和注意力，导致其难以完成日常生活中的常规任务。第二，孤独症儿童可能会因为刻板重复行为而被同龄人或其他人忽视或排斥，可能会因为缺乏社交技能和自然表现而经常感到孤独。第三，刻板重复行为会导致孤独症儿童感到沮丧、焦虑和愤怒，这些情绪可能会助长其问题行为。研究孤独症儿童的刻板重复行为不但能够提高人们对孤独症儿童行为特点的认识和理解，以便更好地帮助他们，还能帮助教育者等专业人士更好地干预孤独症儿童，为其提供更有针对性的干预方案和支持，加深大众对孤独症的认识和理解，增强对孤独症儿童的同情和整体性支持。

（一）孤独症儿童行为刻板重复的特点

1. 早期表现

孤独症儿童在两岁左右一旦表现出重复刻板行为，其应用范围便随着年龄的增长而扩大。在两岁左右，孤独症儿童的刻板重复行为主要体现在简单的重复动作，例如拍手、甩手、搓手、摇头、上下跳跃、晃动身体等。这些行为通常是为了寻求身体感官的刺激或在某一个环境中的自我安抚。随着年龄的增长，这些刻板重复行为会演变为更复杂的形式。举例来说，一个两岁的孤独症儿童会反复按压某个玩具的按钮或开关，这是一种简单的刻板重复行为，随着年龄的增长，这种行为可能会扩展到更复杂的领域，比如对特定颜色、形状、文字、数字、材料、味道的强迫性兴趣。他们可能会对某个特定的数字、形状或味道情有独

---

① 左秋芳，胡晓毅. 国外自闭症谱系障碍儿童刻板行为的干预研究综述［J］. 中国特殊教育，2012（8）.

钟，并反复在各种场合中表现出来，比如绘画课、玩具选择或游戏时间。他们也可能会反复说同一句话、背诵特定的歌曲或电视剧台词，或者对某个特定主题表现出极大的兴趣，如车轮、火车、恐龙或者哗哗的自来水等。他们还可能表现出强迫性的行为，如整齐排列物品、按照特定顺序进行活动等。可见，随着年龄的增长，孤独症儿童的刻板重复行为的应用范围会扩大，从简单的重复动作发展到更复杂的形式，涵盖语言、兴趣和行为等多个功能领域。这一现象或与孤独症儿童对稳定性和可预测性的需求有关，也与他们在面对新情境和不确定性时的焦虑感有关。

2. 坚持惯例

孤独症儿童一旦养成了特定的行为模式或习惯，往往会坚持不变，如果因为某种原因导致其发生变化，则会影响其情绪与心理状况。这种刚性还可能表现为拒绝打破常规或是新环境和经历。例如有一个孤独症儿童每天早上起床后都会按照固定的顺序完成洗漱和穿衣服的步骤。他会先刷牙，然后洗脸，接着梳头，最后穿衣服。这个过程对他来说非常重要，如同完成一种生活的仪式感。他认为只有按照这个特定的顺序，才能感到安心和舒适。如果有一天由于某种特定的原因，被迫打乱了这种生活顺序，例如他的牙刷丢了或者衣服被洗了，他会因此感到困扰和焦虑不安。通常他会坚持等待，直到找到一把新的牙刷，或者等到衣服干了才会进行洗漱和穿衣服的步骤。他无法适应这个变化，因为他对特定的行为模式或习惯产生了依赖，这种依赖使他感到安全和可掌控。这种坚持不变的行为模式或习惯与孤独症儿童的认知和感知特点有关。他们对变化和新情境缺乏适应能力，容易感到焦虑和困惑。坚持特定的行为模式或习惯可以给他们一种稳定感和可预测性，使他们感到安心和舒适。然而，这种坚持不变的行为模式或习惯也可能对孤独症儿童的生活造成一定的限制。他们会因为无法适应变化而感到困扰和焦虑，也会因为坚持特定的行为模式而无法适应社交和日常生活中的需求。因此，帮助他们逐步适应变化和灵活应对新情境非常重要。

3. 单调乏味

孤独症儿童在进行刻板重复行为时往往缺乏灵活性和多样性，这与他们对稳定性和可预测性的需求以及对变化的不适应有关。例如有一个孤独症儿童对火车非常感兴趣，并且喜欢收集火车模型。他每天都会按照特定的顺序对火车模型进行摆放和整理，确保每个模型都在固定的位置上。他还会反复观赏火车模型的视频，背诵火车的车次和站名。尽管他对火车模型有着浓厚的兴趣，但他的行为模式却非常单一，缺乏灵活性。他只关注火车模型，而对其他的兴趣点或活动类型不感兴趣。他通常会拒绝尝试其他类型的模型，也不愿意参与其他的娱乐活动。这种缺乏灵活性和多样性的行为模式会使孤独症儿童的生活变得单调乏味。他们的兴趣和活动范围非常狭窄，无法适应和参与其他社交和日常生活。这也可能导致他们与他人的交流和互动受限，无法建立和维持良好的人际关系。孤独症儿童缺乏灵活性和多样性的行为模式也是他们对变化和新情境缺乏适应能力导致的。他们对不确定性和变化感到焦虑和困惑，倾向于坚持熟悉的和可预测的行为模式。在帮助孤独症儿童发展灵活性和多样性的行为模式方面，个别化的支持和逐步引导非常重要。

4. 对影响行为的因素极为敏感

孤独症儿童在行为中常常对外界环境和压力反应过度。当有外在因素影响到其刻板重复行为时，往往会导致其产生令人难以承受的情绪，甚至行为崩溃，这与他们的感觉过敏和固守行为模式有关。例如有一个孤独症儿童对声音非常敏感，他无法忍受人多的地方、嘈杂的交通声音或高音量的音乐等环境。当他处于这样的环境中时，他就会出现捂住耳朵、尖叫或退缩等明显的不适和焦虑反应。这种对声音的过度反应是因为孤独症儿童对感官刺激过敏。他们的大脑可能对外界的感官输入过于敏感，导致对某些刺激反应过度。这种过敏与孤独症儿童的感觉处理方式有关，他们对感官输入的处理方式可能与典型发展的个体有所不同。此外，孤独症儿童的固守行为模式也会导致他们对外界环境和压力反应过度。他们对特定的行为、习惯或环境产生依赖，对于任何变化或突发事件都会感到不安和困惑。如果他们的日常生活中出现了一些不可预测的变化，例如突然取消了原定的计划，他们就会出现明显的焦虑和抵触情绪。这种对外界环境和压力的过度反应可能会对孤独症儿童的日常生活造成困扰和限制。他们会避免特定的环境或刺激，限制自己的活动范围，或者在面对压力时表现出攻击性或退缩的行为。因此，为孤独症儿童提供适当的支持和帮助他们建立应对压力和适应环境的策略非常重要。

5. 被动行为

在和人接触的场合中，孤独症儿童可能会表现出缺乏主动性的行为，常常被认为消极、不活泼、不合群，这与他们的社交和沟通困难有关。例如有一个孤独症儿童参加了一场社交活动，与一些陌生人一起交流。在活动中，其他人会主动与陌生人交谈、分享自己的经历和感受，这个孤独症儿童则表现出缺乏主动性的行为。他不会主动介绍自己，不会主动参与对话，甚至可能表现出回避或退缩的行为。这种缺乏主动性的行为是因为孤独症儿童在社交和沟通方面存在困难，他们不懂得如何与他人建立联系，缺乏社交技巧和表达自己的能力。他们对社交互动感到不熟悉和不舒服，不知道如何参与对话或分享自己的经历。这种困难与孤独症儿童的社交认知和理解能力有关，他们无法准确理解他人的意图和情感，也无法有效地表达自己的想法和感受，从而给他人留下消极、不活泼、不合群的印象，被认为是缺乏兴趣、冷漠或不合作的人。然而，这并不意味着孤独症儿童不想参与社交活动或与他人建立联系，而是他们需要更多的支持和理解来克服社交和沟通困难。通过提供适当的支持和培训，帮助孤独症儿童发展社交技巧和增强自信心，可以帮助他们更好地参与社交活动并建立良好的人际关系。

（二）孤独症儿童行为刻板重复的干预方式

1. 应用行为分析法

应用行为分析法（Applied Behavior Analysis，ABA）遵循行为分析的基本原理，采用不同的行为分析及干预技术，如条件反射、行为塑造、行为链接、行为消退、正强化与负强化等，帮助孤独症儿童掌握更有意义的行为技能，逐步培养其变通性和自信心。当使用应用行为分析法帮助孤独症儿童掌握行为技能时，可以采取以下基本步骤（见表5—16）：

表 5-16 使用应用行为分析法帮助孤独症儿童掌握行为技能的示例

干预目标	确定需要干预的具体行为技能目标。例如可以选择帮助孤独症儿童学习如何主动与他人交流和建立联系。
干预步骤	（1）行为分析：通过观察和记录孤独症儿童的行为，了解其行为模式和技能水平。可以通过记录孤独症儿童在社交场合中的行为反应和交流方式来实现。 （2）制订干预计划：根据行为分析的结果，制订具体的干预计划。例如可以通过以下方式来帮助孤独症儿童学习主动交流： ①提供示范和角色扮演：通过示范和模拟社交互动的情境，帮助孤独症儿童学习如何主动介绍自己、提出问题、分享自己的经历等。 ②提供正面反馈和奖励：当孤独症儿童展示出主动交流的行为时，及时给予正面反馈和奖励，以增强他们的积极行为。 ③分解目标行为：将目标行为分解为更小的步骤，并引导孤独症儿童逐步实施。例如首先教授孤独症儿童如何主动打招呼，然后逐渐引导他们学会提出问题、分享自己的经历等。 （3）实施干预计划：在实施过程中，要提供适当的支持和指导，确保孤独症儿童能够理解和掌握目标行为技能。 （4）监测和评估：定期监测和评估孤独症儿童的行为变化和进展。通过观察和记录孤独症儿童在社交场合中的行为反应，评估他们是否已经掌握了目标行为技能。 （5）调整和维持：根据监测和评估的结果，及时调整干预计划，并继续提供支持和指导，确保孤独症儿童能够持续掌握和应用目标行为技能。
干预结果	通过干预，孤独症儿童能够逐步掌握和应用各种行为技能，提高了在社交和日常生活中的适应能力。

2. 转移注意力，产生新的联想

使用特殊的技巧和工具，帮助孤独症儿童将注意力从刻板重复行为上转移开来，学会收集和处理新信息，变得更加多样化。

当帮助孤独症儿童将注意力从刻板重复行为上转移开时，可以采取以下步骤（见表 5-17）：

表 5-17 帮助孤独症儿童转移注意力的示例

干预目标	确定具体注意力转移目标。例如可以选择帮助孤独症儿童发展新的联想能力，以便其能够将注意力从刻板重复行为上转移开来。
干预步骤	（1）观察和记录：通过观察和记录孤独症儿童的行为，了解其注意力倾向和行为模式。可以通过记录孤独症儿童在刻板重复行为中花费的时间和注意力来实现。

续表5-17

干预步骤	（2）引导联想：采用一些特定的方法和策略来转移孤独症儿童的注意力，使其产生新的联想。以下是一些可能的干预方法： ①提供新的刺激：通过提供新的刺激或情境，吸引孤独症儿童的注意力。例如可以引导他们参与新的活动、尝试新的游戏或玩具等，以激发他们的兴趣和好奇心。 ②创造变化：改变环境或日常活动的方式，使孤独症儿童能够接触新的刺激和体验。例如改变房间布置、更换玩具或游戏，以吸引他们的注意力。 ③使用视觉提示：使用视觉提示或图像来转移孤独症儿童的注意力。例如可以使用图片或标志来提示其进行不同的活动或尝试新的事物。 ④提供激励和奖励：当孤独症儿童表示出对新的联想感兴趣时，及时给予激励和奖励，以增强他们的积极行为。 （3）实施干预计划：在实施过程中要提供适当的支持和指导，确保孤独症儿童能够理解和参与新的联想活动。 （4）监测和评估：定期监测和评估孤独症儿童的注意力转移情况。通过观察和记录孤独症儿童在新的联想活动中的参与程度和兴趣，评估其是否已经能够将注意力从刻板重复行为上转移。 （5）调整和维持：根据监测和评估的结果，及时调整干预计划，并继续提供支持和指导，确保孤独症儿童能够持续发展新的联想能力。
干预结果	通过干预，孤独症儿童能将注意力从刻板重复行为上转移，并发展新的联想能力，注意力和兴趣范围都得到了丰富。

3. 药物治疗

药物治疗即通过让孤独症儿童服用特定的药物，调节其大脑状况和神经系统功能，逐步减轻其刻板重复行为和相关行为问题。药物治疗在减轻孤独症儿童的刻板重复行为方面会发挥一定的作用。以下是一些常见的药物类别，主要用于调节大脑状况和神经系统功能，从而减轻刻板重复行为。（1）抗抑郁药物：选择性血清素再摄取抑制剂（SSRI），如氟西汀（Fluoxetine）和帕罗西汀（Paroxetine），以减轻孤独症儿童的焦虑和刻板重复行为。（2）抗精神病药物：某些抗精神病药物如利培酮（Risperidone）、奥氮平（Olanzapine）有时被用于减轻孤独症儿童的刻板重复行为和攻击性行为。这些药物通常在出现严重症状或行为问题的情况下使用，并且需要医生密切监督和管理。（3）抗焦虑药物：例如苯二氮䓬类药物（如阿普唑仑/劳拉西泮）或非苯二氮䓬类药物（如盐酸氯丙安定、奥氮平），有时可以减轻孤独症儿童的焦虑和刻板重复行为。

需要指出的是，药物治疗应在专业医生的指导下进行，并且需要密切监测和评估。药物治疗的效果因人而异，医生需要尝试不同的药物或者调整剂量以找到最合适的治疗方案。此外，药物治疗通常需要与其他干预方法结合使用，例如认知行为疗法、社交技能培训和行为管理技巧等，以实现最佳的干预效果。综合干预的目标是帮助孤独症儿童提高适应能力和自我管理能力。

以上干预方式可以结合起来使用，但需要根据孤独症儿童的年龄、性别、行为表现和所受教育程度等进行个别化定制，以取得更好的干预效果。因为干预效果往往需要由严谨的循证实践来评估，所以在干预时会采用行为尺度和标准化评估来评估每个孤独症儿童的行为表现和改进习得程度。

（三）孤独症儿童行为刻板重复研究的不足与展望

目前对孤独症儿童行为刻板重复的研究还存在一些不足，主要有以下几个方面：其一，大多数孤独症儿童行为刻板重复研究的结果往往基于小型样本数据分析得出，研究结论的可靠性还需要进行更广泛的验证；其二，由于孤独症儿童的行为特点非常复杂，研究该行为的可能性有限，当前探究这种行为的研究方法还需要进一步提高其严整性和客观性；其三，干预效果有待细化，现有的孤独症儿童行为刻板重复的干预方式有一定的效果，但这种干预技术的具体实现、长期效果和治愈率等问题还需要进一步研究。

未来的研究可以进一步探讨孤独症儿童行为刻板重复的发展模式和相互关系，以制定更合理的干预方案和评估模式，更大的样本量研究和随机对照实验则可以更加清楚地了解集体情形和干预效果。此外，在孤独症儿童行为刻板重复的研究领域还有很多在神经影像学、分子生物学和行为方法学上进行深入研究的机会。

第三节　孤独症儿童的兴趣狭窄实训

兴趣是指人们对某些事物或活动的喜欢程度和投入程度。兴趣和行为有密切的关系。兴趣会促使人们产生相应的行为和活动，并影响人们的行为模式和选择。在正常发展的个体中，兴趣会随着年龄和经验的增长而逐步多元化，而在一些发展受限或遭遇创伤性事件的个体中，兴趣会出现狭窄和执着的现象。兴趣狭窄指一个人在某一方面或某几个方面具有非常突出的兴趣，而在其他方面的兴趣较少。孤独症儿童兴趣狭窄指孤独症儿童对某个或少数几个行为和活动具有非常强烈的独占性的兴趣，而对其他的行为和活动缺乏兴趣。孤独症儿童的兴趣狭窄具体表现为：（1）对某个或少数几个事物具有非常强烈的兴趣，几乎所有时间都花在这些兴趣上；（2）对其他的事物或活动缺乏兴趣；（3）对与兴趣相关的话题表现出异常的了解。孤独症儿童兴趣狭窄对自身的影响包括：（1）影响社交和沟通技能，影响行为的多样性和灵活性，还可能影响日常生活和学习能力；（2）可能会限制其社交圈子和职业选择。总之，兴趣狭窄是孤独症儿童的一个常见特征，为我们更好地理解孤独症的发病机制及早期诊断提供了重要的线索，在研究中可以将兴趣狭窄作为一个切入点，探究人类兴趣爱好和行为模式的形成及影响因素。

（一）孤独症儿童兴趣狭窄的主要特点

在孤独症儿童身上，兴趣狭窄主要表现为在某个或几个行为和活动上出现非常显著且独占性的兴趣，同时缺乏对其他行为和活动的兴趣。这些表现可能包括对特定事物或者感兴趣的部位有异常专业的知识、成为一定形式的重要休闲活动等。

1. 关于某个行为的案例

小新是一名孤独症儿童，他对机械类运动具有很高的兴趣，尤其是摩托车。他经常花费大量的时间阅读、查看与摩托车相关的内容，例如博客、视频、报纸和杂志等。在摩托车方面，他可以讲述详细的技术细节，对相关装备及构成和使用也非常了解。

2. 关于某个活动的案例

小美是一名孤独症儿童，她对绘画具有非常浓厚的兴趣。在绘画方面，她的技术相当不错，经常可以创作出非常有创意且充满想象力的作品。她的兴趣广泛，涵盖了许多不同的主题和类型，但她对其他方面的活动缺乏兴趣。

3. 关于某个特定事物的案例

小轩是一名孤独症儿童，他对恐龙有着特别的兴趣。他的恐龙知识十分丰富，能够清晰、详细地描述它们的生活方式、喜好以及演变过程等。他希望参观各类博物馆、动物园等，以便深入了解有关恐龙的知识。

4. 关于某个部位表现出异常专业的知识的案例

小水是一名孤独症儿童，他对鞋类产品有非常高的兴趣，特别是对运动鞋或潮流鞋子的认知超乎寻常。小水对各种运动鞋的材质十分了解，和许多资深球鞋收藏家一样，他经常浏览拍卖网站和球鞋论坛，分享他丰富的鉴定运动鞋的知识。

5. 关于孤独症儿童仅有一个休闲活动的案例

小眭是一名孤独症儿童，他对玩乐高积木拥有特别的兴趣，经常花费大量时间浏览相关的乐高视频、博客和杂志等。他经常会有新的、有趣的主题线来创作下一次的作品，也愿意分享他创作的积木组合给他的朋友们看。虽然他的休闲活动很少，但他能够通过深入的了解和熟练的技能获得许多满足感。

（二）孤独症儿童兴趣狭窄的主要干预方式

1. 职业共享法

职业共享法指以孤独症个体的兴趣爱好和专业技能为职业入口，通过与私人或公共部门机构共享工作获取经验。举例来说，职业共享法可以为孤独症个体提供感兴趣的领域的特定工作机会，像动物园宠物护理员等，让其有机会在专业人员的指导下逐渐获得职业能力。

小兢是一名孤独症患者，他对摩托车有着非常狭窄而执着的兴趣。他完全投入这个兴趣中，失去了对其他活动和经历的兴趣，这对他的社交和生活造成了严重影响。为了提高他的社交技能，扩展他的兴趣范围，康复师采取了认知行为疗法帮助他逐渐克服这种狭窄的兴趣，包括逐渐减少他对摩托车的专注，增加他接触新领域的积极体验，在他发现自己对某些新事物感兴趣时，鼓励他深入研究并尝试更多的经历。这样，小兢逐渐有了广泛的兴趣爱好。

小美是一名孤独症患者，她对绘画有着非常狭窄的兴趣。她的父母想要帮助她扩展兴趣，采用了职业共享法，开始鼓励她探索一些艺术行业的职业机会。经过了解，他们发现当地的火车站需要一些展示艺术作品的志愿者，小美便加入其中。在志愿服务期间，小美被指导学习如何组织艺术展和设计艺术展布置等技能，这些都是她未曾接触的领域。在这次体验中她更好地了解了艺术领域的机遇和技能，丰富了社交经历，拓宽了兴趣范围。

2. 认知行为疗法

认知行为疗法即通过培养孤独症儿童认知上的灵活性和应变能力，减少其对某种兴趣的执着和狭隘化行为。认知行为疗法可以针对孤独症儿童在兴趣狭窄的情况下对环境变化的容忍能力进行全方位的训练。表5－18是运用认知行为疗法减少孤独症儿童对兴趣的执着和狭隘化行为的示例：

表5-18 运用认知行为疗法减少孤独症儿童对兴趣的执着和狭隘化行为的示例

干预目标	减少孤独症儿童的兴趣执着和狭隘化行为，培养多样化的兴趣爱好，促进社交互动。
干预步骤	（1）评估：对孤独症儿童的兴趣执着和狭隘化行为进行评估，了解其具体情况和表现形式。 （2）教育：向孤独症儿童及其家人介绍认知行为疗法的概念和原理，解释该方法可以帮助他们减少兴趣执着和狭隘化行为，并提高社交互动和兴趣多样性。 （3）目标设定：与孤独症儿童一起制定可行的目标，如增加与他人的社交互动时间、尝试新的兴趣爱好等。

续表5-18

干预步骤	（4）意识培养：帮助孤独症儿童意识到兴趣执着和狭隘化行为对其社交互动和生活质量的影响，以及改变这些行为的必要性。
	（5）替代行为训练：与孤独症儿童一起探讨并制定一系列替代行为，例如参加社交活动、尝试新的兴趣爱好等，从而替代原有的狭隘化行为。
	（6）反思和记录：鼓励孤独症儿童记录和反思自己的行为，包括原有的兴趣执着和狭隘化行为以及新的替代行为，以便评估干预效果。
	（7）支持和鼓励：提供持续的支持和鼓励，帮助孤独症儿童坚持改变狭隘化行为并实现目标。
	（8）家庭支持：鼓励孤独症儿童的家人积极参与干预过程，并提供支持和理解，以促进其改变和发展。
	（9）定期评估：定期评估孤独症儿童的进展和干预效果，并根据需要进行调整和优化。
	（10）持续跟进：在干预结束后，继续与孤独症儿童或其家人保持联系，提供必要的支持和指导，确保改变的持续性。

总的来说，针对孤独症儿童兴趣狭窄的干预方法需要个别化、多样化，以最大限度地发挥其潜力，帮助其获得更广泛、更健康的兴趣。

（三）孤独症儿童兴趣狭窄研究的不足与展望

孤独症儿童兴趣狭窄研究的不足主要体现在有关孤独症儿童兴趣狭窄的生物学、神经病理学及遗传学因素方面的研究较少，对有效的临床干预及治疗缺乏标准和系统的方案。

未来的研究应该探究孤独症儿童兴趣狭窄的遗传学机制、神经生物学和神经病理学机制，以更好地理解兴趣狭窄的发生机理；同时进一步开发和优化干预方案，为孤独症儿童提供个别化、多样化的康复和治疗方案。

本章小结

孤独症是一种神经发育障碍，在行为发展特点上主要表现为社交互动困难、刻板重复行为和兴趣狭窄。这些行为特点在孤独症个体的童年早期开始显现，并随着发育逐渐加重。首先，在社交互动困难上，他们缺乏与他人建立情感联系和交流的能力，表现为缺乏目光交流、回避身体接触和难以理解他人情感等，这使得他们在社交场合中感到不自在和孤独。其次，在刻板重复行为上，时常表现出重复性的动作、言语、兴趣和习惯，这些行为常常具有高度固定和期望一致的特点，对环境变化的敏感程度较低。他们常常重复模仿电视节目中的情节或玩具的操作方式，以获取一定的安全感和可预测性。最后，在兴趣狭窄上，孤独症儿童常常对某些特定的活动或领域表现出极大的兴趣，对其他领域则缺乏兴趣。他们对某些主题或物品表现出异常强烈的迷恋，陷入狭窄的思维和行为模式当中，从而限制了他们的社交互动和广泛地学习经验。综上所述，孤独症儿童的行为发展主要包括社交互动困难、刻板重复行为和兴趣狭窄三个方面，其对孤独症儿童的社交能力、适应性和学习能力产生了严重的影响，需要针对性的支持和干预来提高他们的生活质量和发展潜力。

思考与练习

1. 名词解释：社交手势、语言行为、刻板重复行为、兴趣狭窄、职业共享法。
2. 孤独症儿童手势发展的主要特点是什么？
3. 运用视觉支持策略发展孤独儿童手势姿态的干预步骤有哪些？
4. 孤独症儿童面部表情的主要特点是什么？
5. 孤独症儿童目光交流的主要特点是什么？
6. 孤独症儿童语言行为的主要特点是什么？
7. 根据具体个案撰写一份基于语言模型干预孤独症儿童语言行为的案例。
8. 孤独症儿童肢体动作的主要特点是什么？
9. 根据具体个案撰写一份基于物理治疗干预孤独症儿童肢体动作的案例。
10. 孤独症儿童刻板重复行为的主要特点是什么？

参考文献

一、中文文献

Sundberg ML. VB-MAPP 语言行为里程碑评估及安置程序 [M]. 黄伟和, 李丹, 译. 北京: 北京大学医学出版社, 2014.

卜凡帅, 徐胜. 自闭症谱系障碍诊断标准: 演变、影响与展望 [J]. 中国特殊教育, 2015 (2).

陈墨, 韦小满. 自闭症儿童非语言沟通能力研究述评 [J]. 中国特殊教育, 2013 (12).

邓文林. 34 对孤独症谱系障碍双生子遗传及影响因素研究 [D]. 广州: 中山大学, 2012.

冯淑瑜, 张继永, 朱明芬, 等. 儿童孤独症 213 例病例分析 [J]. 中国儿童保健杂志, 2003, 11 (2).

冯雅静, 王雁. 孤独症儿童的诊断工具: 现状及展望 [J]. 中国特殊教育, 2012 (9).

高可润, 禹顺英. 孤独症免疫学研究进展 [J]. 临床精神医学杂志, 2014, 24 (1).

郭楚如, 刘玉珍, 赵虎, 等. 24 例儿童孤独症行为干预的效果观察 [J]. 护理学报, 2008, 15 (5).

郭延庆, 杨晓玲, 刘靖, 等. 孤独症诊断访谈量表 (修订本) 的诊断效度及信度研究 [J]. 中华精神科杂志, 2002, 35 (1).

郝晓楠, 张岱, 贾美香. 孤独症儿童与其他精神障碍儿童围生期危险因素比较[J]. 中国卫生杂志，2010（24）.

贺荟中，左娟娟. 功能性行为评估的实施方法述评[J]. 中国特殊教育，2012（11）.

胡晓毅，刘艳虹. 学龄孤独症儿童教育评估指南[M]. 北京：北京师范大学出版社，2017.

静进. 儿童孤独症的早期诊断和早期干预治疗[J]. 中国儿童保健杂志，2007，15（5）.

巨兴达，宋伟，徐婧. CHRM3基因与孤独症谱系障碍[J]. 心理科学进展，2018（26）.

柯晓燕，罗硕军，陶国泰，等. 克氏行为量表的应用研究[J]. 江西医学院学报，2002，42（6）.

李爱月，张欣，吕丛超，等. 天津市1.5～3岁儿童孤独症行为特征分析[J]. 中国心理卫生杂志，2010，24（3）.

李建华，蔡兰云，钟建民，等. 应用孤独症行为量表评定32例儿童孤独症[J]. 实用临床医学，2002（2）.

李雪荣，万国斌，陈劲梅，徐云. 孤独症诊疗学[M]. 长沙：中南大学出版社，2015.

李雪荣. 现代儿童精神病学[M]. 长沙：湖南科学技术出版社，1994.

刘靖，王玉凤，郭延庆，等. 儿童孤独症筛查量表的编制与信度、效度分析[J]. 中国心理卫生杂志，2004（6）.

刘靖，杨晓玲，贾美香，等. 2004年北京市2～6岁儿童广泛性发育障碍的现况调查[J]. 中国心理卫生杂志，2007，21（5）.

卢建平，杨志伟，舒明耀，等. 儿童孤独症量表评定的信度－效度分析[J]. 中国现代医学杂志，2004（7）.

沙小娟，黄伟新. 孤独症谱系障碍儿童教育评估工具研究进展[J]. 康复学报，2015（2）.

谭钊安，柯晓燕，林节. 儿童孤独症与妊娠围产期不良因素相关分析[J]. 江苏医药杂志，2000，1（26）.

陶国泰. 孤独症儿童的行为特征与治疗[J]. 现代特殊教育，2003

(10).

陶国泰. 婴儿孤独症的诊断与归属问题［J］. 中华神经精神科杂志，1982，15（2）.

汪卫华，翟灵伟，郑丽，等. 江苏省儿童孤独症的流行病学调查［J］. 中国行为医学科学，2003，12（2）.

王波. 中国内地孤独症研究 30 年回眸：发展、问题与对策［J］. 教育导刊（上半月），2013（4）.

王福菊，杜亚松. 孤独症双生子报道［J］. 中国儿童保健杂志，2011（5）.

王琳彦，汪子琪，卢天兰，等. 儿童孤独症患者 γ－氨基丁酸（GABA）A 类受体基因簇的罕见变异［J］. 中国心理卫生杂志，2018（11）.

王萍. 孤独症易感基因 neuroligin3 在转录调控中的机制研究［D］. 南京：东南大学，2017.

王若兰，周浩，周密. 母亲自身免疫病与子代孤独症患病风险关系的研究进展［J］. 贵州医药，2019（43）.

王雪梅.《孤独症儿童发展评估表》的使用研究［J］. 绥化学院学报，2016（10）.

王子才，钱冬梅，盛晓尉，等. 用 ABC 量表分析儿童孤独症［J］. 临床儿科杂志，2002（2）.

韦小满. 特殊儿童心理评估［M］. 北京：华夏出版社，2006.

伍明超，万争艳，向玲玲. 孤独中风险基因 CNTNAP2 与孤独症患儿语音特异性脑功能、神经发育障碍和康复进程的相关性研究［J］. 精神医学杂志，2019，32（5）.

《心理教育评定量表中文修订版 C－PEP》修订报告［J］. 孙敦科，魏华忠，于松梅，等. 中国心理卫生杂志，2000（4）.

薛凯俞，李健，顾霜霖，谢维. 预测 neurexin 和 neuroligin 基因突变在自闭症发病机制中潜在作用［A］//2018 中国遗传学会第十次全国会员代表大会暨学术讨论会论文摘要汇编，2018.

杨曹骅，杜亚松．CNTNAP2 基因在孤独症发病机制中的作用 [J]．中国儿童保健杂志，2012，20（4）．

杨晓玲，黄悦勤，贾美香，等．孤独症行为量表试测报告 [J]．中国心理卫生杂志，1993，7（6）．

姚梅玲，段桂琴，等．血浆 GABA 水平及 BABRA4 基因多态性与儿童孤独症的相关性研究 [Z]．郑州大学附属第三医院，2011－12－29．

于松梅．自闭症及相关发育障碍儿童的教育诊断——PEP 量表中文修订版简介 [J]．辽宁师范大学学报（社会科学版），2001（3）．

于新宇．0－6 岁自闭症儿童社交能力评估系统的开发与应用 [D]．上海：华东师范大学，2018．

杨晓玲，黄悦勤，贾美香，等．孤独症行为量表试测报告 [J]．中国心理卫生杂志，1993：7（6）．

昝飞，谢奥琳．自闭症儿童行为功能评估的个案分析 [J]．中国特殊教育，2007（5）．

张娜，谭红专，肖和卫，等．三种学龄前儿童孤独症早期筛查工具比较 [J]．临床儿科杂志，2011，29（7）．

张欣，季成叶，李金水，等．天津市 2～6 岁儿童孤独症调查 [J]．中国生育健康杂志，2004，15（4）．

赵玮．孤独症行为量表的改良与信度、效度分析及应用 [D]．衡阳：南华大学，2013．

朱静，唐久来．孤独症谱系障碍的神经免疫学研究进展 [J]．中国儿童保健杂志，2015（23）．

朱楠，张英．基于功能性行为评估的智力障碍儿童课堂问题行为的个案研究 [J] 中国特殊教育，2014（10）．

朱平，吴广霞，王永霞，倪彩丽．孤独症谱系障碍的免疫学研究进展 [J]．中国免疫学杂志，2016（32）．

邹小兵，邓红珠．美国精神疾病诊断分类手册第 5 版"孤独症谱系障碍诊断标准"解读 [J]．中国实用儿科杂志，2013，8（28）．

邹小兵. 孤独症谱系障碍干预的现状与发展 [J]. 中国儿童保健杂志, 2008, 16 (2).

二、英文文献

APosar, P Visconti. Tribute to Grunya Efimovna Sukhareva, the Woman who First Described Infantile Autism [J]. Journal of Pediatric Neurosciences. 2017 (3).

Abdallah MW, Larsen N, Grove J, et al. Amniotic Fluid Chemokines and Autism Spectrum Disorders: An Exploratory Study Utilizing a Danish Historic Birth Cohort [J]. Brain Behav Immun, 2012 (26).

Asperger H, tr. and annot. Frith U. 'Autistic psychopathy' in childhood// Frith U. Autism and Asperger syndrome [M]. Cambridge: Cambridge University Press, 1991 [1944].

Atladottir H, Henriksen TB, Schendel DE, et al. Autism after Infection, Febrile Episodes, and Antibiotic Use During Pregnancy: An Exploratory Study [J]. Pediatrics, 2012, 130 (6).

Atladottir HO, Thorsen P, Ostergaard L, et al. Maternal Infection Re-quiring Hospitalization During Pregnancy and Autism Spectrum Disorders [J]. J Autism Dev Disord, 2010 (40).

Centers for Disease Control and Prevention. Prevalence of Autism Spectrum Disorder Among Children Aged 8 Years—Autism and Developmental Disabilities Monitoring Network, 11 Sites, United States, 2014 [J]. Morbidity and Mortality Weekly Report, 2018 (4).

Charles E. Mordaunt. et al. Cord Blood DNA Methylome in Newborns Later Diagnosed with Autism Spectrum Disorder Reflects Early Dysregulation of Neurodevelopmental and X-linked Genes [J]. Genome Medicine, 2020 (12).

Croen I. A, Grether JK, Yoshida K, et al. Maternal Autoimmune Diseases, Asthma, and Allergies, and Childhood Autism Spectrum Disorders: A Case-control Study [J]. Archives of Pediatric & Adolescent Medicine, 2005, 159 (2).

Csaba Foldy, Robert C, Malenka, Thomas C, Sudhof. Autism-Associated Neuoligin-3 Mutations Commonly Disrupt Tonic Endocannabinoid Signaling [J]. Neuron, 2013, 78 (3).

Eilis Hannon, et al. Elevated Polygenic Burden for Autism is Associated with Differential DNA Methylation at Birth [J]. Genome Medicine, 2017 (10).

Fombonne E, Maxaubrun C, Cnas C, et al. Autism and Associated Medical Disorders in a French Epidemiological Survey [J]. Am Acad Child Adoles Psychia, 1997, 36 (11).

Goines PE, Croen LA, Braunschweig D, et al. Increased Midgestational IFN-gamma, IL-4 and IL-5 in Women Bearing a Child with Autism: A Case-control Study [J]. Mol Autism, 2011 (2).

Gurney JG, Fritz MS, Ness KK, et al. Analysis of Prevalence Trends of Autism Spectrum Disorder in Minnesota [J]. Arch Pediart Adolesc Med, 2003, 157 (7).

James Harris. Leo Kanner and Autism: A 75-Year Perspective [J]. International Review of Psychiatry, 2018, 30 (1).

JonesE A, CarrE G. Joint Attention in Children with Autism-Theory and Intervention [J]. Focus on Autism and Other Developmental Disabilities, 2004, 19 (1).

Krμg DA, Arick J, Almond P. Behavior Checklist for Identifying Severely Handicapped Individuals with High Levels of Autistic Behavior [J]. J Child Psychol Psychiatry, 1980, 21 (3).

LeoKanner. Autistic Disturbances of Affective Contact [J]. The Nervous Child, 1943 (2).

LiWang, Kaifang Pang, et al. An Autism-linked Missense Mutation in SHANK3 Reveals the Modularity of Shank3 Function [J]. Nature, 2019.

LondonE. The role of the neurobiologist in redefining the diagnosis of autism [J]. Brain Pathol, 2017 (4).

Marius Lahti-Pulkkinen, Polina Girchenko, et al. Maternal Hypertensive Pregnancy Disorders and Mental Disorders in Children [J]. Hypertension, 2020, 6 (75).

Mundy P, Gomes A. IndividualDifferences in Joint Attention Skill Development in the Second Year [J]. Journal of Autism and Developmental Disorders, 1998 (21).

Murray D S, Creaghead N A, Manning-Courtney P, et al. The Relationship between Joint Attention and Language in Children with Autism Spectrum Disorders [J]. Focus on Autism and Other Developmental Disabilities, 2008, 23 (1).

National Dissemination Center for Children with Disabilities [J]. Disability info: Pervasive Developmental Disorders (FS20), 2003.

Nirupama Bhuyan. Advanced Aternal Age and Autism [J]. Indian Journal of Health and Wellbeing, 2015.

Ozonoff S, Young G, Carter A, Messinger D, Yirmiya N, Zwaigenbaum L, Bryson S, Carver L, Constantino J, Dobkins K et al.: Recurrence Risk for Autism Spectrum Dsiovers: a Baby Siblings Research Consortium study [J]. Pediatrics 2011, 128 (3).

Paula, Krakowiak, et al. Maternal Metabolic Conditions and Risk for Autism and other Neurodevelopmental Disorders [J]. Pediatrics, 2012 (10).

PaulineChaste, Marion Leboyer. Autism Risk Factors: Genes, Environment, and Gene-Environment Interactions [J]. Dialogues Clin Neurosci, 2012, 14 (3).

RachelEwing. Child 's' Autism Risk Accelerates with Mother's Age Over 30 [J]. Issue of the International Journal of Epidemiology, 2014 (2).

Rapin I, Tuchman RF. Autism: Definition, Neurobiology, Screening, Diagnosis [J]. Pediatr Clin North Am. 2008, 55 (5).

Reichler, R. J., & Lee, E. M. C. Overview of Biomedicai Issues in Autism. In E. Schopler & G. B. Mesibov (Eds.) [M]. New York: Plenum Press, 1987.

Rett Syndrome is Caused by Mutations in X-linked MECP2, Encoding Methyl-CpG-binding Protein 2" Amir, R. et al.

S. Wu, F. Wu, Y, Ding, J. Hou, J. Bi, Z. Zhang. Advanced Parental Age and Autism Risk in Children: A Systematic Review and Meta-analysis [J]. Acta Psychiatrica Scandinavica, 2017 (135).

Schreibman, L. Autism [J]. Newbury Park, CA: Sage, 1998.

Stratis EA, Lecavalier L. Predictors of Parent-teacher Agreement in Youth with Autism Spectrum Disorder and Their Typically Developing Siblings [J]. J Autism Dev Disord, 2017, 47 (8).

SulaWolff. The History of Autism [J]. Eur Child Adolesc Psychiatry, 2004 (13).

SuzanneCoghlan, Jamie Horder, Becky Inkster, et al. GABA System Dysfunction in Autism and Related Disorders: From Synapse to Symptoms [J]. Neurosci Biobehav Rev, 2012, 36 (9).

The Role ofNeurexins and Neuroligins in Autism. Amy C. Reichelt, James Dacheler [J]. The Molecular Basis of Autism, 2015.

Walker, Cheryl K., Krakowiak, Paula, et al. Preeclampsia, Placental Insufficiency, and Autism Spectrum Disorder or Developmental Delay [J]. Jama Pediatrics, 2015, 169 (2): 154.

Warreyn P, Roeyers H, Groote I D. Early Social Communicative Behaviors of Preschoolers with Autism Spectrum Disorder during

Interaction with Their Mothers [J]. Autism, 2005, 9 (4).

WilliamM. Brandler, Danny Antaki, Jonathan Sebat. Paternally Inherited Cis-regulatory Structural Variants are Associated with Autism [J]. Science, 2018 (4).